365

dias adorando e louvando

Márcia Netto

365 adorando e louvando © Márcia Netto 05/2023
Edição © Crivo Editorial, 05/2023

Edição e Revisão Amanda Bruno de Mello
Capa Fábio Brust e Inari Jardani Fraton –
Memento Design & Criatividade
Projeto gráfico e diagramação Luís Otávio Ferreira
Coordenação Editorial Lucas Maroca de Castro e Lucia
Helena Russo Maroca de Castro

Dados Internacionais de Catalogação na
Publicação (CIP) de acordo com ISBD

N475t   Netto,Márcia
365 : adorando e louvando / Márcia Netto.
– Belo Horizonte : Crivo, 2023.
398 p., 14cmx21 cm.
ISBN: 978-65-89032-52-6
1. Literatura devocional. 2. Evangelização. 3.
Religiosidade. 4. Vida cristã. 5. Religião. I. Título.

CDD 242

CDU 22/28

Elaborado por Alessandra Oliveira Pereira CRB-6/2616

Índice para catálogo sistemático:
1 . Teologia moral e devocional: Literatura devocional
2. Religião. Teologia: Teoria e filosofia da religião.
Natureza da religião. Fenêmeno da
religião: Outros Textos religiosos.

CRIVO EDITORIAL
r. Fernandes Tourinho // n. 602 // sl. 502
30.112-000 // Funcionários // BH // MG

🌐 crivoeditorial.com.br
✉ contato@crivoeditorial.com.br
ⓕ facebook.com/crivoeditorial
ⓘ instagram.com/crivoeditorial
🌐 crivo-editorial.lojaintegrada.com.br

Dedico este livro a Deus,
meu amado Pai Celestial,
o Todo-Poderoso, que criou
e sustenta todas as coisas.
Sem Ele, nada sou.

TODO O VALOR ARRECADADO COM A VENDA DESTE LIVRO SERÁ REVERTIDO PARA MISSÕES.

Agradecimento

A Deus Pai, por tudo o que Ele é, razão do meu viver.

A Jesus, o Senhor da minha vida e meu Salvador.

Ao Espírito Santo, meu amigo, que me edifica, me instrui, me capacita e me guia nos caminhos do Senhor.

Prefácio

Quem conhece a Pra. Márcia sabe que ela é uma adoradora apaixonada do Senhor e que seu prazer é nos convocar a subir ao Santo dos santos para contemplarmos o Senhor em toda sua formosura.

Deus também lhe deu o dom para escrever suaves palavras de oração e louvor, inspirando o leitor a seguir com ela passo a passo sob o trilho da sua glória.

Oh, que maravilhoso convite para cada dia do ano!

Através desta leitura, você poderá trilhar sua jornada diária sob o cenário desenhado pelas Escrituras, que nos levam a nos prostarmos diante do Senhor, a derramarmos o nosso coração sobre o seu altar e a adorarmos em espírito e em verdade ao único e eterno Deus, o nosso Pai Celestial.

Desfrute desses preciosos momentos de enlevo espiritual. Momentos que se eternizarão e farão o seu rosto resplandecer com o fulgor da presença do Senhor!

Ore com toda a sinceridade e a intensidade de seu amor e, certamente, você irá experimentar a doce e marcante presença do Senhor, trazendo graça para viver, alegria para servir, força para suportar os embates da vida e unção para compartilhar com outros sobre a vida de louvor e adoração ao Senhor.

Mergulhe na maravilhosa revelação de Deus no secreto e na enriquecedora comunhão com o nosso Deus!

Boa leitura!

Boa jornada de louvor e adoração, na qual possivelmente poderá ouvir os anjos cantando com você ou dizendo, em coro, "amém" às suas orações.

PRA. ÂNGELA VALADÃO

Introdução

Junho de 2020: diagnóstico confirmado, covid-19. Foram oito horas aguardando a vaga de um apartamento para a internação. Meu corpo estava cansado, as pernas trêmulas, a respiração ofegante; a febre já havia cedido com a medicação. Eram aproximadamente 21h quando o enfermeiro apareceu com a cadeira de rodas para subirmos ao terceiro andar; finalmente um apartamento disponibilizado. Um alívio, mas o choro estava preso na garganta. Tinha que me despedir do meu marido, ele não poderia ficar comigo. Dali para a frente, isolamento total, sem acompanhantes, sem visitas. Cruel demais essa doença: diante de tantos sintomas sofridos, de tanta fragilidade física e emocional, o paciente ainda tem que ficar sozinho, abandonado em seus medos, longe de seus entes queridos. Um sentimento novo tomou conta do meu coração, não me lembrava de ter sentido solidão, naquele momento o que eu mais queria era a companhia do meu marido, dos seus cuidados, da sua presença. Ao entrar no quarto, uma enfermeira já me aguardava para fazer a medicação da noite e colocar o oxigênio para melhorar a respiração. Com muita dificuldade, me troquei, e logo a enfermeira saiu, apagando a luz do quarto. Mas o medo estava aceso dentro de mim, minhas pernas e braços não se moviam, tamanha era a fraqueza do corpo. De repente, naquele ambiente escuro, uma paz invade a minha alma, e começo a conversar com o Pai. "Meu amado Senhor, eis-me aqui para que a tua vontade se faça. Obrigada pelo teu amor infinito que sempre me cobriu, me guardou e me abençoou em toda a minha vida. Não me deixes sofrer com esta doença, se chegou a minha hora de ir ao teu encontro, eis-me aqui. Conheces o meu coração, sabes todos os meus desejos e sonhos; não tenho o direito de te pedir nada. Sempre fui tão abençoada por ti, sabes o que é melhor para mim. Que a tua vontade seja feita na minha vida." A noite foi de muita febre, tosse, cansaço e medicações; o dia custou a amanhecer. Uma enfermeira entrou com o café da manhã e perguntou se poderia ligar a televisão para eu me distrair um pouco. Respondi que não, pois o mal-estar era grande. Ela insistiu que seria bom para mim e deixou a TV ligada, no canal da Rede Super. Em um determinado momento, me atentei às palavras de um pastor que ministrava lendo a Bíblia. Ele dizia mais ou menos assim: "Deus quer o seu coração batendo forte para Ele. Ele quer ser o primeiro na sua vida. Se entregue totalmente ao amor do Pai, porque Ele quer te dar uma nova oportunidade de se achegar a Ele. Ele quer te dar uma nova oportunidade de viver uma vida plena com Ele." "Uma nova oportunidade Deus está te dando", foi o que o Espírito Santo falou ao meu coração. Naquele momento entendi que eu voltaria para casa. O dia estava frio, meu estado havia piorado, no dia seguinte, mais ainda, mas eu sabia que eu voltaria para casa, por isto lutava, fazendo tudo o que podia para me levantar, me movimentar e ficar boa logo. Foram nove dias intensos de internação, sempre assistindo a Rede Super, e a mensagem de Deus para mim se repetia: Deus quer mais intimidade com você. Ao retornar para casa, fiquei alguns dias no oxigênio, fiz fisioterapia respiratória e para fortalecer as pernas. Com o coração cheio de gratidão e com uma imensa vontade de buscar mais o Senhor, comecei a escrever porções de louvor e adoração. Sempre que me enchia da presença de Deus, pegava papel e caneta para registrar tudo o que estava pulsando dentro de mim. Fui inspirada, creio que pelo Espírito Santo, a registrar estas porções em um pequeno livro devocional, como uma oferta de amor ao Senhor, "porque dele, por Ele e para Ele são todas as coisas" (Rm 11:36).

Quero estimular você, que tem este livro em mãos, a sempre começar o seu dia com expressões de louvor ao Senhor, contemplando tudo o que Ele é, e os grandes feitos dele em sua vida. Antes de orar por qualquer coisa, de fazer algum clamor ou petição, cante ao Senhor, expresse com palavras tudo o que está em seu coração. Promova a alegria no coração do Pai, falando da sua gratidão por tudo o que Ele representa para você. Com toda a sua alma, recite ou cante as porções diárias deste livro, deixando o Espírito Santo fazer fluir palavras novas do seu coração para o coração de Deus. Que a sua adoração chegue como aroma suave ao trono do Senhor.

"LOUVEM E ADOREM AO SENHOR PELOS SEUS FEITOS PODEROSOS, LOUVEM O SENHOR PELA SUA IMENSA GRANDEZA!" (SL 150:2)

A Adoração e o Louvor a Deus

A adoração implica no reconhecimento de quem Deus é, da sua majestade, do seu poder, da sua santidade e da sua magnificência. É a atitude de cultuar, de se curvar, de prostrar-se diante dele com o coração puro, verdadeiro e sincero, se humilhando, na condição de servo, reconhecendo a infinita grandeza do Senhor e a nossa pequenez; compreendendo que Ele é o Senhor de tudo. A adoração é falar com Deus, é uma vida de relacionamento e de comunhão com o Pai. Trata-se de um estilo de vida que é fruto da intimidade com Deus. A adoração é honrar a Deus por tudo o que Ele é, é um sacrifício, uma entrega. É um fundamento da vida cristã.

"VENHAM! ADOREMOS PROSTRADOS E AJOELHEMOS DIANTE DO SENHOR, O NOSSO CRIADOR." (SL 95:6)

O louvor complementa a adoração, ele é parte da adoração. Significa ser grato a Deus pelas bênçãos que recebemos dele. É celebrar e bendizer ao Senhor em todo o tempo, em qualquer lugar e circunstância, numa manifestação natural de alegria e regozijo na sua presença. É apresentar-se diante de Deus com cânticos, danças, palavras, expressões espontâneas que O glorifiquem e O exaltem.

> "OS MEUS LÁBIOS ESTÃO CHEIOS DO TEU LOUVOR
> E DA TUA GLÓRIA CONTINUAMENTE." (SL 71:8)

Fomos criados para glorificar a Deus, Ele é a razão da nossa vida. Uma vida de adoração e de louvor a Deus é honrá-Lo com a nossa existência, com tudo o que fazemos, falamos e pensamos; é amá-Lo intensamente, de todo o nosso coração.

> "E TUDO O QUE FIZERDES, SEJA EM PALAVRA, SEJA
> EM AÇÃO, FAZEI-O EM NOME DO SENHOR JESUS,
> DANDO POR ELE GRAÇAS A DEUS PAI." (CL 3:17)

365

**dias adorando
e louvando**

sumário

16
janeiro

204
julho

48
fevereiro

236
agosto

78
março

268
setembro

110
abril

299
outubro

141
maio

331
novembro

173
junho

362
dezembro

janeiro

"Perto está o Senhor de todos os que o invocam, de todos os que o invocam em verdade" (Sl 145:18)

Ó Jesus, meu Senhor amado, neste primeiro dia do ano, venho Te adorar, me render aos teus pés e me entregar a Ti. Quero priorizar o Senhor neste novo ano, permanecer na tua presença e Te buscar em todo tempo. A tua presença me satisfaz, me renova, me alegra, me guarda de cair em tentações e me fortalece para vencer o mal de cada dia. Quero estar perto de Ti, Jesus, buscar a tua face, seguir a tua direção e firmar os meus passos nos teus caminhos. Que neste ano eu possa estar em comunhão diária com o Senhor, assim como Daniel, que três vezes ao dia separava um tempo para orar e estar na tua presença. A comunhão com o Senhor é o que nos faz verdadeiramente felizes. Leva-me ao centro da tua vontade, fala comigo, ajuda-me a fortalecer a minha intimidade Contigo. Revela-me tudo o que tens para mim, Senhor. Sei que são grandes as tuas promessas para a minha vida, ajuda-me a Te buscar, a viver uma vida santa que agrade o teu coração. Trabalha em mim o teu caráter e usa-me para o bem dos que estão em minha volta, para a glória do Senhor e para que o teu nome seja exaltado.

Em nome de Jesus,

Amém!

DÊ PRIORIDADE A DEUS. VOCÊ SEMPRE SERÁ PRIORIDADE PARA ELE.

1º de Janeiro

"Eu sou o Senhor, o seu Deus, que lhe ensina o que é melhor para você, que o dirige no caminho em que você deve ir" (Is 48:17)

Deus querido, a minha vida é tua, Senhor! Meu coração é teu. Como é bom saber que temos o Senhor! Durante toda a tempestade que sobrevém a nós, podemos ver a tua presença nos guardando, abastecendo a nossa fé e nos trazendo esperança. Aleluia! O que seria de mim sem a tua presença na minha vida, sem a tua direção? Cantarei eternamente louvores a Ti. Te renderei graças para todo o sempre. Livra-me de me afastar de Ti, Senhor; guarda os meus pés para que não andem por caminhos que não sejam os teus. Que nas dificuldades eu possa perceber que sou amada por Ti; que meus olhos nunca desviem do Senhor. Obrigada, porque o Senhor nos faz especiais por causa do teu amor por nós. Invade todo o meu ser, nesta manhã, com a tua presença, renova-me com a tua unção. Toca a minha vida todos os dias e a transforma para o louvor do teu nome. A Ti toda honra e toda glória! Recebe hoje a minha adoração. Enquanto vida eu tiver, quero Te adorar, contemplar a tua presença em mim, me envolver na tua glória e para sempre Te dar o meu louvor, pois só Tu és digno.

Em nome de Jesus,

Amém!

BUSQUE A PRESENÇA DO SENHOR
TODOS OS DIAS DA SUA VIDA.

2 de Janeiro

"Estende o teu amor aos que te conhecem; a tua justiça, aos que são retos de coração." (Sl 36:10)

Pai, nesta manhã eu me prostro aos teus pés para Te render graças, para Te adorar e exaltar o teu santo nome. Quero Te abraçar, sentir a tua presença, me esconder debaixo das tuas asas e cantar glórias ao Senhor. Quero Te agradecer por tudo o que Tu és, Deus Poderoso e Soberano. Glórias eu Te dou, Pai! Deus, presente em nossa vida, que nos guarda, que cuida de nós e nos cobre com o teu amor. Que nos é fiel, apesar da nossa infidelidade, que conhece o nosso coração e sente a nossa dor, que nos faz descansar em teu colo, em tempos de tribulação. Ó Pai querido, eu Te entrego toda a minha vida e Te peço que conduza todo o meu ser em tua direção. Em tempos de aflições, tira todo o medo e insegurança que me afligem, acalma a minha alma. Traz-me entendimento dos meus pecados, arrependimento ao meu coração e endireita meus caminhos. Transforma-me, Senhor, molda teu caráter em mim, renova o meu interior. Guarda-me e livra-me de todo o mal, pois a minha confiança está em Ti, somente em Ti, rocha minha. A minha esperança vem de Ti, Deus meu. Segura estou em tuas mãos.

Em nome de Jesus,

Amém!

O AMOR DE DEUS NOS COBRE, NOS ABRAÇA
E NOS PROTEGE TODOS OS DIAS.

3 de Janeiro

"Ensina-me o teu caminho, Senhor, para que eu ande na tua verdade; dá-me um coração inteiramente fiel, para que eu tema o teu nome." (Sl 86:11)

Obrigada, Senhor, por mais este dia! Obrigada pela tua presença que me acalma, que me traz segurança, que me conforta e que alegra o meu coração.

Obrigada porque sou atraída pelo teu amor, continuamente. Que os anjos do Senhor me cerquem desde o amanhecer até o anoitecer. Dá-me olhos para ver o teu agir, tato para sentir o teu toque e ouvidos para escutar a tua voz. Preserva a minha mente de toda confusão e de toda mentira; guarda o meu coração de todo engano e revela-Te a mim para que eu Te conheça mais e mais. Quanto mais Te conheço, Senhor, mais quero Te adorar. Ensina-me, Pai, a seguir em santidade e em fidelidade com o Senhor. Não me deixes pecar contra Ti, não me deixes entristecer o teu coração. Firma meus pés nos teus caminhos, para que possa obedecer aos teus mandamentos e honrar o Senhor com a minha vida. Me ensina a viver o teu amor, me ensina a cumprir o teu querer. Que o Senhor se agrade de mim, Deus do meu coração, Deus de Israel e de todos os que Te buscam. A Ti, somente a Ti, sejam o louvor e a glória para sempre.

Em nome de Jesus,

Amém!

RETRIBUA O AMOR DE DEUS COM UMA VIDA DE OBEDIÊNCIA E SANTIDADE.

4 de Janeiro

"A bondade do Senhor é a razão de não sermos consumidos, porque as suas misericórdias não têm fim" (Lm 3:22)

Deus santo e poderoso, Pai querido, eu me achego a Ti para Te agradecer por tudo o que Tu és na minha vida. O Senhor é um Deus de amor e de bondade, que tem cuidado de mim e de toda a minha família, nos fazendo conhecer mais do teu amor, da tua misericórdia e da tua graça. O meu coração é grato a Ti pela tua provisão, pelo teu amor, pela tua segurança e proteção. Mais um ano se inicia e posso contemplar a tua bondade, dando-me a oportunidade de estar aqui, de recomeçar de onde errei, de consertar relacionamentos, de renovar minha esperança, de viver uma nova vida com o Senhor. Quero viver intensamente este novo ano, sob as tuas misericórdias, que se renovam a cada manhã, nos dando a chance de sermos pessoas melhores. Quero Te buscar enquanto é tempo, lutar todos os dias contra o pecado e me apresentar com vestes limpas diante do Senhor. Tira de mim o que não vem de Ti. Venha sobre mim o teu reino e me faça digna de Te servir. Usa-me para honra e glória do teu nome, Pai, usa-me para iluminar o caminho dos perdidos, usa-me para Te servir. Me leva ao lugar mais alto Contigo.

Em nome de Jesus,

Amém!

CADA DIA É UMA NOVA CHANCE PARA TER A SUA VIDA MUDADA POR DEUS. (NÍVEA SOARES)

5 de Janeiro

"Aclamem a Deus, povos de toda Terra! Cantem louvores ao seu glorioso nome; louvem-no gloriosamente!" (Sl 66:1-2)

Pai querido, Deus amado, a Ti toda honra, toda glória e toda adoração. Quero Te prestar culto nesta manhã e declarar todo o meu amor a Ti, declarar que não consigo mais viver sem o teu amor, que não vivo mais sem a tua presença; que Tu és tudo para mim. O Senhor é fiel, apesar de nós. O Senhor nos ama, apesar de nós; o teu favor e a tua graça nos alcançam, todos os dias, apesar de nós. O teu amor nos constrange, Pai. Mui digno és, ó Senhor, de ser adorado. És o Deus vivo, o Rei Eterno. Reconheço a tua grandeza, o teu poder e a tua perfeição. Seja o Senhor exaltado por toda a tua criação, por todos os teus feitos, assim na Terra como nos Céus. Seja exaltado pela beleza do teu ser, pela tua grandeza e santidade. Eu Te louvarei enquanto vida tiver e declararei o quão magnífico és. Proclamarei a tua bondade, a tua benignidade, a tua fidelidade, como prova do meu amor por Ti. Te adoro, amado da minh'alma. Quero me derramar no teu altar, e com os meus lábios Te exaltar. Glorificarei o teu nome, Senhor, de todo o meu coração, para todo o sempre.

Em nome de Jesus,

Amém!

BENDIZEI O SENHOR TODOS OS DIAS, PORQUE ELE É DIGNO.

6 de Janeiro

"Deem graças ao Senhor porque ele é bom. O seu amor dura para sempre! Deem graças ao Deus dos deuses. O seu amor dura para sempre! Deem graças ao Senhor dos senhores. O seu amor dura para sempre." (Sl 136:1-3)

Pai querido, louvado seja o Senhor! Obrigado, porque um dia o Senhor me escolheu e me separou para Ti. O Senhor me tirou das trevas e me trouxe para a luz, me libertou dos meus pecados e me fez Te conhecer; o Senhor me livrou da morte e me trouxe para a vida. Adorado seja o Senhor! Que eu possa estar sempre no centro da tua vontade, sendo guiada pelo teu Espírito Santo e transformada pela tua presença, que nos cobre em todos os dias da nossa vida. Não me deixes fraquejar na fé diante das dificuldades, não me deixes murmurar nos dias maus, mas faz-me fortalecida por um coração agradecido por tudo o que tens feito. Pai, temos muito mais do que precisamos e do que merecemos, o Senhor sempre escolhe nos abençoar. Tudo o que somos, tudo o que temos vem de Ti; é graça do Senhor. Por isso declaro as palavras de Davi no salmo 118: "Tu és o meu Deus, graças Te darei! Ó meu Deus, eu Te exaltarei! Deem graças ao Senhor porque ele é bom; o seu amor dura para sempre." Ó Deus meu e Amado meu, a minha existência será só para Te render graças e Te glorificar. Bendito seja o Senhor!

Em nome de Jesus,

Amém!

TUDO O QUE TEMOS, TUDO O QUE SOMOS É GRAÇA DE DEUS.

7 de Janeiro

"Adorem o Senhor na beleza da sua santidade, tremam diante dele todas as nações." (1Cr 16:29-30)

Pai Amado e querido, a Ti toda honra, Deus majestoso e soberano! Quero Te louvar, Pai, pela beleza da tua santidade, pela tua fidelidade, ainda que eu não mereça. Quero Te louvar ainda que meu coração esteja triste. Mesmo diante das lutas, de tantas adversidades, ainda assim escolho Te adorar. Perdoa meus pecados, Pai; perdoa os pecados da tua Igreja. Perdoa o nosso coração egoísta, a maldade que tem se espalhado por este mundo, o amor que tem esfriado no coração dos homens, as feridas que temos deixado em teu coração. Ensina-nos a tua lei, Pai, ensina-nos a ser fiéis a Ti. Não permitas que sejamos negligentes com teus ensinamentos. Dá-me entendimento dos teus mandamentos, dá-me uma mente e um coração capazes de discernir as coisas do Senhor. Quero Te obedecer de todo o meu coração e viver conforme a tua vontade. Forja em mim o caráter de Cristo e faz-me uma pessoa melhor para que eu seja luz neste mundo, como manda a tua palavra. Sejas exaltado, Senhor, pelos feitos que em mim realizou. Como Te amo, Pai! Para sempre Te amarei!

Em nome de Jesus,

Amém!

BUSQUE EM DEUS O CARÁTER DE CRISTO, OBEDECENDO AOS SEUS ENSINAMENTOS.

8 de Janeiro

"Se você fizer do Altíssimo o seu abrigo, do Senhor o seu refúgio, nenhum mal o atingirá, desgraça alguma chegará à sua tenda." (SL91:9-10)

Pai bendito e santo, me achego ao Senhor neste dia, e declaro, de todo o meu coração, a oração de Davi, no Salmo 121: "Elevo meus olhos para os montes, de onde vem o meu socorro? O meu socorro vem do Senhor, que fez a Terra e o Céu". O socorro das nossas lutas, dos nossos sofrimentos, vem do Senhor, Pai. Só o Senhor, nosso Deus, pode lutar as nossas lutas e nos dar a vitória. Só o Senhor, nosso Deus, pode transformar nossos desertos em oásis, e encher de paz o nosso coração nos momentos mais difíceis. És o nosso escudo e nos sustentas pela tua mão. O Senhor é um Deus de milagres, que opera maravilhas em nossa vida, independente das circunstâncias. O Senhor é um Deus que ouve o nosso clamor e sara as nossas feridas. És um Deus abençoador, Deus zeloso, que tem prazer em nos abençoar, em nos guardar. Bendito sejas, Pai, pois nunca nos deixa perecer nas mãos dos nossos inimigos, daqueles que maquinam o mal contra nós. Que a nossa confiança esteja sempre em Ti e que somente em Ti busquemos refúgio e abrigo. Exaltado sejas para todo o sempre.

Em nome de Jesus,

Amém!

O SENHOR JESUS É O NOSSO REFÚGIO E ABRIGO. SOMENTE NELE SE REFUGIE.

9 de Janeiro

"O teu amor é melhor do que a vida! Por isto
os meus lábios Te exaltarão." (Sl 63:3)

Grande é o Senhor, magnífico Deus. Grandes são as obras de tuas mãos.

Grande é o teu amor por nós, amor que nos cobre e nos transforma a cada dia,

Que nos faz vencedores diante das adversidades,

Que nos faz descansar em segurança,

Que nos traz esperança,

Que inunda de paz o nosso coração,

Que nos faz únicos e especiais diante de Ti.

Antes que o mundo existisse, o Senhor já nos amava com este amor infinito e incondicional. O Senhor nos ama desde a eternidade. Não há absolutamente nada que possamos fazer para que o Senhor nos ame mais e não há nada que deixemos de fazer para que nos ame menos. Jamais podemos duvidar deste amor, Pai. E o mais precioso é que este amor nos alcança, independente do que somos e do que temos. Aliás, nada temos a Te oferecer, a não ser um coração arrependido, disposto a obedecer-Te. Mas, graças ao Senhor, nada pode nos separar deste amor. Que eu possa, cada vez mais, experimentá-lo, conhecê-lo e fazê-lo resplandecer para o mundo, sendo um instrumento em suas mãos.

Em nome de Jesus,

Amém!

DEUS TE AMA DO JEITO QUE VOCÊ
É, DÊ A ELE O SEU CORAÇÃO.

10 de Janeiro

"Ao vencedor darei o direito de sentar-se comigo em meu trono, assim como eu também venci e sentei-me com meu Pai em seu trono. (Ap 3:21)

Exaltado sejas, ó Senhor dos Exércitos, Deus de Israel, Deus Soberano, que tem o poder e o domínio absoluto sobre toda a criação. Tu és a autoridade suprema sobre tudo e sobre todos. Tu sustentas todas as coisas pela palavra do teu poder; tuas leis regem o Universo. Ensina-me a viver em adoração ao Senhor, entoando cânticos novos, diante de Ti, todos os dias, e também a viver para a tua glória, porque um dia comparecerei diante do teu trono celestial, no qual quero me assentar Contigo. Ensina-me a guardar os teus preceitos para viver esta dádiva, como vencedora em Cristo Jesus, e Contigo reinar. Aleluia! Como é maravilhoso saber que este Deus tão tremendo, único, verdadeiro ouve a nossa voz, fala conosco e está pronto a nos ajudar. O Senhor nos conhece por dentro e por fora e sabe de todas as nossas necessidades. Ensina-me a andar em teus caminhos, a me submeter à tua direção, a fazer a tua vontade. Capacita-me a depender da tua maravilhosa graça e a olhar para Ti em todos os momentos. Te amo, Deus! Ao Senhor, sejam honra e glória para sempre.

Em nome de Jesus,

Amém!

PERSEVERE NO CAMINHO DO SENHOR PARA QUE, NO GRANDE DIA, POSSA SENTAR-SE NO TRONO COM ELE.

11 de Janeiro

"Saberás, pois, que o Senhor, teu Deus, é Deus, o Deus fiel, que guarda a aliança e a misericórdia até mil gerações aos que o amam e cumprem os seus mandamentos." (Dt 7:9)

Pai, eu quero Te render graças, Te servir com a minha vida e sentir o regozijo da tua presença neste dia que o Senhor criou. Derrama sobre mim uma avidez de Te conhecer, de Te buscar, para que eu possa crescer em intimidade com o Senhor. Cada dia mais quero elevar a minha comunhão Contigo, mergulhar nas águas do teu Espírito. Abençoa a minha família e toda a minha descendência, salva toda a minha parentela, pois Tu és um Deus de gerações. Nesta geração, cumpre os teus propósitos através de mim, usa-me como testemunho da tua palavra, ensina-me a anunciar o teu Reino de amor, a andar na luz da tua revelação. Pai, eu quero fazer parte de uma geração bem-aventurada, que procure fazer a tua vontade, que tenha vida com o Senhor, que ore, que se arrependa, que busque viver os teus propósitos. Acha em mim um vaso para a tua glória. Vem me encher com o fruto do teu Espírito, com os teus atributos, moldando-me à tua imagem e semelhança. Faz-me fortalecer a minha aliança de amor Contigo e com meu próximo, para que eu seja uma mensageira do teu Evangelho, anunciando as Boas Novas, por amor do teu nome.

Em nome de Jesus,

Amém!

NESTA GERAÇÃO, DEUS TE LEVANTOU PARA SER UM VENCEDOR E PREGAR AS BOAS NOVAS.

12 de Janeiro

"Espere no Senhor e siga a sua vontade. Ele lhe exaltará, dando-lhe a Terra por herança; quando os ímpios forem eliminados, você o verá." (Sl 37:34)

Jesus Cristo, meu Senhor e Salvador; porque o Senhor vive eu posso crer no amanhã, porque o Senhor vive eu posso ter esperança. Aleluia! Por isto eu me rendo diante de Ti, buscando o teu perdão, pois sou pecadora, justificada pelo teu sangue redentor, que me libertou e me salvou. É necessário que os nossos olhos se voltem exclusivamente para Ti, para vivermos em abundância este amor que nos alcançou. Quantos desafios e obstáculos nos impedem viver o melhor que tens preparado para nós. Ajuda-me a perseverar, a não desistir diante das provas. Ensina-me a ser paciente, a esperar no tempo do Senhor, a crer que nada foge ao teu controle. Não há problema que supere a tua grandeza, não há nada que fique escondido diante dos teus olhos. Todas as tuas promessas serão cumpridas na nossa vida. Basta confiar, acreditar, ter fé. Eu entrego o meu caminho em tuas mãos, entrego-Te todas as minhas inquietações, os meus sonhos, e deposito em Ti toda a minha confiança, pois sei que me exaltarás com a vitória, no devido tempo. Graças eu Te dou, por tudo; Te louvo, meu Senhor, hoje e para sempre.

Em nome de Jesus,

Amém!

DESCANSE EM DEUS, SUA VITÓRIA VIRÁ NO TEMPO CERTO. O NOSSO TEMPO NÃO É O TEMPO DE DEUS.

13 de Janeiro

"Entrega o teu caminho ao Senhor; confia nele, e o mais ele o fará." (Sl 37:5)

Querido Deus, quero reconhecer a tua grandeza, o teu poder e a tua majestade neste dia; agradecer-Te, porque até aqui o Senhor me ajudou, fazendo-me andar sobre as águas, fazendo-me voar como águia. Gratidão, louvor, ações de graças irei Te ofertar todos os dias da minha vida. Quão grande és Tu, Senhor! Quão maravilhoso é sentir a tua presença! Somos o teu povo e por meio da tua aliança conosco podemos contemplar a tua presença se movendo em nós e através de nós. Assim como Moisés se recusou a guiar o povo de Israel sem a presença do Senhor, eu não irei a nenhum lugar se não fores comigo. Jamais o trocarei pelas tuas bênçãos. A tua presença é o que eu mais necessito, ela me fortalece e me faz vencedora nos dias maus. Não temerei as adversidades, sempre encontrarei descanso na tua presença. Eu Te adoro, Jesus. Eu Te louvo, a minha vida é tua. Tu és a razão do meu viver, é a Ti que entrego todo o meu coração. Tu és o meu Rei, aquele que governa os meus passos. Tu és o Deus da minha salvação, o Deus da minha vida. Em Ti eu confio, Senhor, em tuas mãos estão os meus dias. Em meu coração sempre queimará o desejo ardente da tua presença.

Em nome de Jesus,

Amém!

SEGURE NAS MÃOS DE DEUS, DEIXE ELE GUIAR A TUA VIDA.

14 de Janeiro

"É certo que não dormita, nem dorme o guarda de Israel. O Senhor é quem te guarda; o Senhor é a tua sombra à tua direita." (Sl 121:4-5)

Pai querido, Deus misericordioso e cheio de bondade, que sempre nos acolhe em teus braços de amor; obrigada pela oportunidade que nos dás, a cada manhã, de recomeçar, nos proporcionando mais uma vez a chance de viver uma nova vida. Obrigada por me levantar quando já não tenho mais forças para lutar, por me fortalecer quando penso em desistir, por estar ao meu lado sempre. O Senhor não é um Deus de longe, o Senhor é um Deus de perto, um Deus presente, que não dormita, que cuida de nós, mesmo enquanto dormimos. Dia e noite, trabalhas a nosso favor. Quando descansamos no teu amor e na tua graça, podemos ver milagres acontecendo na nossa vida; podemos experimentar situações difíceis sendo mudadas, podemos ter a certeza, quando nossos sonhos são frustrados, de que algo melhor está sendo preparado para nós. Obrigada, porque o Senhor conhece o meu coração, conhece os meus passos; sabe quando me deito e quando me levanto e é fiel para suprir todas as minhas necessidades. Que a cada manhã eu possa contemplar um novo horizonte com o Senhor.

Em nome de Jesus,

Amém!

EM JESUS PODEMOS CONTEMPLAR
SALVAÇÃO, LIBERTAÇÃO, CURA E
RESTAURAÇÃO DE VIDA, TODOS OS DIAS.

15 de Janeiro

*"Por meio de Jesus, pois, ofereçamos a Deus,
sempre, sacrifício de louvor, que é o fruto de lábios
que confessam o seu nome." (Hb 13:15)*

Senhor Jesus, Filho do Deus vivo, a quem foi dado todo o poder no Céu e na Terra, eu Te louvo e Te glorifico porque Tu és o meu Deus. És o Senhor dos senhores, o Rei dos reis, o Deus de Israel, o Senhor de toda a eternidade. Vós sois o Pão Vivo que desceu do Céu para nos dar vida. Vem reinar em mim, vem reinar sobre mim e encher-me da tua glória. Por todos os teus feitos eu Te louvo, Senhor Jesus. Te louvo pelo teu sacrifício de suportar a cruz, a preço de sangue, por amor de nós, nos redimindo dos nossos pecados e nos reconciliando com o nosso Pai. Nos tornamos filhos de Deus através do teu sangue e, através dele, nos foi concedida a vida eterna. O teu sangue precioso os meus pecados apagou; o teu sangue precioso, com o teu poder, me curou; o teu sangue precioso, naquela cruz, me libertou e salvou; uma nova vida me ofertou. Agora Cristo vive em mim, vive no meu coração. Aleluia! Louvado sejas, ó Senhor Jesus, pela oportunidade de Te conhecer cada dia mais, aprender de Ti e experimentar do teu grandioso e magnífico amor! Exaltado sejas, ó meu Senhor Jesus Cristo, meu Salvador!

QUE A SUA VIDA SEJA UM SACRIFÍCIO VIVO DE
LOUVOR A DEUS, POR TUDO O QUE ELE É.

16 de Janeiro

*"Não há salvação em nenhum outro, pois, debaixo do
Céu não há nenhum outro nome dado aos homens
pelo qual devamos ser salvos." (At 4:12)*

Jesus glorioso, exaltado seja o teu nome. Nome santo e precioso, nome forte e poderoso, nome que está acima de todo nome. Nome digno de ser adorado, de ser glorificado. Tu és o Filho de Deus, Emanuel, Deus conosco; Cristo, o Messias; Maravilhoso, Deus Forte, Pai da Eternidade, Príncipe da Paz, Raiz de Davi, Rei dos reis, Senhor dos senhores. Todo joelho se dobrará e toda língua confessará que Jesus Cristo é o Senhor. Santo, Santo, Santo, Tu és Jesus. Não há prova maior do teu amor do que a tua morte na cruz, onde nós deveríamos estar; mas o Senhor tomou o nosso lugar para que não tivéssemos que morrer pelas nossas iniquidades e nos trouxe de volta à comunhão com o Pai. Hoje somos livres para adorar ao Senhor. Aleluia! Glorificado sejas, meu Senhor Jesus; o teu sacrifício nos deu uma nova vida, ele nos trouxe a vitória. Tu és o único caminho, Jesus, a única fonte verdadeira de esperança e de alegria permanente. Eternamente escolherei estar ao seu lado, buscarei sempre pela tua presença. O Céu e a Terra passarão, mas o teu reino permanecerá, o teu domínio é eterno. Vem reinar em minha vida, Senhor.

Em nome de Jesus,

Amém!

SE JESUS ESTIVER REINANDO EM SUA VIDA,
ENTÃO VOCÊ FAZ PARTE DO REINO DE DEUS.

17 de Janeiro

*"Se vivemos em Espírito,
andamos também em Espírito." (Gl 5:25)*

Deus, Pai misericordioso, glorificado seja o teu Santo nome. Quero Te adorar nesta manhã e declarar a minha fé e a minha devoção a Ti, Senhor. Quero aprender com o teu Espírito Santo a caminhar em espírito e em verdade, no compromisso com toda a verdade que me revelas. Através da morte do teu filho, naquela cruz, firmastes uma aliança comigo. Um dia perdida, fui atraída pelo teu amor eterno. O teu Espírito me tocou e logo nos aproximou. Prossegue, Senhor, nesta obra magnífica de transformação, de reconstrução de todo o meu ser. Leva-me a lugares altos com o Senhor, faz-me andar segundo o teu Espírito, conforme a tua vontade, tendo comunhão Contigo. Ensina-me a me deixar conduzir por Ti. Que eu seja livre no amor e na graça, praticando as obras do Espírito Santo, para viver Nele e por Ele. Clamo ao Senhor que me guie, todos os dias, à santificação, no caminho da Terra celestial, onde o verei, face a face. Aleluia! Que maior alegria poderá ter o pecador salvo pela graça de Cristo, senão contemplar a face do Senhor? Te exaltarei, continuamente, Deus amado, até este grande dia.

Em nome de Jesus,

Amém!

DEIXE O ESPÍRITO SANTO DE DEUS TE GUIAR,
NÃO VACILE EM SEGUIR A SUA DIREÇÃO E
ENCONTRARÁ SIGNIFICADO PARA A SUA VIDA.

18 de Janeiro

"E buscar-me-eis, e me achareis, quando me buscardes com todo o vosso coração." (Jer 29:13)

Deus meu, Senhor de toda glória, quão maravilhoso é entrar em teu Santo lugar, na intimidade Te adorar. Tu és Deus Vivo, Poderoso, Senhor da Terra e do Céu, aquele que não habita em templos feitos por mãos de homens, mas no coração dos teus filhos. Quero celebrar este dia na tua companhia, desfrutar da tua presença, caminhar de mãos dadas Contigo. O teu coração é o meu abrigo, refúgio contra meus inimigos. Quão grande és Tu, Senhor! Deste-me vida, perdoando os meus pecados. A tua misericórdia e a tua graça me alcançaram e o teu amor me transformou. Em Ti eu vivo, eu me movo, eu existo. Como viver longe de Ti, meu Senhor? É na tua luz que posso contemplar as tuas maravilhas de dia e de noite. É na tua presença que, mesmo sendo frágil, me torno forte. É no teu amor que descanso tranquila, mesmo em meio às lutas. Sem Ti nada sou, nada posso. Quero me achegar a Ti de todo o meu coração, voltar-me inteira para o Senhor, me firmar nas verdades que tens para mim. Para sempre Te buscarei, para sempre Te glorificarei.

Em nome de Jesus,

Amém!

BUSQUE O SENHOR DE TODO O SEU CORAÇÃO; ELE SE REVELARÁ A VOCÊ E SE ENVOLVERÁ COM TODO O SEU AMOR.

19 de Janeiro

"Ele nos resgatou do domínio das trevas e nos transportou para o reino do seu Filho amado" (Cl 1:13)

Bendiz, ó minha alma, o Senhor, e tudo o que há em mim bendiga o teu santo nome, neste dia lindo que criaste. Deus de amor, que prova o teu amor para conosco pelo fato de Cristo ter morrido por nós quando ainda éramos pecadores, glórias eu Te dou. Teu amor é imensurável, é incondicional; não depende do que somos. O Senhor nos ama do jeitinho que somos. O Senhor nos enviou seu Filho amado para morrer por todos nós, que somos pecadores. Aleluia! Que amor é este? Amor tão grande, sem limites, revelado em Jesus. Amor que nos tirou do império das trevas, nos livrou da morte e nos trouxe salvação. Obrigada, Pai, por Jesus Cristo. Ele nos trouxe vida, ele é autor da vida, ele é a própria vida. Ó Jesus, Tu és o único caminho que nos conduz à vida. Tu és a verdade que nos ilumina, que nos liberta. Capacita-me, com alegria e autoridade, a permanecer firme em Ti, a honrar o teu sacrifício por mim, pregando o teu Evangelho a todos os que estiverem em trevas. Faz-me um instrumento do teu amor, Jesus, para levar a mensagem do Reino de Deus aos perdidos. Que eu seja luz neste mundo.

Em nome de Jesus,

Amém!

EM MEIO A TANTA ESCURIDÃO
NESTE MUNDO, SEJA LUZ.

20 de Janeiro

"Eu o instruirei e o ensinarei no caminho que você deve seguir; eu o aconselharei e cuidarei de você." (Sl 32:8)

Deus amado, Deus justo e poderoso, fiel e santo! Eu Te louvo, pois à tua imagem eu sou. Me escolheste, antes da criação do mundo, e já tinhas todos os meus dias determinados. Como sou grata por tuas maravilhas em minha vida! Teu amor e tua aliança sempre estiveram comigo. O Senhor é um Deus invisível, mas real, um Deus presente na alegria e na tristeza, um Deus que responde ao nosso clamor e se importa conosco. Um Deus que tem prazer em nos abençoar, um Deus que é fonte inesgotável de vida. Te enalteço pela tua perfeição, igual a Ti não há outro. Tu és a nossa justiça pelo sangue que verteu na cruz. Tua justiça nos protege, nos faz fortes diante dos nossos adversários. Ricos são teu amor e cuidado para conosco. Quão maravilhoso és Tu, Senhor, grandioso em amor, graça e misericórdia. Quão grandioso é o teu nome, que nos dá autoridade sobre os nossos inimigos. Quão majestoso é o trono em que Te assentas no Céu, à destra de Deus, o nosso Pai excelso em poder. Graças eu Te dou, Senhor. A Ti toda honra, louvor, gratidão e adoração, hoje e sempre.

Em nome de Jesus,

Amém!

SEJA GRATO. UM CORAÇÃO GRATO
AGRADA O CORAÇÃO DE DEUS.

21 de Janeiro

"Senhor, quero dar-te graças de todo o coração e falar de todas as tuas maravilhas." (Sl 9:1)

Quão formoso és, ó Pai, Deus do Universo; Deus triúno, excelso Criador. Tu és o Alfa e o Ômega, o Princípio e o Fim, o grande Eu Sou. Tudo em nossa vida começa e termina no Senhor. És eterno manancial de águas vivas, fonte inesgotável de vida, que supre todas as nossas necessidades, nos trazendo cura, alívio, refrigério, esperança, plenitude de vida. Os teus feitos mostram a tua perfeição e reluzem a tua luz, enchendo os Céus e a Terra da tua glória. És supremo em todo o Universo. Maravilhoso é estar na tua presença e poder Te adorar, maravilhoso é ouvir a tua voz e em Ti descansar, maravilhoso é tocar em tua face e teu amor experimentar. Quão formoso és, Deus do Universo, Luz do Mundo, o Cordeiro de Deus, que pelo teu sangue, nos redimiu e nos fez nova criatura. Te bendizemos e glorificamos o teu santo nome, Senhor! Sejas exaltado, glorificado e enaltecido para todo o sempre. Sejas entronizado sobre tudo e sobre todos, ó Deus da minha salvação! Tua glória enche a Terra, tua glória enche o Céu, tua glória enche a minha vida, Senhor!

Em nome de Jesus,

Amém!

PONHA DEUS NO INÍCIO DE TUDO O QUE FOR FAZER, ELE CUIDARÁ DO FIM. GLORIFIQUE-O, EXALTE-O, ENGRANDEÇA-O!

22 de Janeiro

"Os que confiam no Senhor serão como o monte de Sião, que não se abala, mas permanece para sempre." (Sl 125:1)

Glorioso Pai, Deus do meu coração, eu Te adoro nesta manhã porque o Senhor é bom e a tua misericórdia dura para sempre. Eu me prostro diante da tua presença para Te cultuar e Te louvar, ó meu Senhor.

Eu Te louvo porque Tu és a nossa justiça

Eu Te louvo porque Tu és a redenção que nos redime

Eu Te louvo porque Tu és a paz que o mundo não pode nos dar

Eu Te louvo porque Tu tens nos santificado pelo teu sangue

Eu Te louvo porque em Ti há retidão, pois Tu és a perfeição

Eu Te louvo porque do Senhor vem o verdadeiro livramento

Eu Te louvo porque do Senhor vem a nossa força

Eu Te louvo porque do Senhor vem o nosso socorro

Eu Te louvo porque do Senhor vem a cura da nossa alma e do nosso coração

Eu Te louvo porque do Senhor vem a salvação

Eu Te louvo porque do Senhor vem a última palavra

Eu Te louvo porque do Senhor vem a vitória...

Pai, Tu és o único e verdadeiro Deus! Aquele que era, que é e há de vir. O Deus Soberano, o Deus de toda a eternidade! Glória ao Pai, ao Filho e ao Espírito Santo de Deus! Minha vida está diante de Ti, continuamente. Aleluia!

Em nome de Jesus,

Amém!

LOUVE O SENHOR TODOS OS DIAS, POR TUDO O QUE ELE É, E SEJA GRATO POR TUDO O QUE ELE FAZ.

23 de Janeiro

"Achegai-vos a Deus e ele se achegará de vós!" (Tg 4:8)

Querido Pai, eu me rendo à tua presença nesta manhã, com o coração agradecido por tudo o que Tu és, ó Deus! Agradecido pela tua palavra, que nos consola, nos conduz e nos instrui. Agradecido porque um dia o Senhor me atraiu com teus laços de amor eterno. Quão magníficas são as tuas obras! Grandes são os teus benefícios para comigo; fiéis são os teus preceitos. Sirvo a um Deus que é puro, justo, santo e verdadeiro. Um Deus sublime, que é único e perfeito. Que o temor do Senhor, que é o princípio da sabedoria, venha a ser acrescentado todos os dias em meu coração. Me atraia para a tua presença, Pai, mais e mais; acenda o fogo do teu Espírito em mim, faça meu coração arder de novo e ser, cada dia mais, apaixonado por Ti. Que ele seja totalmente rendido ao Senhor, pois somente Tu és merecedor de ser exaltado. Não há Deus além de Ti. Não há quem que a Ti possa ser comparado. Somente Tu és Deus, somente Tu és o Senhor. Por isto Te adoro, Deus Altíssimo, glorioso, magnífico. Em Ti está todo o meu prazer. Todo o meu louvor é para Te adorar.

Em nome de Jesus,

Amém!

FOMOS CRIADOS PARA RECONHECER A GRANDEZA DE DEUS NA NOSSA VIDA E PARA PROCLAMÁ-LA EM QUALQUER LUGAR PARA ONDE ELE NOS ENVIAR.

24 de Janeiro

"Prostro-me perante o teu santo templo e louvo o teu nome, por teu amor e fidelidade; pois exaltaste acima de todas as alturas o teu nome e a tua palavra!" (Sl 138:2)

Glória ao Pai, ao Filho, àquele que era, que é e que há de vir, e ao Santo Espírito! Nesta manhã, coloco-me diante de Ti, Senhor, louvando o teu nome, agradecida pelo teu amor, exaltando-o de todo o meu coração, pois Tu és a nossa esperança. Onde estaríamos agora, se não tivéssemos o Senhor? A tua misericórdia nos impede de sermos consumidos, por causa do teu amor genuíno por nós. O Senhor é um Deus tremendo, mui digno de ser louvado. O Senhor é maravilhoso, um Deus onipotente, onisciente, onipresente. Eu Te adoro na beleza da tua santidade. Santificado seja o teu nome. Revela-Te a mim, Pai, neste dia. Mostra-me a tua face. Há um desejo enorme em meu coração de Te conhecer, de Te sentir, de Te encontrar. Mostra-me a tua graça; em teus pés me prostrarei e com louvores Te adorarei, Jesus Cristo, meu Senhor, meu Deus amado e Salvador. Sê comigo, neste dia, por amor do teu nome. Nada pode substituir a tua presença na minha vida. Tu és o meu bem maior, aquele que vive em mim e para quem entrego todo o meu viver. Te amo, meu Senhor.

Em nome de Jesus,

Amém!

COMECE O SEU DIA NA PRESENÇA DE DEUS, LOUVE-O E O ADORE.

25 de Janeiro

"Disse-lhe Jesus: Eu sou a ressurreição e a vida; quem crê em mim, ainda que esteja morto, viverá; e todo aquele que vive e crê em mim nunca morrerá. Crês tu isso?" (Jo 11:25-26)

Nesta manhã, eu me prostro diante de Ti, Deus querido, para louvar-Te e exaltar-Te. Meu Senhor Jesus, Tu és digno de ser engrandecido, Tu és a ressurreição e a vida. Por amor de nós, o Senhor Se entregou à morte da cruz, onde levou sobre Si todos os nossos pecados. Naquela cruz do calvário, o Senhor nos justificou, nos redimiu, nos libertou, nos curou, nos salvou e nos deu a vida eterna. A morte não pôde vencê-Lo; ao terceiro dia, o Senhor ressuscitou. No sepulcro onde jazia, não há mais corpo algum. Aleluia! O meu Senhor vive! Agora vive em mim e engrandece o meu viver. Ninguém pode receber a vida eterna se não tiver o coração unido ao teu. Quem em Ti crer jamais morrerá. Obrigada por ter entrado dentro do meu coração, Jesus. Me deste uma nova vida, junto ao Pai. O que darei eu ao Senhor? Receba a minha gratidão, receba a minha adoração e todo o meu amor. A minha vida entrego a Ti. Te servir é a minha escolha, é o que eu mais desejo. Não vivo mais sem Ti. Tu és tudo para mim, Jesus, amado da minh'alma! Glorificado seja o teu nome agora e para sempre! Ao Senhor, toda honra, todo louvor, toda a glória.

Em nome de Jesus,

Amém!

JESUS VIVE! A SUA RESSURREIÇÃO SIGNIFICA QUE A MORTE FÍSICA TAMBÉM NÃO É O NOSSO DESTINO FINAL. JESUS É A NOSSA GARANTIA DE VIDA ETERNA.

26 de Janeiro

"Porque Eu, o Senhor, não mudo" (Ml 3:6)

Pai querido e amado, eu Te louvo por mais um dia em tua presença. Grande é o Senhor, Deus Justo, Santo, Pai de Amor. Desfrutar da tua companhia é o que eu mais quero em meus dias. É maravilhoso contemplar o Senhor em tua santidade e perfeição, em teu amor e poder, em tua grandeza e majestade. É um privilégio conhecer a tua palavra, saber que Tu és imutável em teus propósitos e em tuas promessas. O Senhor nunca falha. Nós é que mudamos, mas o Senhor não; permanece sempre o mesmo. É o mesmo ontem, hoje e sempre. O Senhor é imutável em todos os teus atributos. Preciosa é esta certeza de que Deus não muda. Nos traz segurança saber que o teu amor por nós sempre permanece o mesmo. O Senhor será sempre o nosso socorro presente, a nossa fortaleza no dia da aflição. Será sempre o nosso refúgio, nosso melhor amigo. Obrigada, Pai, Deus do meu coração, porque tudo muda, tudo passa, mas o Senhor permanece o mesmo. *És o mesmo ontem, hoje e será eternamente. És o mesmo desde a eternidade.* Louvado sejas pelas tuas promessas e propósitos eternos.

Em nome de Jesus,

Amém!

DEUS NÃO MUDA, MAS TEM O PODER
DE MUDAR A NOSSA VIDA.

27 de Janeiro

"Eu sou a videira, vós as varas; quem está em mim, e eu nele, esse dá muito fruto; porque sem mim nada podeis fazer." (João 15:5)

Deus amado e bendito, obrigada por mais um dia maravilhoso que o Senhor me concede. Em Ti me refugio, para que me livre de todos os que me perseguem, pois és o meu escudo, és o meu justo Juiz. Quero Te agradecer por esta manhã linda que o Senhor fez, posso sentir a tua doce presença me envolver. Grandes coisas o Senhor fez por nós, por isto estamos alegres. O Senhor é um Deus maravilhoso, o meu redentor, essência do meu louvor. Tu és amor e luz, meu pão, minha canção; não tenho outro bem além de Ti. A tua palavra diz que Davi foi um homem segundo o teu coração. Vem e me encontra também, Senhor. Enche-me do teu Espírito, porque sem Ti nada somos, nada podemos; sequer existimos. Eu reconheço que só o Senhor pode nos salvar. Ainda que a figueira não floresça, nem haja fruto na vide, meu coração confia em Ti. Eu vivo as promessas de um Deus fiel, de um Deus que nos sonda e nos conhece, que é digno de toda honra. Aleluia! Sê exaltado, adorado e entronizado, porque Tu és digno, incansável em glória e poder. A Ti toda glória e louvor.

Em nome de Jesus,

Amém!

SEM O SENHOR NADA SOMOS, NADA PODEMOS, NADA TEMOS.

28 de Janeiro

"Bem-aventurados os retos em seus caminhos, que andam na lei do Senhor. Bem-aventurados os que guardam os seus testemunhos e que o buscam com todo o coração." (Sl 119:1-2)

Ó Deus maravilhoso, há uma gratidão imensa em meu coração por ter tido a revelação do Espírito Santo de quem Tu és! Eu pude Te conhecer, Senhor, grandioso e poderoso Deus! Eu pude me conhecer, reconhecer a minha pequenez, a minha miséria e me arrepender dos meus pecados. O Espírito Santo trouxe uma regeneração ao meu coração e à minha mente, descortinando a presença do Senhor, fazendo-me contemplar a tua face e a beleza da tua Santidade. E, naquele momento de intimidade com o Senhor, diante da tua apresentação, pude me converter a Ti, para que as coisas velhas se passassem e tudo se fizesse novo na minha vida. Hoje sou nova criatura e posso ser chamada de filha de Deus. Isto é grandioso, meu Deus. Como não Te adorar depois de Te conhecer, Pai? Tu és a minha fonte de realização e satisfação. Só o Senhor sonda a minha alma e é capaz de me dar o que eu preciso. Ensina-me a Te adorar de todo o meu coração, segundo a tua vontade, e faz-me uma verdadeira adoradora. Eu me consagro a Ti, Senhor, em todo o tempo Te buscarei e Te adorarei com todo o meu ser.

Em nome de Jesus,

Amém!

ADORE A DEUS COM O SEU MELHOR.

29 de Janeiro

"E em nenhum outro há salvação, porque também debaixo do Céu nenhum outro nome há, dado entre os homens, pelo qual devamos ser salvos." (At 4:12)

Deus tremendo e majestoso, entronizado estás entre os querubins. Quero, neste dia, Te agradecer pela maravilhosa salvação que o Senhor nos concedeu. Andávamos desviados, miseráveis, mortos em nossos pecados e delitos, mas aprouve o Senhor nos atrair a Ti com cordas de amor eterno, e nos aliançar a Ti, nos fazendo Te conhecer e experimentar da tua bondade. Fomos conhecendo mais de Ti e contemplando a beleza de tua Santidade, aquilo que Tu és, e a cada dia fomos nos apaixonando mais e mais por Ti. Eu Te amo, Senhor, porque me amaste primeiro. Por causa da aliança que tens comigo, quero oferecer em teu altar uma oferta digna de quem Tu és. Quero Te dar, com a minha vida, a adoração que Te é devida. Que eu possa Te conhecer com profundidade, Senhor, e com maturidade me tornar uma filha segundo o teu coração. Quero viver para Ti e contemplar a tua presença todos os dias na minha vida. Receba a minha adoração como um incenso perfumado, agradável a Ti. Seja adorado, seja exaltado, seja glorificado em mim, Senhor, e através de mim.

Em nome de Jesus,

Amém!

TODO O SACRIFÍCIO QUE DEUS FEZ FOI PARA SALVAR UMA PESSOA MUITO ESPECIAL: VOCÊ!

30 de Janeiro

"Deixai-vos conduzir pelo Espírito Santo" (Gl 5:16)

Pai, como é bom acordar mais um dia e contemplar a beleza da tua criação, sentir o mover da tua presença em mim. Obrigada por mais este dia de vida. Que seja um dia especial, em que o Espírito Santo me conduza à plenitude do que o Senhor tem para mim. Que ele me guie, me ensine e me revista de poder para fazer a tua vontade. Quero viver uma vida de retidão, uma vida santa que honre ao Senhor; uma vida de submissão e de um amor verdadeiro por Ti. Que a tua verdade seja a base de tudo o que eu fizer. Ela me direciona, me orienta e me instrui a cumprir os teus mandamentos. Que o teu Espírito me ajude a não pecar contra Ti, que ele não me deixe ferir o teu coração e me corromper com as coisas deste mundo. Que ele não me permita sair da tua presença, nem me desviar dos teus propósitos. Quero ser obediente a Ti, Senhor, e agradar o teu coração, desfrutar do benefício da tua mesa de banquete, a qual tens preparado para mim. Senhor, não há em mim um desejo maior que tua face um dia ver. Anseio pelo dia em que, todos nós, teus filhos, estaremos para sempre reinando Contigo. És o meu amado, Senhor, quero depender da tua fidelidade para sempre.

Em nome de Jesus,

Amém!

DEIXE O ESPÍRITO SANTO TE GUIAR. DO ESPÍRITO SANTO COLHEREMOS VIDA ETERNA E PLENITUDE DE VIDA.

31 de Janeiro

fevereiro

"... retidão e justiça são a base do teu trono." (Sl 97:2)

Deus majestoso, Deus santo, Deus de amor, quero Te louvar nesta manhã e tocar o teu trono de glória. Quero atrair o teu coração com a minha adoração, trazer para mim a tua presença com a minha santificação. Tu és o meu Pai Amado, meu Deus e Senhor. Grande és em toda Terra onde reinas com poder e graça. Teu domínio está sobre tudo e sobre todos. Teu Trono está muito além do sol. És amor e luz! Teus feitos mostram a tua luz. Justiça e poder estão em tuas mãos. Revela-me mais de Ti, Senhor, quero Te conhecer cada vez mais e Te adorar pelo que Tu és. Somente o Senhor é digno de ser adorado. Seja exaltado, ó Deus Altíssimo! Seja glorificado pela tua Perfeição, Deus único e verdadeiro. Dobrem-se os joelhos diante de Ti, diante do grande Eu Sou. Voltem-se para Ti todas as nações, declarem todos os povos o teu nome, Senhor. Toda honra seja dada a Ti! Meu coração se alegra na tua presença, na certeza de que estarei Contigo para sempre. Eternamente eu cantarei a tua bondade, o teu amor e a tua misericórdia que dura para sempre. Eternamente Te amarei!

Em nome de Jesus,

Amém!

O SENHOR REINA SOBRE TUDO E SOBRE TODOS. O SENHOR REINA SOBRE A SUA VIDA. PERMITA QUE ELE SEJA O SEU SENHOR.

1º de Fevereiro

"Toda a palavra de Deus é pura; escudo é para os que confiam nele." (Pv 30:5)

Pai amado que estás nos Céus, santificada é a tua palavra que orienta os nossos dias e nos coloca nos teus caminhos. Palavra que nos transforma, que muda o que preciso for no nosso interior. Palavra que reveste o nosso coração de compaixão, de amor e de mansidão, que nos faz conhecer-Te, que revela o teu caráter e natureza, tua soberania e poder e nos enche de gratidão. Palavra que me leva ao Santo Lugar e à tua presença me curvar para Te adorar. Palavra que faz tudo novo em mim, transborda a minha alma de um amor sem fim. Sê exaltado, Senhor Jesus, meu Rei, Sumo Sacerdote, que ofereceu a Ti mesmo como sacrifício perfeito e que vivo estás, à direita de Deus Pai, assentado em Teu majestoso trono, de onde governas a tua igreja, a Terra e todo o Universo. Vem a mim o teu Reino, Senhor, o teu governo, e seja feita a tua vontade. O teu reino é eterno, a tua vontade é justa e santa e se revela a nós através da tua graça. Revela-me, Senhor, os teus propósitos, santifica-me para a honra e glória do teu nome. Continua escrevendo a minha história, Senhor, vem alegrar-me com a tua vitória.

Em nome de Jesus,

Amém!

CONFIE E VIVA EM OBEDIÊNCIA À PALAVRA DE DEUS, PARA CONQUISTAR A VITÓRIA QUE ELE TEM PARA VOCÊ.

2 de fevereiro

"Andarei na presença do Senhor, na Terra dos viventes" (Sl 116:9)

Santo, Santo, Santo, Deus poderoso, Pai de bondade e de toda a eternidade. Somente a Ti sejam a glória, a honra, o poder, todo louvor e toda adoração. Venho Te adorar neste dia com todo o meu coração e proclamar tuas maravilhas. Sobre a minha vida está a tua mão poderosa me guardando e me conduzindo nos teus caminhos. Tudo o que sou pertence a Ti e vem de Ti, tudo o que tenho é teu. Tu és a minha proteção, a minha fortaleza, o meu esconderijo. A minha confiança está em Ti, Senhor! Louvado seja o Senhor! Graças eu Te dou pelos teus benefícios para comigo. Teu cuidado, teu carinho e teu amor me alcançam e me envolvem todos os dias; por isto, nada me falta. O Senhor é o meu pastor bom e fiel, que nunca me deixa sozinha. Me faz andar em pastos verdejantes, caminhos de vida, e renova as minhas forças todos os dias. A tua presença é tudo para mim, é o bálsamo que refrigera a minha alma e me renova. A nenhum lugar irei se não fores comigo. Só na tua presença descanso, só na tua presença confio. Permita-me sentir a tua presença a cada novo dia.

Em nome de Jesus,

Amém!

SEM A PRESENÇA DO SENHOR, CAMINHAREMOS PERDIDOS NESTE MUNDO.

3 de Fevereiro

"Como é grande a tua bondade, que reservaste para aqueles que te temem, e que, à vista dos homens, concedes àqueles que se refugiam em ti! Bendito seja o Senhor, pois mostrou o seu maravilhoso amor para comigo" (Sl 31:19-21)

Ó Pai e Eterno Deus, eu me prostro neste dia aos teus pés para Te dar graças por tudo. Obrigada pelo sopro da vida, que me possibilita estar agora na tua presença e experimentar do teu amor. Obrigada pela oportunidade de recomeçar a cada amanhecer; obrigada pelo teu favor para comigo, pelas bênçãos visíveis e invisíveis que me proporcionas. Obrigada por cobrir com a tua justiça a minha casa e toda a minha família. Obrigada pelo pão de cada dia, obrigada pelos teus livramentos, obrigada pelo cuidado que tens comigo, posso percebê-Lo a todo o momento e nas mínimas coisas. Grande é o teu amor, grande é a tua misericórdia que se renova todas as manhãs na minha vida. Meu coração é totalmente grato a Ti, Pai Amado. Sei que fazes o melhor para mim, tua bondade vai além do que eu posso ver. Em tempos difíceis, o Senhor salva o seu povo e cuida dos que procuram pela tua proteção. O que seria de nós sem o Senhor? Tu és tudo para mim, sem Ti nada sou; sem Ti já não posso mais viver. Te amo de todo o meu coração, e para sempre Te amarei, Deus meu.

Em nome de Jesus,

Amém!

SEJA GRATO A DEUS POR TUDO. ELE NOS ABENÇOA MUITO MAIS DO QUE MERECEMOS.

4 de fevereiro

"Ah! Soberano Senhor, Tu fizeste os Céus e a Terra
pelo teu grande poder e por teu braço estendido.
Nada é difícil demais para ti." (Jr 32:17)

Pai de amor e de bondade, bom é estar na tua presença e contemplar as maravilhas das tuas obras. A tua criação nos mostra a tua perfeição. Tudo o que há na Terra, tudo o que há nos Céus, mostra que o Senhor é um Deus único e verdadeiro; que não há outro como Tu. Contemplar tudo o que o Senhor criou me faz ver e sentir como é forte o teu amor por nós. Quero mergulhar neste amor, Pai, sentir o prazer da tua presença e ser banhada pela tua graça, pela tua paz. Somente em Ti encontro todo o bem de que preciso: amor, segurança, alegria, saúde, prosperidade, sabedoria... Somente em Ti há vida em abundância. Não há nada que o Senhor não possa fazer, o Senhor tudo pode. O Senhor é Deus de milagres. O Senhor é aquele que traz à existência o que não existe. Tu és poderoso, teu poder é visto em toda a tua criação, em todo o teu governo sobre a Terra e os Céus. És a minha rocha inabalável, que me protege como escudo dos meus adversários. Ó Deus Poderoso, a Ti cantarei louvores para sempre e bendirei o teu santo nome. Tu és o meu tudo, sempre Te louvarei.

Em nome de Jesus,

Amém!

NÃO HÁ NADA IMPOSSÍVEL PARA DEUS.
ELE É DEUS TODO-PODEROSO.

5 de fevereiro

"Por isso, tenham o cuidado de fazer tudo como o Senhor, o seu Deus, ordenou a vocês; não se desviem, nem para a direita, nem para a esquerda. Andem sempre pelo caminho que o Senhor, o seu Deus, ordenou a vocês, para que tenham vida, tudo vá bem com vocês e os seus dias se prolonguem na Terra da qual tomarão posse." (Dt 5:32-33)

Pai querido, Deus do meu coração, graças Te dou neste dia! Louvado seja o Senhor por teus gloriosos feitos! Louvado seja o Senhor pela tua maravilhosa presença, de onde emanam bondade, misericórdia e paz que nos alcançam todos os dias e nos fazem sentir amados e especiais. Te louvo e Te adoro, agradecida pela minha salvação. Te louvo e Te adoro, pois, através de tua obra em mim, o Senhor tem me feito crescer e amadurecer na fé. O desejo do meu coração é que o Espírito Santo venha produzir, em mim, frutos dignos daqueles que professam o teu nome e andam segundo a tua vontade. Me desapegue, Pai, de tudo o que interrompe a minha comunhão com o Senhor, de tudo o que me afasta de Ti. Não me deixes seguir caminhos que me levem para longe de Ti. Quero viver na tua presença, viver para Te servir e agradar o teu coração. Diante do teu trono eu Te exalto, Senhor; faz de mim uma verdadeira adoradora, que Te adore em Espírito e em verdade, para o louvor do teu nome, para a glória de quem Tu és. Toma o teu lugar e habita o meu coração. Toma o teu lugar na minha vida.

Em nome de Jesus,

Amém!

NÃO DESVIE DOS CAMINHOS DO SENHOR, ABANDONE O QUE TE AFASTA DELE.

6 de Fevereiro

"Porque Deus tanto amou o mundo que deu o seu Filho Unigênito, para que todo o que nele crer não pereça, mas tenha a vida eterna." (Jo 3:16)

Paizinho amado, Pai querido, como não Te adorar! Como não me render diante de Ti, diante de um Deus tão sublime! Como não Te contemplar por tudo o que Tu és! Como não Te exaltar por todos os teus atributos: amor, bondade, paz, santidade, verdade, justiça, poder e tantos outros! Como não Te amar diante de tanto amor, a ponto de entregar Teu único filho para morrer por nós, em amor a nós! Ó Pai, como não nos prostrar diante dos teus pés e não Te agradecer por Jesus Cristo! Através de Jesus, o véu se rasgou, podemos entrar na tua presença, tocar nas tuas vestes e chamá-Lo de Pai. Através de Jesus, temos livre acesso a Ti. Aleluia! Te adoro, Senhor! Tu és a razão do meu viver. Que a minha adoração possa chegar à tua presença, como aroma suave e agradável às tuas narinas, que o teu coração ela possa tocar. Recebe o que de mais valioso eu posso Te dar, o meu coração. Recebe o meu louvor, a minha gratidão e todo o meu amor. Vem me abraçar, Pai, vem envolver todo o meu ser, cumprir em mim o teu querer. Eis-me aqui, Senhor, para Te adorar foi que eu nasci.

Em nome de Jesus,

Amém!

JESUS MORREU POR MIM E POR VOCÊ, PARA NOS RECONCILIAR COM O PAI. NÃO HÁ AMOR MAIOR DO QUE ESTE.

7 de fevereiro

"O Senhor é a minha luz e a minha salvação; a quem temerei? O Senhor é a força da minha vida; de quem me recearei?" (Sl 27:1)

Senhor Jesus, querido Deus, Te adoro nesta manhã, Te exalto com todo o meu ser. Ó Deus tremendo, bendito e santo, Deus Poderoso, conhecedor de todas as coisas, quem é como Tu, Senhor? Tu és fiel, Tu és bom, justiça está em Ti. És o Sol da Justiça, a verdadeira luz. A luz que nos aquece, que nos oferece vida. É a tua luz que nos leva ao arrependimento dos nossos pecados. Sem Ti, Jesus, estaríamos em trevas, presos pelos nossos delitos. Mas o Senhor, o Sol da Vida, brilhou em nosso coração e nos revelou o verdadeiro caminho. Obrigada, Jesus, és a luz que nos mantém vivos, és a luz que nos revelou o amor do Pai e que nos levou até Ele. És a luz que nos dá esperança de um novo amanhã, és a luz que nos salvou. Obrigada, Jesus, por brilhar em minha vida o Sol da Justiça; meu coração anseia permanecer na tua glória. Que eu possa refletir a tua luz divina ao mundo, para que as pessoas vejam que eu estou em Ti, Jesus. Meu desejo é fazer brilhar a tua luz na vida das pessoas e apresentar a elas o teu amor. Faz de mim a tua luz, brilha em mim, ó Sol da Justiça!
Em nome de Jesus,
Amém!

JESUS É O SOL DA JUSTIÇA QUE QUER ILUMINAR
O SEU CAMINHO E O SEU CORAÇÃO.

8 de fevereiro

"Quando ele (o Espírito Santo) vier, convencerá o mundo do pecado, da justiça e do juízo." (Jo 16:8)

Eterno Deus, como é maravilhoso estar debaixo da tua graça, acordar saudável, em intimidade com o Senhor, sabendo que toda a minha vida está nas tuas mãos, entendendo quem eu sou em Cristo Jesus, o meu Salvador. Quando a tua palavra chegou aos meus ouvidos, já havia, dentro de mim, uma ação do Espírito Santo para me convencer de quem Tu és, para trazer ao meu coração o arrependimento dos meus pecados, formatando em mim o eterno propósito do Senhor. Continua Te revelando a mim, Pai, que a tua verdade seja firmada no meu coração e propagada a todos que ainda não Te conhecem. Cada vez mais, quero ter o entendimento da tua vontade, continuar conhecendo as facetas do teu caráter, crescer em conhecimento e graça diante do Senhor e dos homens e amadurecer o meu relacionamento Contigo. Quero cada dia mais aprofundar a minha comunhão com o Senhor, ser forjada no teu amor e me tornar uma serva fiel, segundo o teu coração. Eu me alegro, todos os dias, Pai, por ter sido encontrada por Ti, alcançada pela tua misericórdia. Eternamente Te louvarei.

Em nome de Jesus,

Amém!

O ESPÍRITO SANTO QUER TE MOLDAR, TE REVELANDO QUEM É JESUS E O PROPÓSITO DELE PARA A SUA VIDA.

9 de Fevereiro

*"Grande é o Senhor e muito digno de louvor; e a
sua grandeza, inescrutável." (Sl 145:3)*

Senhor dos Exércitos, Deus meu e Rei meu! Eu Te adoro, filho do Deus vivo, Cordeiro de Deus, Leão da Tribo de Judá. Glorificado sejas, ó Deus da minha salvação! Eu Te louvo, pois Tu és digno de receber toda a adoração. Tu és totalmente digno, Senhor! Tu criaste todas as coisas pela tua palavra, a partir da tua vontade. Tu és Senhor de tudo. Todo o poder nos Céus e na Terra Te pertencem. Grande é a tua soberania e grande é a tua majestade! Tua autoridade se estende sobre todo o Universo. Tu reinas, Senhor! Por isto, enquanto eu viver, declararei que Tu és o Senhor, que Tu és o Deus Todo-Poderoso. Tua presença é minha maior alegria, ela me enriquece e me fortalece. Teu amor é vivificante e eu me regozijo e me renovo nele todos os dias. Te adoro, Deus Altíssimo, o grande Eu Sou, aquele que era, que é e que há de vir. A Ti toda honra! Sê exaltado, magnífico Deus! A minha vida eu Te entrego, que ela manifeste a tua glória através da minha submissão e obediência a Ti. Que todo o meu ser Te glorifique, Te exalte e Te adore. para sempre, graças eu Te dou, meu Senhor!

Em nome de Jesus,

Amém!

QUE O NOSSO MODO DE VIVER GLORIFIQUE
O DEUS DA NOSSA SALVAÇÃO.

10 de fevereiro

"Deus nos ressuscitou juntamente com ele e nos fez assentar nos lugares celestiais, em Cristo Jesus." (Ef 2:6)

Pai Amado e Santo, como é bom estar Contigo, Deus meu. Não existe nada melhor do que desfrutar da tua presença, do teu aconchego, estar envolvida por Ti. Santo Espírito, és bem-vindo aqui, vem inundar o meu ser com as águas que descem do teu trono. Enche-me de Ti, vem me transformar com o teu amor. É tão bom saber que temos a tua glória sobre nós, saber que o Senhor nos conduz em triunfo por meio de Jesus Cristo, que já nos fez assentar nos lugares celestiais, com Cristo. Fizeste tudo, Senhor, tudo. A nós, nos resta Te amar de todo o nosso coração, de toda a nossa alma, de todo o nosso entendimento, e amar o nosso próximo como o Senhor nos ama. Ensina-nos este amor, Senhor, ensina-nos a crescer em amor, a Te amar, a amar o nosso irmão, a amar o perdido. Ensina-nos a viver este tempo na Terra como teus embaixadores, como teus sacerdotes. Ajuda-me a prosseguir para ser teu instrumento e edificar outras vidas, ligando-as ao Senhor, assim como fomos edificados sobre Jesus. Que eu esteja pronta a cumprir o teu chamado, respeitando e obedecendo os teus mandamentos, todos os dias da minha vida. Ensina-me a viver para Ti, amado Deus.

Em nome de Jesus,

Amém!

DEUS NOS COLOCA EM UMA POSIÇÃO DE HONRA NO SEU REINO AO LADO DE SEU FILHO JESUS CRISTO. QUE PRIVILÉGIO!

11 de Fevereiro

"E disse-lhes: Ide por todo o mundo, pregai o evangelho a toda criatura." (Mc 16:15)

Pai amado, quero Te render graças nesta manhã, Te louvar, bendizer o teu nome, declarar que só o Senhor é Deus e Santo. Digno é o Senhor de ser louvado e adorado em todo o tempo. Quero Te agradecer por todos os teus feitos, Te agradecer por tudo o que Tu és. O Senhor é um Deus que fala conosco, um Deus que nos ouve e nos responde, um Deus que faz e age em nosso favor. Eu quero Te pedir perdão pelos meus pecados, que o Senhor venha me despertar para aquilo que já tens preparado para mim. Abra meus olhos e meus ouvidos neste dia, para que eu possa caminhar em obediência à tua vontade. Ensina-me o caminho que eu devo seguir e dá-me a graça de ser dependente de Ti. Prepara-me e orienta-me para que eu possa manifestar Cristo ao mundo, sendo mensageira da grande Boa Nova: a Salvação através de Jesus Cristo, o nosso Senhor e Salvador, que pagou um preço infinito, preço de sangue, por amor a nós. Jesus, nosso maravilhoso e precioso tesouro, nosso maior presente, eu Te louvo e Te adoro, meu Senhor! Eu Te louvo e Te adoro, Pai, por Jesus Cristo. Ao meu Senhor, toda honra, toda glória, todo o meu louvor.

Em nome de Jesus,

Amém!

ANUNCIE O AMOR DE DEUS. QUEM UMA VEZ CONHECEU JESUS, NUNCA MAIS SABERÁ VIVER SEM ELE. (O PENSADOR)

12 de fevereiro

*"Como é bom render graças ao Senhor e cantar louvores
ao teu nome, ó Altíssimo; anunciar de manhã o teu
amor leal e de noite a tua fidelidade" (Sl 92:1-2)*

Santo, Santo, Santo é o Senhor! Toda honra, todo culto, toda reverência sejam dados a Ti, Pai querido! Tu dominas sobre tudo, e na tua mão há força e poder. Como é bom, já ao amanhecer, buscar e sentir a tua presença, derramar o nosso coração diante de Ti, entregar a nossa vida, a nossa família, em tuas mãos; saber que não estamos sozinhos porque há um Deus que cuida de nós. Recebe a minha adoração nesta manhã. O que podemos fazer, ó Pai, para agradecer tão grande amor? O que posso fazer para retribuir o teu favor? Quero ofertar a minha vida em teu altar, Senhor, e mergulhar neste amor grandioso, entrar na intimidade do teu coração. Quero ver tua face, ouvir a tua voz, tocar as tuas vestes, receber de Ti a tua unção; quero ser filha submissa e obediente. Derrama do teu amor sobre mim, Pai. Que cada dia mais eu possa Te conhecer, porque quanto mais experimento de Ti, quanto mais Te conheço, mais Te adoro. Te amo, Senhor, de todo o meu coração. Nada poderá me afastar de Ti, nada poderá me separar do teu amor.

Em nome de Jesus,

Amém!

BUSQUE CONHECER O SENHOR E JAMAIS
CONSEGUIRÁ SE AFASTAR DELE.

13 de fevereiro

"Mas aquele que se une ao Senhor é um espírito com ele." (1 Co 6:17)

Senhor Deus, amado e adorado Pai, nesta manhã eu entro na tua sublime presença para Te adorar, Te cultuar e exaltar o Senhor. Perdoa os meus pecados, Pai, para eu estar aceitável na tua presença. Quero Te agradecer pelo sangue do Cordeiro, que nos purifica de todo pecado, sem o qual não poderíamos adentrar na tua presença. Obrigada, porque o teu Espírito Santo se move sobre a minha vida. A cada vez que o Senhor toca em nosso interior, nós mudamos, somos transformados, curados pelo teu poder. Majestoso, Magnífico, Tu és, Senhor; todo poder está em tuas mãos e não há quem possa a ele resistir. Te dou graças e Te peço que me dês um coração ligado ao teu, une meu coração ao temor do teu nome. Que o Espírito Santo me leve a adorar o Senhor em espírito e em verdade. Fala comigo, Pai. Revela-Te a mim e mostra-me o que há de oculto que eu ainda não sei. Sejam agradáveis as palavras da minha boca perante o Senhor, que meu louvor chegue ao Céu e envolva o teu coração. Sou sua serva, Senhor. Que eu ache graça aos teus olhos e que a nossa aliança seja renovada todos os dias.

Em nome de Jesus,

Amém!

O ESPÍRITO SANTO HABITA EM VOCÊ, SÓ ELE TEM O PODER DE NOS TRANSFORMAR E NOS DAR UMA NOVA VIDA.

14 de fevereiro

"Faze-me, Senhor, conhecer os Teus caminhos,
ensina-me as Tuas veredas" (Sl 25:4)

Senhor, nosso Deus e Pai, eu Te louvo pela tua grandeza, pela tua majestade, pela tua fidelidade, porque não existe outro Deus além de Ti. Bendito és, Senhor, porque a Ti pertencem todas as coisas que há nos Céus e na Terra, porque o Senhor tem o domínio sobre tudo, porque Tu és um Deus amoroso, Deus fiel e misericordioso. Que a tua boa mão, Senhor, esteja sobre a minha vida. Ensina-me a ser serva fiel, que Te busca, que Te ama, que anda na tua presença. Dá-me um coração quebrantado que tem sede do Deus vivo. Leva-me a um lugar de descanso na tua presença, onde eu possa Te ouvir, onde meu coração possa se aquietar, onde a tua paz encontre a minha alma. Não me deixe ser guiada pelas minhas emoções, Senhor, mas que o teu Espírito possa me conduzir no teu caminho, que é perfeito, me levar para onde queres que eu esteja. Mostra-me quais são os teus propósitos para mim e coloca-me no centro da tua vontade. Eu amo os teus caminhos, Pai, eu amo a tua verdade. Assim como Davi, quero cumprir o compromisso de andar na tua verdade todos os dias da minha vida.

Em nome de Jesus,

Amém!

O SEGREDO DA FELICIDADE É ANDAR
EM OBEDIÊNCIA NOS CAMINHOS DO
SENHOR, É PRATICAR A TUA VERDADE.

15 de fevereiro

"Pois derramarei água na Terra sedenta, e torrentes na Terra seca; derramarei meu Espírito sobre sua prole e minha bênção sobre seus descendentes." (Is 44:3)

Senhor Deus, meu amado Espírito Santo, vem sobre mim nesta manhã, me encher de Ti, me revestir do teu amor. Eu me esvazio de mim para que o Senhor venha me encher, meu coração é a tua morada, o meu coração é o teu lugar. Como é lindo ser templo do teu Espírito, amado Deus. Meu coração é o Santo dos Santos, onde habita o Espírito Santo. Venha me contemplar com a tua unção, me tocar com a tua glória e renovar o meu viver. De Ti eu preciso aprender, para fazer o teu querer. Ó Espírito Santo, quero a minha vida Te oferecer, vem meu louvor receber. Quero em teus pés me derramar, com todo o meu amor Te abraçar e todo o meu ser Te entregar. Para Te adorar foi que eu nasci, para Te louvar o Senhor me fez; quero Te servir e o teu amor transmitir para o meu irmão, que necessita do teu perdão. Vem sobre mim, Espírito Santo, com as tuas águas, que são fontes que jorram para a vida eterna. Vem molhar a Terra seca do meu coração. Tu és um rio de vida, rio de glória e poder, rio de cura e amor, rio que transforma a minha alma. Vem sobre mim, rio poderoso de Deus. Vem sobre mim, Espírito Santo.

Em nome de Jesus,

Amém!

DAI GLÓRIAS A DEUS A TODO MOMENTO, PORQUE A PRESENÇA DO ESPÍRITO SANTO É REAL EM SUA VIDA. QUÃO LINDO ISSO É!

16 de Fevereiro

"É por meio de Cristo que todos nós, judeus e não-judeus, podemos ir, pelo poder de um só Espírito, até a presença do Pai." (Ef. 2:18)

Pai celestial, maravilhoso e majestoso Deus, estás assentado em teu trono acima dos querubins, ó Rei Poderoso e Santo! Eu Te agradeço por entrar na tua presença e me achegar a Ti. Jesus Cristo, nosso Redentor, nosso Salvador, eu Te louvo porque, através do teu sangue derramado na cruz, tenho livre acesso ao meu Amado Pai. Espírito Santo, eu Te louvo pela tua doce presença que habita em mim. Como é maravilhoso, Senhor, estar na tua presença, poder me entregar em adoração a Ti e me deleitar na tua companhia. Que eu possa crescer no relacionamento com o Senhor através da tua palavra, que me revela a tua verdade, ampliando meus horizontes para caminhos muito mais altos Contigo. Quero chegar a um nível profundo de intimidade com o Senhor. Cada dia dependo mais de Ti, Tu és tudo para mim, Senhor. Assim como está escrito na tua palavra, o teu amor é melhor do que a vida. Por isso os meus lábios Te exaltarão. A minha alma cantará louvores a Ti. Enquanto eu viver, Te bendirei, glorificarei o teu nome e anunciarei o teu amor para sempre!

Em nome de Jesus,

Amém!

É VOCÊ QUEM ESCOLHE SEU NÍVEL DE INTIMIDADE COM DEUS, O QUE ELE MAIS QUER É TER COMUNHÃO COM SEUS FILHOS.

17 de fevereiro

"Quão grande és tu, ó Soberano Senhor! Não há ninguém como tu, nem há outro Deus além de ti, conforme tudo o que sabemos." (2 Sm 7:22)

Pai Amado, Deus do meu coração, obrigada por mais um dia em que temos a oportunidade de viver a tua presença, de contemplar as tuas maravilhas! Obrigada, porque o Senhor tem feito milagres na minha vida, transformando maldições em bênçãos, dificuldades em oportunidades. Eu Te louvo por teus maravilhosos feitos. Eu Te louvo porque o Senhor é poderoso para fazer infinitamente mais do que pedimos ou pensamos. Eu Te louvo porque és Deus triúno, excelso Criador. Eu Te louvo porque falamos Contigo e respondes às nossas orações, o Senhor nos chama pelo nome. Eu Te louvo porque Tu és um Deus de propósitos, que trabalha para o bem daqueles que o amam. Eu Te louvo porque Tu és incansável em glória e poder. Eu Te louvo porque Tu és a nossa justiça pelo sangue que verteu na cruz. Eu Te louvo porque em Ti subsistem todas as coisas. Quem se compara a Ti, Senhor? Tu és único. Ninguém se compara a Ti, somente Tu és digno de ser adorado e exaltado. Eu Te louvo e me prostro diante de tua infinita grandeza! Recebe o meu culto de adoração a Ti, por tudo o que Tu és.

Em nome de Jesus,

Amém!

NINGUÉM, NADA SE COMPARA AO NOSSO DEUS. ELE É ÚNICO, ELE É DIGNO.

18 de fevereiro

"Bendirei o Senhor em todo tempo, o seu louvor estará sempre em meus lábios." (Sl 34:1)

Senhor Deus, eu me prostro aos teus pés, me derramo em teu altar para declarar meu amor por Ti. Diante do teu trono de glória eu me ponho de joelhos para Te adorar. Tu me escolheste sem que eu merecesse. Com laços de amor o Senhor me atraiu. Tu és o meu tudo, és a minha vida, a essência do meu ser, a razão do meu viver. Tu és meu bálsamo de cura, meu renovo, minha libertação, minha paz, meu amigo, meu Salvador. Lanço sobre Ti minhas aflições, minha ansiedade, todos os meus anseios, pois sei que tens cuidado de mim. Peço a Ti que me purifique com o teu sangue para que o pecado não faça separação entre nós. Santifica-me, Jesus, para o louvor da tua glória! Quero Te adorar com a minha vida, quero refletir a tua luz por onde eu andar; quero levar a tua paz por onde eu passar; quero ser canal do teu amor e minha vida doar-Te; quero Te servir e Te amar, Te bendizer e Te render graças em todo o tempo. O teu louvor estará continuamente em meus lábios. Para Te adorar Tu me criaste, para Te servir é que eu estou aqui. Usa-me, Senhor, usa-me.

Em nome de Jesus,

Amém!

COM A TUA BOCA BENDIGA O
SENHOR EM TODO O TEMPO.

19 de Fevereiro

"E clamavam uns aos outros, dizendo: Santo, Santo, Santo é o Senhor dos Exércitos; toda Terra está cheia da sua glória." (Is 6:3)

Querido e amado Deus, perante o Senhor eu me curvo neste dia, com tudo o que sou, com tudo o que tenho, para Te dar graças por me permitires Te conhecer. Quanto mais Te conheço, Pai, quanto mais teu Espírito Santo se revela a mim, mais eu quero Te conhecer, mais eu quero Te buscar, mais eu quero Te adorar. És adorado em teu trono de glória pelos anjos querubins e serafins que, a todo tempo, dizem "Santo, Santo, Santo, Santo…". E eu declaro também que Tu és Santo, Santo, Santo, Santo… Sê honrado, Deus meu, por tudo o que Tu és, seja honrada, ó maravilhosa Trindade, Pai, Filho e Espírito Santo. Que a todo tempo possamos honrar o nosso Deus Todo-Poderoso, o Pai de todas as nações da Terra, porque nascemos para Te adorar, ó Deus de Israel. Tu és digno de ser exaltado, aclamado e proclamado em todas as nações da Terra. A tua palavra diz que o Senhor habita nos louvores que são feitos a Ti. Então opera maravilhas na nossa vida enquanto Te adoramos, Pai. Traz mudança e transformação no meu coração, enquanto Te louvo e Te glorifico. Que a tua presença inunde e transforme todo o meu ser.

Em nome de Jesus,

Amém!

O QUE NÃO NOS FALTA SÃO MOTIVOS PARA LOUVAR E ADORAR A DEUS. FOMOS FEITOS PARA ADORÁ-LO.

20 de fevereiro

"Tu, Senhor, guardarás em perfeita paz, aquele cujo propósito está firme, porque em Ti confia." (Is 26:3)

Senhor meu, Deus do meu coração, como é bom buscar a tua face, me achegar a Ti, sentir o teu bom perfume, sentir tua paz que inunda todo o meu ser. Somente em Ti podemos encontrar paz. Mesmo em meio às aflições da nossa vida, o Senhor nos abençoa com a tua paz, tirando do nosso coração todo o medo, toda a ansiedade, toda a insegurança, porque da tua presença emana a verdadeira paz. Que a tua paz inunde o coração dos aflitos, daqueles que estão perdidos, sem esperança, e de todos os que confiam em Ti. Eu confio em Ti, Senhor! A minha segurança está em Ti. Obrigada, porque és o meu descanso, em quem me refugio e encontro paz. Ó Príncipe da Paz, o Senhor me traz vida em abundância, palavras de esperança, segurança... O Senhor é santo e justo em tuas ações. Eu recebo a tua paz, a tua preciosa paz, dando glória ao teu nome. Derrama sementes da tua paz por onde meus pés andarem, para que sejam colhidos os frutos da tua justiça. Tu és o meu Deus de Paz, Jesus. Sempre confiarei em Ti e Te renderei graças; sempre Te amarei, Senhor da Paz.

Em nome de Jesus,

Amém!

AQUELE QUE CONFIA EM DEUS SEMPRE
ENCONTRA E EXPERIMENTA PAZ.

21 de Fevereiro

*"Quem é o Rei da Glória? O Senhor forte e poderoso,
o Senhor poderoso na batalha." (Sl 24:8)*

Ó Deus maravilhoso, Emanuel, Deus conosco, que veio para resgatar a humanidade. Eu Te adoro, eu Te exalto, eu Te glorifico neste dia, Senhor forte e poderoso, Senhor dos exércitos. Quão grandioso és, Senhor, quão magnífico és. Trouxeste vida com a tua morte, nos libertando do império das trevas, da condenação eterna. Mediante o teu sangue temos a vida eterna, mediante o teu sangue podemos entrar no santuário e falar diretamente com o nosso Pai. Aleluia! És o Rei da Glória, Jesus! Tua glória enche toda a Terra, tua glória enche o Céu, tua glória enche a minha vida, Senhor. Eis-me aqui, diante do teu trono de glória, para Te adorar. Com as minhas mãos levantadas aos Céus eu proclamo a tua grandeza, a majestade do teu Ser, e declaro todo o meu amor por Ti. Eu Te exalto, magnífico Deus, bendito sejas, Rocha minha! Louvado sejas, meu Senhor e Salvador! Tu reinas com poder e glória na minha vida. Teu domínio não tem fim. Teu reino é reino eterno. Louvado seja o teu santo e precioso nome, Rei da minha vida, Deus do meu coração. Para sempre Te exaltarei, anunciarei que o meu Senhor vive, que Ele é o Rei da Glória.

Em nome de Jesus,

Amém!

O NOSSO DEUS É FORTE E PODEROSO, ELE É O
REI DA GLÓRIA, NOSSO SENHOR E SALVADOR.

22 de Fevereiro

"Portanto, já que estamos recebendo um Reino inabalável,
sejamos agradecidos e, assim, adoremos a Deus de
modo aceitável, com reverência e temor, pois o nosso
Deus é fogo consumidor!" (Hb 12:28-29)

Grande é o Senhor, ó Deus de Israel, glórias eu Te dou neste lindo amanhecer pela graça de acordar, sentir a presença do teu Espírito Santo e contemplar a tua glória na tua criação. Posso perceber o teu doce perfume invadindo todo o meu ser, e a tua doce presença me aquecer, me enchendo de prazer. Vem, Espírito Santo, batiza-me com o teu óleo de unção, como a chuva que lava a Terra, vem lavar meu coração. Vem, Espírito Santo, a verdadeira luz que me conduz e na minha vida reluz. Sem Ti não posso viver. Vem com teu amor me envolver, faz-me amadurecer para um novo amanhecer. Quero ao teu lado estar, em teu peito me encostar, a tua face tocar e nunca de Ti me afastar. Vem, Espírito Santo, és o meu maior amigo, onde tenho sempre abrigo. Tu és fogo consumidor que remove meus pecados, me purifica, me santifica, me limpa e refina. Quero ser renovada, capacitada e aprovada por Ti. Ó Deus, que a chama do teu Espírito permaneça acesa em meu coração, me mantendo fervorosa a Ti. Glórias eu Te dou, enquanto eu viver, Te bendirei, para sempre Te amarei.

Em nome de Jesus,

Amém!

QUE O FOGO DO ESPÍRITO SANTO TE RENOVE PARA UMA VIDA COM DEUS.

23 de fevereiro

*"Como é bom render graças ao Senhor e cantar louvores
ao teu nome, ó Altíssimo; anunciar de manhã o teu
amor leal e de noite a tua fidelidade." (Sl 92:1-2)*

Pai Santo e Bendito, quero Te adorar nesta manhã e contemplar tudo o que Tu és. Tu és o amado da minh'alma. Tu és autoexistente, autossuficiente e eterno. Tu és Deus imutável; tua natureza não muda, teu caráter não muda, nem os teus propósitos mudam. A tua palavra é a verdade eternamente imutável! Tu és bom e fiel o tempo todo. Te adoro, Senhor. No poder do teu Espírito, me ensina a Te adorar, a exaltar o teu nome, a anunciar quem Tu és. Quero proclamar os teus feitos, as tuas maravilhas e a tua grandeza. Seja glorificado todos os dias da minha vida. Te adorarei enquanto vida tiver e cantarei louvores a Ti.

Glória, Glória, Aleluia!

Glória, Glória, Aleluia!

Glória, Glória, Aleluia!

Cantarei para sempre ao Senhor! E só a Ti renderei graças. Eu Te agradeço por tudo o que já fizeste, por tudo o que estás fazendo, por tudo o que irás fazer na minha vida. Te agradeço por tuas promessas, por tua fidelidade e pelo teu amor, que é a maior força que rege este Universo. Que a tua vontade se cumpra em minha vida, Pai. Te amo e Te adoro, meu Senhor! Aleluia!

Em nome de Jesus,

Amém!

É TEMPO DE ADORAR O SENHOR, DE
BUSCÁ-LO DE TODO O NOSSO CORAÇÃO.

24 de fevereiro

"Nada, em toda a criação, está oculto aos olhos de Deus. Tudo está descoberto e exposto diante dos olhos daquele a quem havemos de prestar contas." (Hb 4:13)

Pai de amor e de misericórdia, Deus santo e bondoso, Tu criaste todas as coisas para a manifestação da tua glória. Todos podem ver-Te em tuas obras e contemplar a tua perfeição. Elas Te rendem graças e manifestam o teu poder. És o nosso Criador, Senhor. Criador dos Céus e da Terra e de tudo o que neles há. Tu és a fonte da vida, conhecedor de todas as coisas, dono de toda a ciência, conhecimento e sabedoria. Tua presença está em todo lugar; os teus olhos estão sobre toda a Terra. O teu coração, Deus meu, perscruta todas as intenções do coração do homem. Nada fica oculto ao Senhor. Tu és soberano, poderoso e reina sobre o teu trono celestial. Tu és o Senhor do Universo, Deus glorioso e eterno. Não há outro Deus além de Ti, Deus excelso, supremo. És infinito em poder e em bondade. Tu és muito além do que podemos imaginar. Por tudo que Tu és, eu Te adoro, eu Te dou graças e declaro a Ti o meu amor e a minha gratidão. Eu Te amo, Senhor! Em teus braços eternos e de amor eu quero para sempre estar. Abraça-me, Senhor. Abraça-me.

Em nome de Jesus,

Amém!

DEUS SABE POR ONDE VOCÊ ANDA
E VÊ TUDO O QUE VOCÊ FAZ.

25 de fevereiro

Assim como os Céus são mais altos do que a Terra, também os meus caminhos são mais altos do que os seus caminhos e os meus pensamentos mais altos do que os seus pensamentos." (Is 55:9)

Santo, Santo, Santo. Tu és Santo, Deus todo poderoso. Tu és onisciente, onipotente, onipresente; um Deus que nunca nos desampara, que tudo pode, tudo vê; que é justo, compassivo e zeloso. A minha segurança está em Ti, Senhor. Em Ti refugia a minha alma, pois Tu és o meu descanso. Tu és o meu refúgio, o meu esconderijo; sempre estás por perto conduzindo os meus passos. Continuamente quero estar ao teu lado, pois só em Ti encontro abrigo. Tu és a minha paz. Não me deixe viver pelas minhas emoções, Senhor. Conduz-me pelas tuas mãos e faz-me mergulhar na presença do teu Espírito, quero ser guiada nos teus caminhos, que são perfeitos. Minha esperança está em Ti, Senhor, pois o teu favor me alcança todos os dias. A todo tempo anunciarei os teus milagres, os teus grandes feitos e a tua fidelidade. Faz meus pés como os das corças e ensina-me a andar, de modo excelente, pelo caminho do teu amor. Coloca em minha boca a tua palavra para que eu possa proclamar, desde o amanhecer, o teu poder e a tua grandeza, para que eu possa glorificar-te, Deus do meu coração.

Em nome de Jesus,

Amém!

SONHE ALTO, DEUS TEM GRANDES
PLANOS PARA VOCÊ.

26 de Fevereiro

"Tua é, Senhor, a magnificência, e o poder, e a honra, e a vitória, e a majestade; porque teu é tudo quanto há nos Céus e na Terra; teu é, Senhor, o reino, e Tu Te exaltaste sobre todos como chefe." (1 Cr 29:11)

Pai Amado, Deus de misericórdia e de bondade, eu me rendo a Ti neste dia maravilhoso que o Senhor criou e me deleito na tua presença. Tu reinas sobre toda a criação e tua vontade é soberana, Deus meu. Anjos se prostram diante de Ti, Te louvam e Te adoram. Eu Te busco, Te procuro, ó Deus, e na tua palavra encontro quem Tu és. Como é maravilhosa a tua palavra! Ela nos declara a tua majestade, a tua graça, o teu poder, a tua justiça, a tua benignidade, a tua sabedoria, o teu amor, a tua divindade, verdade, benignidade... Como me encanta conhecer a Ti, experimentar de Ti – nós, que somos tão pequenos, diante do amor de um Deus tão grande! Obrigada, Pai, porque habitas em mim e me revelas o teu caráter. Quanto mais Te conheço, mais eu Te quero, mais perto de Ti quero estar, mais quero Te buscar, mais anseio estar envolvida pelo teu Espírito Santo, pela tua brisa suave de amor. Ó Deus magnífico, meu grande e eterno Pai, eu Te exalto na beleza da tua santidade e entrego a minha vida em adoração a Ti. Eu amo o Senhor. Toda honra, toda glória sejam dadas a Ti.

Em nome de Jesus,

Amém!

QUANTO MAIS TEMOS INTIMIDADE COM A PALAVRA, MAIS CONHECEMOS E AMAMOS O NOSSO DEUS.

27 de Fevereiro

"Cantem diante do Senhor, porque ele vem, vem julgar a Terra: julgará o mundo com justiça e os povos com retidão." (Sl 98:9)

Senhor Jesus, amado Deus, nosso Sumo Sacerdote e Juiz, que assentado está sobre o trono da justiça. Tu és justo, reto e fiel. Em Ti não há injustiça, Contigo o mal nunca triunfa. Em Ti nossos pecados foram perdoados; morreste em nosso lugar, nos fazendo conhecer o amor do Pai por nós. Esvaziaste de tudo para nos tornar completos. Aleluia! Tu és irrepreensível em teu caráter e justo em tuas sentenças, Senhor, és o refúgio do teu povo. És o meu baluarte, o meu Deus, em quem me abrigo. O Senhor não tira o seu olhar bondoso do justo, o Senhor o abençoa, o ampara e o guarda. Ó justo e grande Juiz, haverá um julgamento do qual ninguém poderá escapar. Tu és o que julgará todos os homens da Terra e os justos libertará. Ó Deus da Justiça, nossa dívida foi totalmente paga pelo alto preço do teu sangue. Glórias Te dou, porque nos fazes justos e nos dás a bênção da salvação, o prêmio da vida eterna. Senhor, dá-me um coração compassivo e misericordioso para acolher e apresentar o teu plano de salvação aos injustos, àqueles que ainda não Te conhecem. Que eu seja a ponte de reconciliação de muitas vidas com o Senhor.

Em nome de Jesus,

Amém!

POR JESUS VOCÊ É JUSTIFICADO E RECEBE
DELE O DIREITO À SALVAÇÃO.

28 de fevereiro

"Eu Te amarei, ó Senhor, fortaleza minha. O Senhor é o meu rochedo, e o meu lugar forte, e o meu libertador; o meu Deus, a minha fortaleza, em quem confio; o meu escudo, a força da minha salvação, e o meu alto refúgio." (Sl 18:1-2)

Jesus Amado, Deus excelso, meu Salvador e Redentor, Deus de toda a glória; louvado sejas por teu infinito amor, que um dia me alcançou e me deu uma nova vida, uma vida transformada pelo teu precioso sangue. Paz real e verdadeira eu não conhecia, um grande vazio na minha alma existia, que nada e ninguém preenchia. O Senhor mudou o meu viver, transmudou todo o meu ser, converteu meu coração que padecia. O sol novamente brilhou e a escuridão se esvaziou. Pude ver a tua face, contemplar o teu trono de graça, regozijar-me na tua presença. Ó Deus de amor, o teu sangue me libertou, a tua cruz me salvou e hoje nova criatura eu sou. Agora a minha vida é tua, Senhor, tudo o que tenho é teu. Reveste-me do teu poder e ensina-me a Te amar. Que todos os meus dias sejam para Te glorificar, para sempre eu quero Te adorar, o meu louvor Te entregar. Nada poderá me separar do teu amor, pois ele é mais forte do que tudo que existe. Eu Te amo, Jesus, meu Senhor Absoluto. Agora e para sempre, vem reinar em mim, faz refletir a tua luz em minha vida.

Em nome de Jesus,

Amém!

SOMENTE JESUS PODE NOS DAR UMA NOVA
VIDA E TIRAR O VAZIO DO NOSSO CORAÇÃO.

29 de fevereiro

março

"Porque Deus tanto amou o mundo que deu o seu Filho Unigênito, para que todo o que nele crer não pereça, mas tenha a vida eterna." (Jo 3:16)

Pai, Te entrego hoje a minha vida em teu altar. E tudo o que há em mim eu quero Te ofertar, pois prazer maior não há que me derramar diante de Ti e Te buscar. Contentamento maior não há do que mergulhar nas águas do teu Espírito Santo e sentir o teu bom perfume, o teu abraço, logo ao amanhecer. Te adorar é o que mais regozija o meu coração. Tu és o Deus Todo-Poderoso que nos amou a ponto de entregar a vida de teu Filho Jesus para que fôssemos resgatados das trevas e libertos do pecado. Que amor é este, Pai? Como Te agradecer por tamanha graça? É o teu amor que nos une, que combate o mal que nos cerca, que cura a nossa alma. Eu não posso mais viver sem Ti; eu dependo de Ti, Senhor. Dai-me o renovo do teu Espírito; minha alma tem sede da tua presença. Ela me fortalece, me traz conforto e enriquece os meus dias. Ó maravilhoso Deus, na tua presença eu Te exaltarei, Te renderei graças e cantarei louvores a Ti. Receba a minha adoração e a minha gratidão. Bendito seja o Senhor! Toda honra seja dada a Ti, Deus do meu coração, amado da minh'alma.

Em nome de Jesus,

Amém!

NÃO DEIXE O MUNDO TE SEPARAR DO AMOR DE DEUS, O PREÇO PAGO PARA NOS SALVAR FOI MUITO ALTO.

1º de Março

"Porei o meu Espírito em vocês e os levarei a agirem segundo os meus decretos e a obedecerem fielmente às minhas leis." (Ez 36:27)

Deus Pai, Deus Filho, Deus Espírito Santo; Santo, Santo, Santo é o Senhor. Tu és perfeito, Deus, em santidade; em tudo o que faz, és justo e fiel; és o Criador e Juiz do Universo. Teu amor é imensurável. Obrigada por revelar-Te a nós através de teu filho, Jesus Cristo; por perdoar os nossos pecados que nos separam de Ti. Obrigada por cumprir a promessa de derramar teu Espírito Santo sobre nós. É maravilhoso porque, em Jesus, o Senhor Se aproxima de nós e, no Espírito, nos aproximamos de Ti, Senhor. Vem, Espírito Santo, me encher com teu amor, com tua misericórdia, com tua sabedoria e me moldar com teus ensinamentos. Me capacite para ser usada nos dons que me deu. A tua palavra fala que poder e sinas seguirão aqueles que creem no nome do Senhor. Vem me encher da tua presença, ó Santo Espírito, saciar-me de Ti. Esvazie-me de mim mesma e vem me tomar com o teu poder, me cobrir com a tua unção, ó doce Espírito Santo. Que eu seja um vaso de bênçãos nas mãos do Senhor para cumprir os teus propósitos, a tua vontade e os teus planos.

Em nome de Jesus,

Amém!

SE ENCHA DO ESPÍRITO SANTO E JAMAIS SE SENTIRÁ VAZIO. ELE SUPRE AS NOSSAS FALTAS.

2 de Março

"Vejam como é grande o amor que o Pai nos concedeu: sermos chamados filhos de Deus, o que de fato somos! Por isso o mundo não nos conhece, porque não o conheceu." (1 Jo 3:1)

Senhor Deus, Pai Santo, quero, neste dia, reconhecer o teu senhorio sobre a minha vida, declarando a minha total dependência de Ti. Louvado seja o teu santo nome, engrandecido seja o Senhor pelas tuas maravilhas, mas especialmente por quem Tu és. Tu és o Deus soberano que faz todas as coisas pela palavra do teu poder; aquele que tem em suas mãos todo o controle do Universo. Quão extraordinário é saber que somos teus filhos; filhos do Deus Altíssimo, semelhantes a Ti. Mesmo diante de tua glória e poder, nos escolheu como filhos. Somos tão imperfeitos, pecadores e, mesmo assim, podemos chamar-Te de Pai. Louvado seja o Senhor por tão grande amor! Um amor incondicional, que nos aceita como somos. O Senhor é bom, a tua misericórdia me alcançou e hoje já não vivo mais sem Ti. Tu és o ar que eu respiro, a minha fonte de vida. Tu és a minha esperança, o meu refúgio, a minha segurança. Que no fluir da tua graça eu possa Te encontrar e viver todos os dias da minha vida junto de Ti, protegida pelas tuas asas e coberta pela presença do teu Espírito Santo.

Em nome de Jesus,

Amém!

"DEUS É O PAI QUE TE GEROU E TE ESCOLHEU. DEUS É O PAI QUE ESTÁ COM VOCÊ DESDE O VENTRE DA SUA MÃE." (RAFAELA BRATIFICHI)

3 de Março

"Sê exaltado, ó Deus, acima dos Céus; estenda-se a tua glória sobre toda a Terra." (Sl 108:5)

Pai Santo, poderoso Deus, sejas agraciado, neste dia, com toda reverência e honra. Tua perfeição faz com que eu me renda aos teus pés e declare que somente Tu és digno de ser adorado. Tu estás assentado no alto e sublime trono, onde determinas tudo o que acontece; tua soberania é inabalável. Quão grande e magnífico Tu és! Os Serafins Te adoram nos Céus, declarando que o Senhor é Santo. Tu és Santo, Tu és poderoso, ó Deus glorioso! Eu também Te adoro, me prostro diante da beleza da tua santidade e do teu poder. Meu coração se enche de alegria na tua presença. Entoarei louvores a Ti que brotam do fundo da minh'alma. Me livre de trocar o conhecimento do Senhor pelas coisas deste mundo, de trocar a tua verdade pelos desejos do meu coração. Vem me renovar, transformar o meu viver, purifica-me, Deus, para que eu possa ver a tua glória. Vem me iluminar e nova vida me dar. Sê exaltado, ó Eterno, acima dos Céus. Estenda-se a tua glória sobre toda a Terra, sobre a minha casa, sobre a minha família, sobre a minha vida! Atrai-me com o teu amor.

Em nome de Jesus,

Amém!

LOUVE O SENHOR DE TODO O SEU CORAÇÃO, DE TODA A SUA ALMA. ESCOLHA, ENVOLVIDA PELO SEU AMOR, VIVER A SUA VERDADE.

4 de Março

"Porque há um só Deus e um só mediador entre Deus e os homens, Jesus Cristo, homem." (1 Tm 2:5)

Santo és, ó Senhor, amado Deus; bendito seja o teu santo nome. Honra e poder pertencem a Ti, Deus da minha salvação. Tudo o que há nos Céus e na Terra é teu. Eu me entrego a Ti nesta manhã, porque não há Deus como Tu. O mundo não Te conhece, mas eu sei quem Tu és. Tu és o verdadeiro Deus, o Rei dos reis; diante da morte és vencedor. Vivo estás, Deus meu, reinando nas alturas. Ressurreto estás, à direita do Pai, intercedendo por nós. És o nosso único intercessor, que nos deu livre acesso ao trono da graça. És o único mediador entre nós e o nosso Pai Celeste, senão jamais seríamos ouvidos por ele, em razão dos nossos pecados. És o nosso Advogado junto ao Pai, o nosso Juiz, aquele que se compadece de nossas fraquezas. Sou grata a Ti, Senhor, de todo o meu coração, pois reparou a minha vida, restaurou com o teu sangue a minha comunhão com o meu amado Pai, me garantindo o teu perdão eterno. Graças Te dou, Senhor, por tuas promessas e por tudo o que és para mim. Continue me guiando, me mantendo sempre no Caminho. Em Ti confio, Deus meu.

Em nome de Jesus,

Amém!

SOMENTE JESUS TE LEVA AO PAI, NENHUM OUTRO.

5 de Março

"Pois estou convencido de que nem morte nem vida, nem anjos nem demônios, nem o presente nem o futuro, nem quaisquer poderes, nem altura nem profundidade, nem qualquer outra coisa na criação será capaz de nos separar do amor de Deus que está em Cristo Jesus, nosso Senhor." (Rm 8:38-39)

Ó Pai, Deus digno de toda adoração e devoção, todos os dias quero louvar as maravilhas do teu amor. Com todo o meu ser, com tudo o que sou, sempre Te adorarei. Tu és grandioso e tua bondade é infinita. Teu amor me cerca por todos os lados, dia e noite, ele nunca falha; nele posso sempre confiar. Ó Deus do meu coração, no teu amor posso repousar. Sei que cuidas de mim, tens o melhor para os teus filhos. No teu amor encontro vida, ele me enche o coração. No teu amor encontro paz, ele faz descansar a minha alma. No teu amor encontro perdão, ele me leva ao teu encontro. No teu amor experimento a perfeita Paternidade. Que amor sem limites, que amor que nos constrange, Pai; ele me atrai para ao teu lado estar, não me deixa perecer e restaura o meu viver. Nada vai separar o meu coração do teu, Senhor. Aleluia! O meu coração é teu, o teu coração está comigo. Ele me cura, alivia a minha dor, sossega a minha alma. Cantarei para sempre o teu amor com todo o fôlego que tenho e Te bendirei de todo o meu coração. para sempre Te amarei, Deus meu.
Em nome de Jesus,
Amém!

> NÃO LIMITE DEUS NA SUA VIDA, VIVA A PLENITUDE DO AMOR DELE PARA VOCÊ.

6 de Março

"Porque todo o que é nascido de Deus vence o mundo; e esta é a vitória que vence o mundo, a nossa fé." (1 Jo 5:4)

Senhor Deus, glorioso e amado Pai, obrigada pelo dom da vida. Obrigada por acordar e poder falar Contigo. Sei que escutas a minha voz, por isto espero em Ti, aguardo as tuas respostas. Tua é a direção dos meus dias. O Senhor honra aqueles que em Ti esperam, nunca deixarei de confiar em Ti. Eu me rendo aos teus pés, nesta manhã, para sentir o perfume da tua presença invadindo todo o meu ser. Como é bom Te sentir, ó Deus, saber que estás comigo em todo lugar. A tua palavra fala que sem fé é impossível agradar o teu coração. Não me deixes fraquejar jamais, não deixe a incredulidade alcançar o meu coração e paralisar a minha alma; aumenta a minha fé em Ti, Senhor. Em meu coração eu guardarei a minha fé. Entrego a minha vida em tuas mãos, para que guies meus passos nos teus caminhos. Sei que sempre tens um caminho melhor para nos oferecer, por isso não permitas vacilarem os meus pés. Não me deixes nunca distanciar de Ti. Tudo o que mais anseio é a tua presença; só ela me dá prazer, só ela me satisfaz! Não há lugar melhor para estar. Te amo, meu amado Deus!
Em nome de Jesus,
Amém!

IGNORE O QUE ENFRAQUECE A SUA FÉ.

7 de Março

"Eu, eu mesmo, sou o que apago as tuas transgressões por amor de mim, e eu não vou lembrar de seus pecados." (Is 43:25)

Deus glorioso, majestoso e Santo, Autor de toda a vida, Rei do Universo, Céus e Terra proclamam a tua glória. Tu és o Cordeiro de Deus santo, és o Altíssimo, Deus bendito e verdadeiro, és maravilhoso, incomparável. Tua graça nunca falha; somos fracos, mas o Senhor é forte. Exalto-Te e adoro-Te no teu santo monte, canto louvores ao teu nome. Tu me livraste da morte e, através da tua morte, deste-me vida. Meus pecados perdoaste, Deus meu, e meu passado apagaste, paz perfeita meu coração encontrou. Ó Jesus Amado, quão grande é o teu amor que me trouxe salvação, me livrou da escuridão através do teu perdão. Ao pé da cruz sempre estarei e o teu nome proclamarei. Dá-me sabedoria e santidade de vida para que eu possa sempre estar perto de Ti. Leva-me à intimidade com o Senhor cada dia mais. Quero ouvir a tua voz, entender a tua vontade para mim e continuar sentindo a tua presença viva no meu coração. Receba o meu louvor, a minha adoração e toda a minha gratidão. Cantarei o teu amor para sempre, Deus de imensurável valor. Eu Te amo!
Em nome de Jesus,
Amém!

DEUS NUNCA REJEITA UM CORAÇÃO ARREPENDIDO
E AMPARA TODOS QUE O BUSCAM.

8 de Março

"Senhor, guia-me na tua justiça, por causa dos meus inimigos; endireita diante de mim o teu caminho." (Sl 5:8)

Senhor Deus, Tu reinas Soberano. O teu trono, de onde determinas tudo o que acontece, é inabalável. Graça e juízo emanam de Ti. Vem com o teu governo sobre nós, Senhor dos Exércitos. Seja feita a tua vontade, assim na Terra como no Céu. Toda criação se prostra diante de Ti, Jesus. Coroado de glória e honra, Tu estás. És o meu defensor, aquele que me guarda de todo mal e que conhece o meu coração arrependido. Livra-me dos meus adversários, Senhor, daqueles que me desejam o mal. O Senhor é aquele que peleja e luta as nossas batalhas, não as combatemos sozinhos, és o nosso General. Sempre que olharmos para o alto, as tuas mãos estarão estendidas para nos socorrer. Todas as nossas obras o Senhor as faz por nós. Ó Deus, os teus passos eu quero seguir, do teu lado eu quero estar. Sê Jesus, meu protetor, não me deixes vacilar. Conduz-me, meu Salvador, nos teus caminhos, guia-me na tua justiça, pois amo a tua lei. Leva-me além do que eu possa ver, para que eu possa viver teus milagres e experimentar do teu amor todos os dias da minha existência. Vem me restaurar, a minha vida mudar.

Em nome de Jesus,

Amém!

O SENHOR CUIDA DAQUELES QUE O TEMEM, DAQUELES QUE NELE CONFIAM.

9 de Março

"O Senhor é meu pastor, nada me faltará." (Sl 23:1)

Deus Pai, amado da minh'alma, como é feliz aquele em que em Ti confia! Eu confio em Ti, Senhor. Diante dos meus olhos o teu favor está, tuas mãos permanecem continuamente sobre mim. Nada me falta na tua presença. O meu caminho sempre colocarei em teu altar. Tu és meu abrigo, meu amigo, meu bom pastor, aquele que me leva às águas tranquilas e me conduz a pastos verdejantes. O Senhor comunica vida às tuas ovelhas. Quero ser guiada pelas tuas mãos, a tua vara e o teu cajado sempre me consolam. Mesmo andando em meio ao vale, nos momentos mais difíceis, Tu estás comigo; em Ti posso descansar. Quando fraca eu me sinto, o Senhor me faz forte, a tua graça me cobre e renova minhas forças. O bom pastor conhece suas ovelhas e as ensina a confiar nele. O Senhor me chama pelo nome, conhece o mais profundo do meu ser, e me faz sentir o quanto me ama. Sempre quero ser tua ovelha, Senhor, pertencer ao teu aprisco, para receber o amor, o zelo, o cuidado e a proteção do Bom Pastor. Quero habitar na casa do Senhor todos os dias da minha vida.

Em nome de Jesus,

Amém!

QUEM NÃO CRÊ EM JESUS NÃO É
OVELHA DO SEU REBANHO.

10 de Março

"E ele é a cabeça do corpo, da igreja; é o princípio e o primogênito dentre os mortos, para que em tudo tenha a preeminência." (Cl 1:18)

Senhor Deus, louvado seja o teu nome, nome de poder, nome que está acima de todo nome, acima de principados e potestades, nome ao qual todo joelho se dobrará e toda língua confessará que Jesus Cristo é o Senhor. Eu Te louvo e Te rendo graças neste dia porque, por meio da tua excelência e da tua sabedoria, constituíste a tua Igreja na Terra, a Noiva do Cordeiro, um corpo perfeito, cuja Cabeça é Cristo. És o Senhor da Igreja, sua autoridade máxima, a quem devemos total obediência. O cetro de justiça e equidade pertence a Ti. Sob o teu governo eu quero andar, debaixo da tua Verdade, do teu amor e da tua Justiça. Senhor, que a tua vontade seja feita entre nós, aqui na Terra, como nos Céus. Toda a Terra obedeça a tua voz. Abriste o caminho para eu herdar o teu Reino, que é eterno, como filha de Deus, perdoando os meus pecados, me dando a salvação. Aleluia! Capacita-me para anunciar o teu Reino e a tua Justiça, Senhor, proclamando as boas novas, ensinando sobre o arrependimento dos nossos pecados. Quero ser canal de salvação, do teu amor, para que as pessoas recebam o dom da vida eterna.

Em nome de Jesus,

Amém!

QUE VOCÊ SEJA UM INSTRUMENTO DO REINO DE DEUS, SEMEANDO AS BOAS NOVAS, COLHENDO A SALVAÇÃO EM CRISTO JESUS.

11 de Março

"Arrependam-se, pois, e voltem-se para Deus, para que os seus pecados sejam perdoados." (At 3:19)

Deus querido, amado meu, minha alma engrandece o Senhor no início deste dia maravilhoso que o Senhor fez. És um Deus magnífico, soberano sobre todas as coisas e sobre todos. É com o coração cheio de alegria que me achego a Ti para Te adorar, para dizer que tenho aprendido a Te amar, dia após dia. O Senhor é aquele que nos purifica e nos transforma com a sua palavra, que recolhe toda a lágrima quando estamos tristes e angustiados, que nos fortalece quando esmorecemos, que zela por nós a todo momento. Tu és lindo, Senhor! Quero Te abraçar nesta manhã, me derramar de amor por Ti. Vem com teu falar a minha alma amparar, e com teu amor envolver todo o meu ser. Em teus braços eu me escondo onde eu possa descansar e protegida ficar. Conheci o teu perdão, o caminho que me leva à salvação; tocaste o meu coração e, hoje, vivo para Ti em adoração. Vem me encher da tua unção, Senhor, revelar a tua direção, me guardar, com a tua mão, de toda a escuridão. Dá-me hoje a tua porção e recebe minha gratidão e toda a minha devoção. Te amo para sempre.

Em nome de Jesus,

Amém!

COM DEUS TUDO PODEMOS, SEM ELE NADA SOMOS. DEIXE DEUS DIRIGIR O SEU CAMINHO.

12 de Março

"O Senhor enviará bênçãos aos seus celeiros e a tudo o que as suas mãos fizerem. O Senhor, o seu Deus, os abençoará na Terra que lhes dá." (Dt 28:8)

Deus santo, majestoso e todo poderoso, eu me prostro na tua presença nesta manhã para Te adorar. Justiça e juízo são as bases do teu trono, benignidade e verdade vão adiante de Ti. Tu nos conheces Jesus, e nos acolhe em teus braços de amor, sempre nos dando a possibilidade do recomeço. A dádiva de recomeçar é um presente do Senhor para um coração arrependido. Em tua infinita bondade, o Senhor vem ao nosso encontro e nos oferece uma nova caminhada. Nunca estamos sozinhos, sempre podemos contar com tua mão de misericórdia estendida em nosso favor. O Senhor quer que andemos em novidade de vida. Aleluia! Quero receber o que o Senhor tem para mim, o que põe nas minhas mãos, porque tens o melhor para o teu povo. Tu és um Deus abençoador. Tuas promessas são reais para aqueles que andam segundo os teus propósitos. Sei que estás preparando um novo tempo para a tua Igreja. Eu profetizo sobre a minha vida, meu Senhor, este novo tempo; tempo de bênçãos, tempo com o Senhor, tempo de paz e de vitórias.

Em nome de Jesus,

Amém!

DEUS TEM UM NOVO TEMPO PARA SUA VIDA, BASTA DEIXAR-SE CONDUZIR NOS CAMINHOS QUE ELE TEM PARA VOCÊ.

13 de Março

"As misericórdias do Senhor são a causa de não sermos consumidos, porque as suas misericórdias não têm fim; Novas são cada manhã; grande é a tua fidelidade." (Lm 3:22-23)

Pai bondoso, me prostro diante do teu glorioso trono de poder para adorá-Lo. Enche-me hoje com o teu amor, de forma a fazê-lo transbordar para os outros. Que a tua graça e a tua misericórdia me acompanhem, neste dia, para que eu não seja consumida pelos meus pecados. Obrigada, porque o Senhor é aquele que nos levanta e refaz nossas forças; com teu bálsamo de amor refrigera a nossa alma. O teu cuidado me mostra a grandeza da tua fidelidade. O Senhor nos dá muito mais do que precisamos e nos guarda como a menina de seus olhos. Com o teu divino olhar, vês os Céus e a Terra e tens o controle de tudo e de todos. Dirige os meus passos nos teus caminhos, Senhor; santifica-me para que esteja limpa aos teus olhos. Quero agradar o teu coração com o meu agir, com o meu pensar, com o meu falar, com uma vida alinhada com a tua palavra. Dá-me um coração quebrantado para Te agradar, um coração temente a Ti, que o adore continuamente. A minha vida eu Te entrego como oferta de amor e sacrifício. Tudo o que sou é para Te render graças e Te glorificar, tudo o que tenho é para Te servir e Te adorar. A minha vida é tua, Senhor!

Em nome de Jesus,

Amém!

AINDA QUE PERMANECEMOS INFIÉIS, O SENHOR SE MANTÉM FIEL A NÓS.

14 de Março

"Os olhos do Senhor estão sobre os justos e os seus ouvidos, atentos ao seu clamor." (Sl 34:15)

Glorificado és Tu, Deus do meu coração. Todo louvor a Ti, ó Senhor meu Deus. És o Deus de poder, de glória e de generosidade. Não há outro Deus além de Ti, ó Governante Supremo, o Todo-Poderoso, o Onisciente, Senhor dos exércitos. Tu és o Deus que está em toda parte, com os olhos sempre atentos em nós. És um Deus que fala conosco, que se relaciona conosco e que nunca nos desampara. És um Deus de perto, que escuta o nosso clamor, aquele que renova nossa fé e esperança para um novo dia. És eterno, o único que está acima do tempo e pode reger todas as coisas. Toda glória seja dada a Ti, todo o louvor seja para Ti. Ergo as minhas mãos para Te exaltar, prostro-me diante de Ti para Te adorar. Ó Deus de aliança, tuas promessas sempre se cumprirão, todo aquele que Te buscar, Te encontrará. És um Deus fiel. Aleluia! Que toda a plenitude do Senhor e a sua glória cheguem até nós para que possamos, cada dia mais, ver a luz na tua luz que brilha através da tua santidade. Recebe a minha adoração, Senhor. Celebrarei a Ti com a minha vida em teu altar e cantarei meu amor por Ti para sempre.

Em nome de Jesus,

Amém!

ALGUMA COISA PODE ESCAPAR AOS OLHOS DOS HOMENS, MAS O SENHOR TUDO VÊ, SEJA LIMPO DIANTE DELE.

15 de Março

"E o meu Deus, segundo a sua riqueza em glória, há de suprir, em Cristo Jesus, cada uma de vossas necessidades." (Fp 4:19)

Pai Amado, maravilhoso Deus de poder. Somos abençoados todos os dias pela renovação de sua misericórdia sobre a nossa vida, por isto quero Te exaltar de todo o meu coração, neste dia, por tudo o que Tu és, Senhor. Magnífico Deus, Soberano Tu és para sempre. Em tuas mãos está toda a criação, todo o domínio e governo. Céus e Terra proclamam a tua glória e exaltam o teu santo nome. Quão grandes e maravilhosas são as tuas obras, quão preciosos são teus caminhos. A minha alma tem sede de Ti. Eu necessito da tua palavra como a Terra seca precisa da chuva. É do Senhor que vem o nosso alimento espiritual. A tua palavra diz que nem só de pão viverá o homem, mas de toda palavra que sai da boca do Senhor. Em Ti são supridas todas as minhas necessidades, Pai, Tu és fonte inesgotável de vida. A tua presença é o que temos de socorro. Não permitas que eu me afaste dela, ensina-me a Te buscar e dá-me um coração puro, disposto a Te obedecer, a cumprir todo o teu querer, um coração entregue a Ti, um coração que Te ame acima de todas as coisas.

Em nome de Jesus,

Amém!

EM DEUS VOCÊ ENCONTRA TUDO O QUE PRECISA, BUSQUE-O DE TODO O SEU CORAÇÃO.

16 de Março

"E esta é a promessa que ele nos fez, a vida eterna." (1 Jo 2:25)

Poderoso Deus, eu me curvo aos teus pés para Te agradecer pelas tuas promessas, Te agradecer pelo fôlego de vida, por me contemplar com mais este dia que o Senhor criou. Com tua força infinita e inesgotável, me capacitas para vencer. Revelas a mim dimensões maiores, quando Te busco de todo o coração. Como Te amo, meu Senhor! Em todo o Universo não há nada que possa nos separar do teu amor, que é nosso, por meio de Jesus Cristo. O Senhor é meu pastor e nada me falta. O Senhor nunca me abandona, mesmo que eu venha a me esquecer de Ti. Manifesta-me mais de Ti, Senhor, quero conhecer mais da tua majestade e do teu poder, do teu caráter que é a santidade e a imutabilidade. O Senhor nunca muda, és imutável em teus atributos e em teu caráter. A tua essência não muda, teus propósitos não mudam, nem as tuas promessas mudam. Nós, sim, é que estamos em constantes mudanças, mas o Senhor, não, és fiel para cumprir tudo o que prometeste. Aleluia! Entrego-Te, todos os dias, o meu caminhar em tuas mãos, para que faças-me conhecer as tuas veredas e as promessas que tens para mim, pois confio em Ti. Te amo mais que tudo.

Em nome de Jesus,

Amém!

DEUS TEM MUITAS PROMESSAS PARA
SUA VIDA, APENAS CONFIE.

17 de Março

"Mas os santos do Altíssimo receberão o reino e o possuirão para sempre; sim, para todo o sempre." (Dn 7:18)

Ó Deus Eterno e Poderoso, Te glorifico nas primeiras horas deste dia, declarando a minha total dependência a Ti. Sem o Senhor, nada sou. A tua palavra diz que aquele que começou a boa obra há de completá-la em Cristo Jesus e nenhum de teus planos será frustrado. Aleluia! Completa a tua obra na minha vida, Pai. O Senhor domina sobre tudo e todos, o Senhor é Senhor da História, é aquele que está no início, no meio e no fim de todas as coisas. És o grande Eu Sou, o Deus Forte por quem todas as coisas foram criadas e em quem todas as coisas subsistem. Toda soberania está em tuas mãos. Tens toda a autoridade para fazer o que Te agrada. O meu coração se alegra nesta manhã porque as misericórdias do Senhor se renovam neste dia para com todos e o Senhor é aquele que abençoa, que faz prosperar os que o temem e buscam a sua presença. Eu clamo a Ti. Que sobre a minha vida, a minha família, o meu ministério, o meu trabalho, seja a tua benção. Governa sobre nós, os teus filhos; que venha o teu Reino, Senhor, nos trazendo paz, libertação, restauração e uma nova vida.

Em nome de Jesus,

Amém!

> "O REINO DE DEUS É O ÚNICO GOVERNO QUE TEM PROMESSAS NO CÉU E NA TERRA PARA VOCÊ." (NILTON FERNANDES)

18 de Março

"Eu sou a porta. Quem entrar por mim, será salvo; entrará e sairá e encontrará pastagem." (Jo 10:9)

Espírito Santo, Deus Poderoso, Deus Vivo, que nos capacita a nos relacionarmos com as pessoas, a viver, a amar. És um Deus maravilhoso que nos surpreende, permitindo-nos viver coisas novas todos os dias. Nos surpreendes com o teu amor e com o teu cuidado para conosco, nos surpreendes dando muito mais do que pedimos ou pensamos, muito mais do que merecemos. Obrigada, porque acordamos neste dia, podemos abrir nossos olhos para contemplar os teus feitos, abrir nossos lábios para Te louvar e derramar diante de Ti a nossa gratidão. Recebe o meu amor, a minha submissão ao teu senhorio, a minha alegria de Te servir, a minha contemplação por tudo o que és. É impossível expressar em palavras a tua grandeza, todo o teu poder, o quanto Tu és excelente e perfeito. Ó meu Senhor, meu Rei e Salvador, se não fosse pelo teu amor e misericórdia eu passaria a eternidade longe de Ti. Me lavaste com o teu sangue, sangue do teu amor, que me abriu a porta do Céu. Tu és a porta, Jesus, a porta que nos dá acesso à vida. Glória e louvores Te renderei para sempre com a minha vida.

Em nome de Jesus,

Amém!

VOCÊ ESTÁ CAMINHANDO EM DIREÇÃO À PORTA CERTA? JESUS É A ÚNICA PORTA QUE TE LEVA A SALVAÇÃO.

19 de Março

"O amado do Senhor habitará seguro com ele, todo o dia o protegerá e ele descansará em seus braços." (Dt 33:12)

Deus bendito e Santo, como é bom estar na tua presença, onde há abundância de vida, onde encontro a alegria de viver. A cada manhã o Senhor nos presenteia com a provisão da sua graça. Com retidão, quero caminhar, neste dia, na tua palavra que diz que aquele que habita no esconderijo do Altíssimo à sombra do Onipotente descansará. O Senhor é o nosso descanso, o nosso protetor. A tranquilidade, o sossego e a paz de que precisamos só encontramos em Ti. Não me deixes sair do teu abrigo. A minha segurança está em Ti, Senhor. Nos momentos mais difíceis Tu me colocas debaixo das tuas asas e me trazes o suprimento necessário. Tu és o meu amparo, o meu refúgio, meu lugar seguro, onde não temerei dias de tribulação, porque sei que estás comigo. Sem Ti eu não posso mais viver. Amo estar na tua presença, envolvida em teus braços de amor. São eles o meu esconderijo onde não corro perigo. Fiz dos teus braços a minha morada. Tudo o que quero é habitar em Ti, Te adorar, Te exaltar e anunciar o teu reino de amor. para sempre proclamarei a glória do Senhor.

Em nome de Jesus,

Amém!

NOS BRAÇOS DO SENHOR PODEMOS DESCANSAR EM SEGURANÇA E ENCONTRAR A PAZ EM MEIO ÀS TEMPESTADES. NELE SOMOS FORTES.

20 de Março

"Porque o Senhor teu Deus é um fogo que consome, um Deus zeloso." (Dt 4:24)

Meu bondoso Senhor, Deus zeloso em toda a tua obra e no cumprimento da tua vontade soberana, bendito seja o teu nome, nome santo e poderoso. Louvado seja o Senhor, Deus que zela por aqueles que são teus, que guarda e cuida dos teus filhos e nos presenteia com o melhor. Ensina-nos a zelar pelas coisas do Senhor, Pai, a zelar pelo teu santo nome, porque Tu és digno. Meu maior desejo é Te agradar, é Te adorar como és merecedor. Sob o teu governo eu quero andar e os teus caminhos trilhar. Vem com a tua palavra, ó Deus, me alimentar, e com o teu Espírito me sustentar, pois na tua presença eu sempre hei de ficar. para sempre eu vou Te louvar, Senhor; para sempre eu vou Te amar e, todos os dias, a minha vida Te entregar. Vem sobre mim com o teu poder, com a tua graça; cobre-me com o teu Espírito, derrama sobre mim da tua unção. Vem esconder-me em tuas asas para que eu entre no meu lugar de descanso junto a Ti. Faz-me escutar a tua voz todos os dias e entender a tua vontade para mim. Te amo, Deus. Dá-me um coração que Te adore em Espírito e em verdade. Eu nasci para Te adorar, amado meu.

Em nome de Jesus,

Amém!

O SENHOR É UM DEUS ZELOSO E ESCOLHEU VOCÊ,
DO JEITO QUE VOCÊ É, COM SEUS DEFEITOS
E QUALIDADES, POR AMOR. ELE TE AMA.

21 de Março

"Assim, se alguém está em Cristo, nova criatura é. As coisas velhas se passaram; eis que tudo se fez novo." (2 Cr 5:17)

Eu me rendo neste dia para Te declarar todo o meu amor, a Ti, Senhor, o único que é digno de honra. Santo, Santo, Santo és Tu, Deus meu, Deus de poder, de majestade e de glória. O Senhor é a verdade que salva, que libera os homens da condenação eterna, o autor de tudo o que há. És a água viva que nunca esgota, que sacia a sede da nossa alma, fazendo brotar um manancial de vida em nosso coração. És o maná que nos sustenta através da tua palavra, és o Pão da Vida. Glórias, glórias eu Te dou, Jesus! Uma nova vida o Senhor tem para mim, és o único caminho que pode mudar a minha história. As coisas antigas se passaram, tudo se faz novo com o Senhor. Aqueles que Te encontram, que se unem a Ti pela fé, são totalmente transformados, são transportados para uma nova realidade, Aleluia! O teu amor me atraiu, a tua graça me libertou e hoje uma nova criatura eu sou. Jeová Nissi, o Senhor é a minha bandeira, a minha segurança, a minha força. Por onde eu andar proclamarei quem Tu és, anunciarei o teu amor e bendirei o teu Santo nome. Em todos os dias da minha vida, Te glorificarei.

Em nome de Jesus,

Amém!

RECEBA O AMOR DE JESUS E DEIXE-O TRANSFORMAR O SEU VIVER. DE SEU PASSADO, DEUS NÃO LEMBRARÁ, E TUDO SE FARÁ NOVO.

22 de Março

"Pois é Deus que efetua em vocês o querer e quanto o realizar, de acordo com a boa vontade dele." (Fp 2:13)

Eu Te adoro, bondoso Deus! Me prostro diante do teu trono de glória nesta manhã para Te oferecer o meu coração. Quero derramar meu amor a Ti como um rio cujas águas se derramam no mar e no teu Espírito mergulhar. És o meu alívio, o aconchego dos meus dias. O que Te darei, se tudo o que sou e o que tenho de Ti recebi? Todo o meu ser a Ti pertence. Sou tão pequena diante de Ti, Senhor, tão insignificante diante de tua grandeza; eu preciso, meu Deus, em teus braços estar. Tu és o dono de todo o meu querer, de todos os meus planos; alinhe-os em direção à tua vontade. Meu querer é somente o teu querer. A Ti elevo o meu coração, Senhor, e levanto as minhas mãos para glorificar-Te. És o Deus soberano, nosso Juiz, Legislador e Rei, de onde vem o nosso socorro, a nossa esperança. Aceita o meu louvor como aroma suave na tua presença. Recebe a minha adoração em gratidão a tudo o que Tu és. Todos os dias anunciarei a tua graça, a tua bondade, o teu poder para que aqueles que ainda não Te conhecem possam ser alcançados pelo teu infinito amor. Louvado sejas!

Em nome de Jesus,

Amém!

QUANDO ALCANÇAMOS A MATURIDADE DE VIVER APENAS A VONTADE DE DEUS, ABRINDO MÃO DA NOSSA, EXPERIMENTAMOS UMA VIDA MUITO MAIS LEVE E FELIZ.

23 de Março

"Eu louvarei o Senhor segundo sua justiça e cantarei louvores ao nome do Senhor, o Altíssimo." (Sl 7:17)

Deus meu, Pai de toda a Criação, transbordante da tua presença eu me encontro nesta manhã. Quanto regozijo há em sentir o teu toque, em sentir a fragrância do teu perfume. Glorificado seja o Senhor, honrado e reverenciado seja o teu santo nome, acima de todas as coisas. Cada dia Te bendirei e louvarei o teu nome. Tu reinas sobre a Terra e sobre os Céus, glória e majestade há em tuas obras. A tua grandeza é insondável, Pai! O teu domínio está sobre tudo e sobre todos. Quero ouvir a tua voz, envolvida e abrigada em teus braços de amor, onde bem segura estou. Mostra-me o caminho da cruz, mostra-me a tua luz e com o teu amor me conduz. Tu contemplas todas as coisas e trabalhas em meu favor, sabes tudo o que eu faço e nunca me deixas sem o teu abraço. Obrigada, Pai. Te adoro, Senhor! Tu és por demais maravilhoso. Grande és, Senhor, magnífico em poder. Só o Senhor é Deus, e perto estás de todos que o invocam. Te exaltarei e renderei graças ao Senhor em todos os meus dias aqui na Terra e até a eternidade. Reinam o teu amor e a tua paz sobre nós.

Em nome de Jesus,

Amém!

> JESUS, NOME SOBERANO QUE TEM O
> PODER DE MUDAR A NOSSA HISTÓRIA.

24 de Março

"Não se amoldem ao padrão deste mundo, mas transformem-se pela renovação da sua mente, para que sejam capazes de experimentar e comprovar a boa, agradável e perfeita vontade de Deus." (Rm 12:2)

Te louvo, Pai, Senhor do Céu e da Terra, que se revela aos que esperam em Ti. Eu me prostro diante do Senhor, para Te oferecer a minha vida e tudo o que sou. Não tenho nada para Te dar, mas Te entrego o meu coração. Toma minha vida nas tuas mãos, os meus talentos, os meus dons e tudo o que sou. Quero Te ofertar o meu caminhar, ajuda-me a me santificar e vem me transformar pelo poder do teu amor. Cumpre em mim o teu querer, em Ti quero me fortalecer, o mundo jamais vai me corromper. Coloca-me no centro da tua vontade para viver a tua verdade; isto me traz felicidade. Doaste, por amor, a própria vida, e nos deste a salvação. Em prepararmos a tua mesa, lembramos a tua morte e reconhecemos nossa redenção. Glórias, glórias a Ti, Senhor, que me deu uma nova vida, que mudou a minha história, conquistei minha vitória. Faz de mim um novo ser, Deus meu, que Te adore em espírito e em verdade, enquanto neste mundo eu viver. Te adoro, Senhor, por tua maravilhosa graça, favor imerecido que recebemos de Ti. Louvado sejas, meu Senhor, agora e para sempre.

Em nome de Jesus,

Amém!

> "DEIXA DEUS TE GUIAR, NÃO PARA ONDE VOCÊ QUER IR, MAS PARA ONDE ELE QUER QUE VOCÊ VÁ." (IURY ALBINO)

25 de Março

"Da mesma forma, depois da ceia, tomou o cálice, dizendo: Este cálice é a nova aliança no meu sangue, derramado em favor de vocês". (22:20)

Deus majestoso, de graça e poder, em adoração venho me entregar a Ti nesta manhã. Com o coração cheio de alegria, eu me rendo, humildemente, aos teus pés e Te dou graças, porque fui capturada pelo teu Espírito, resgatada pelo teu amor. Em Ti a minha alma espera todos os dias, faz-me conhecer da tua aliança. A tua presença permanente sobre mim renova as minhas forças e me fortalece para viver os momentos difíceis, as adversidades que atravessam a minha jornada. Como é maravilhoso saber que em nenhum momento eu estou sozinha; o Senhor nunca me abandona. A tua palavra revela a tua glória, ilumina os meus caminhos, é luz para os meus pés. Ela endireita os meus passos, guia-me por caminhos planos para que eu ande na tua verdade. Que aches em mim motivo para a tua alegria, Senhor; quero agradar o teu coração e tudo ofertar a Ti. És o meu amado, o meu melhor amigo. para sempre Te adorarei. Com a minha vida Te glorificarei e para todo o sempre Te exaltarei. Quero proclamar quem Tu és enquanto eu viver. Te amo, meu Senhor, amado meu.

Em nome de Jesus,

Amém!

NOSSA ALIANÇA COM DEUS MOLDA A NOSSA VIDA, O SEU AMOR TRANSFORMA O NOSSO JEITO DE SER, A SUA PALAVRA ENDIREITA AS NOSSAS VEREDAS.

26 de Março

"Deixo-vos a paz, a minha paz vos dou; não vo-la dou como a dá o mundo. Não se turbe o vosso coração e nem se atemorize." (Jo 14:27)

Te amo, Deus, Senhor do meu viver. Glória para sempre eu Te darei. Em grande júbilo, estou aqui neste dia para adorar-Te. Santo, Santo, Santo é o Senhor, a quem eu me rendo diante de toda majestade e poder. Tu és o Príncipe da Paz, aquele que veio para nos reconciliar com o Pai. Que eu possa tocar em teu coração e penetrar no mais profundo do teu ser. Ah, Senhor, como é maravilhoso contemplar a tua face, saber que estás aqui e sentir a tua presença. Ela é real, posso sentir o teu doce perfume invadindo todo o meu ser. Aleluia! Eu Te adoro, Deus Pai, Deus Filho, Deus Espírito Santo! Em Ti encontram-se mananciais inesgotáveis de alegria, de amor e vida. Como a tua palavra diz, neste mundo teremos aflições, sofrimentos, lutas, mas no teu nome venceremos todas as provações. O Senhor nunca desampara os teus filhos. Me ensina a viver sem ansiedade, sem preocupações; permita-me encontrar a tua verdadeira paz e descansar em Ti. Que eu possa repousar à sombra de tuas asas e me aquietar segura em Ti. Receba a minha adoração em teu altar de paz. Que a tua paz venha cobrir os meus dias, Senhor meu, Príncipe da Paz.

Em nome de Jesus,

Amém!

QUE O PRÍNCIPE DA PAZ REINE EM SUA VIDA, PARA QUE A SUA PAZ REINE EM SEU CORAÇÃO E ABENÇOE OS SEUS DIAS.

27 de Março

"Como são felizes os que andam em caminhos irrepreensíveis, que vivem conforme a lei do Senhor." (Sl 119:1)

Ó Deus de Israel, Senhor Absoluto e Soberano, glorificado sejas neste dia. Louvado seja o teu santo nome. Tu és magnífico, fiel e justo em teus propósitos. Santos são os teus caminhos. Derramo diante de Ti a minha adoração, que ela seja agradável ao Senhor. Tu me fizeste para o teu louvor. Maravilhoso é estar na tua companhia, maravilhoso é poder Te adorar, contemplar a tua face, ouvir a tua voz. Tu sabes todas as coisas, nada está oculto aos teus olhos que percorrem toda a Terra. Bem-aventurado o homem cuja força está em Ti, em cujo coração estão os teus caminhos. Como são felizes aqueles que confiam em Ti, que nunca se desanimam perante as dificuldades, pois tem seus olhos sempre voltados para o Senhor. Dá-me, Senhor, um coração puro, sensível à tua direção, disposto a Te obedecer, que busque e anseie por fazer o que é correto, para agradar o teu coração e Te glorificar. Não tenho outro Deus que não seja o Senhor. Nada ocupa o teu lugar em meu coração. Eu Te adoro, ó Cordeiro Santo de Deus. Somente Tu és digno de toda glória, toda honra e louvor, eternamente.

Em nome de Jesus,

Amém!

"QUANTO MAIS PURO FOR UM CORAÇÃO, MAIS PERTO ESTARÁ DE DEUS." (MAHATMA GANDHI)

28 de Março

*"O Senhor é compassivo e misericordioso, mui
paciente e cheio de amor." (Sl 103:8)*

Paizinho amado, Deus do meu coração, bendirei o Senhor nesta manhã, em teu nome levantarei as minhas mãos. Tu tens sido o meu auxílio, socorro presente em minhas aflições. És meu oásis que cessa a minha sede no deserto. És Deus de perto e não de longe. És a paz para o aflito, a alegria que contagia. És Magnifico, Deus de milagres, que através da tua palavra nos santifica e nos transforma. És o motivo da minha alegria, da minha vontade de viver. Só o Senhor tem as respostas para a minha vida; só do Senhor vem o suprimento para as minhas necessidades. És o Deus da minha provisão. O Senhor é um Deus que cura as nossas feridas escondidas e nos faz viver em novidade de vida. És o Deus da minha paz. Tu és amor, que sara toda dor, Tu és o perdão, que me trouxe salvação. Nos teus braços, onde sempre quero estar, me escondo. Tua presença é inigualável, teu amor inexplicável, Tu és fonte inesgotável, um Deus incomparável. Junto a Ti quero viver, Tu és tudo para mim. Por tudo o que Tu és, eu Te exalto, Senhor, por tudo o que Tu és, eu Te adoro e para sempre Te amarei.

Em nome de Jesus,

Amém!

A VIDA SEM DEUS É COMO FOLHA SECA, SEM SENTIDO, SEM VIDA, PORQUE SEM ELE NADA SOMOS.

29 de Março

"E Jesus disse-lhe: Amarás o Senhor teu Deus de todo o teu coração, e de toda a tua alma, e de todo o teu pensamento." (Mt 22:37)

Pai, eu me rendo à tua presença nesta manhã. Estou aqui para Te adorar, para Te exaltar e Te oferecer tudo o que tenho, tudo o que sou. Preciso de Ti, Senhor, preciso do teu perdão, preciso do teu amor e viver Contigo em comunhão. Tu és um Deus glorioso e excelso, fiel e bondoso, amoroso e misericordioso, magnífico e poderoso. És meu alimento, o meu sustento, o Pão Vivo que desceu do Céu, o meu fomento espiritual, que fortalece a minha fé e me renova a cada dia. Não quero outra coisa do que estar na tua presença. Obrigada por teus pensamentos serem pensamentos de paz ao meu respeito, mesmo que eu não conheça os caminhos por onde me levas. Obrigada por direcionar os meus passos a partir da verdade revelada em tua palavra. Pai, não quero Te adorar apenas com cânticos de louvores, mas que toda a minha vida seja construída por atos de adoração a Ti. Que os louvores que saem dos meus lábios sejam a expressão da verdade e da sincera adoração que existe dentro do meu coração. Quero Te dar toda a honra que lhe é devida, pois só Tu és digno. Eu Te amo para sempre.

Em nome de Jesus,

Amém!

COMECE O DIA AGRADECENDO A DEUS, GLORIFIQUE-O EM TODO O TEMPO, ELE NOS DÁ MUITO MAIS DO QUE MERECEMOS.

30 de Março

"Contudo, Senhor, Tu és o nosso Pai. Nós somos o barro; Tu és o oleiro. Todos nós somos obra das tuas mãos." (Is 64:8)

Magnífico Deus, Magnífico Deus, Te adoro, Senhor. Tu estás entronizado entre os querubins, revestido de glória e majestade. Ensina-me a Te adorar de todo o coração, segundo a tua vontade. O amor da tua paternidade é tão intenso que só a maturidade nos leva a esta revelação. Hoje eu consigo perceber e sentir este amor maravilhoso. O Senhor me ama como eu sou, do jeito que sou. Teu amor é sem igual, Tu nos amas de forma especial e incondicional. O Senhor nos ama, não pelas nossas qualidades, mas porque és fiel a Ti mesmo. É este amor que nos dá esperança e força para continuar caminhando. Quanto mais descobrimos e experimentamos do teu amor, o desejo de buscar a santidade e de alegrar o teu coração também brota do íntimo do nosso ser. Que o Senhor me traga arrependimento dos meus pecados e de tudo o que há em mim que fere a tua santidade, que entristece o teu coração. Vem me regenerar como um vaso nas tuas mãos. Tu és o oleiro, Pai, e eu sou o barro que precisa ser transformado num vaso novo; num vaso digno de adorar o Senhor e Te servir.

Em nome de Jesus,

Amém!

SEJA COMO UM BARRO NAS MÃOS DO SENHOR, PARA QUE ELE, O OLEIRO, POSSA MOLDÁ-LO E FAZER DE VOCÊ UM VASO NOVO, TRANSFORMADO, PRECIOSO, REGENERADO.

31 de Março

abril

"Prestem culto ao Senhor com alegria; entrem na sua presença com cânticos alegres." (Sl 100:2)

Pai amado, Deus misericordioso que sempre nos acolhes em Teus braços. Deus de amor infinito, benigno e santo, eu Te adoro com toda a minha alma e com toda minha fé em Ti, que é inabalável. Tua presença me envolve e me faz segura. Ela me leva a prostrar-me diante do teu trono de poder e glorificar-Te, pois Tu és Espírito e Verdade, Perfeição Absoluta. Tu és o Criador de todos os seres e de todas as coisas, desde os montes e vales, planícies e matas, rios e mares e tudo o que existe no Universo. O teu poder é infinito, não existe vida fora de Ti. O Senhor é digno de toda reverência, respeito, obediência e gratidão, porque sem o Senhor nada somos. Tudo o que somos e o que temos vem de Ti, Senhor. Exaltado sobre tudo, Tu és. Determinas e reges todas as coisas por meio de tua palavra. És o dono de tudo o que existe e estás no absoluto controle de tudo o que acontece. Teus são o governo, o domínio e o louvor. És o resplendor da Glória, imagem de Deus. Que resplandeça a tua glória em nós. Amo-Te, Pai. Permita-me Te adorar todos os dias do meu viver.

Em nome de Jesus,

Amém!

QUANDO A PRESENÇA DE DEUS FOR TUDO O QUE VOCÊ TEM, PERCEBERÁ QUE TEM TUDO DO QUE PRECISA. (O PENSADOR)

1º de Abril

"A lei do Senhor é perfeita, e revigora a alma. Os testemunhos do Senhor são dignos de confiança, e tornam sábios os inexperientes. Os preceitos do Senhor são justos, e dão alegria ao coração. Os mandamentos do Senhor são límpidos, e trazem luz aos olhos." (Sl 19:7-8)

Ó Deus meu, amado do meu coração, eu Te adoro, Senhor. para sempre em teus átrios quero habitar e jamais sair da tua presença. Leva-me para mais perto de Ti. Amo os teus mandamentos, são refrigério para a minha alma. Eles direcionam o meu viver, me protegem e ensinam o meu proceder. Tu és o único caminho que eu quero percorrer. Que teu poder me transforme, que teu coração encontre o meu. Que a tua glória venha me encher, e a tua luz em mim, resplandecer. A tua palavra fala que aquele que habita no lugar secreto do Altíssimo encontrará abrigo à sombra do Todo-Poderoso. Quero estar neste lugar secreto, protegida dos meus adversários; somente eu e o Senhor, para ouvir a tua voz. Auxilia-me a andar nos teus caminhos, onde a tua graça me basta, onde somos transformados segundo o teu propósito. Nada se compara ao teu amor, Pai. Nada se compara à grandeza da tua glória. Que o teu nome seja para sempre glorificado e engrandecido. Que eu saiba Te adorar verdadeiramente e honrar-Te todos os dias da minha vida.

Em nome de Jesus,

Amém.

QUE DEUS GUARDE O SEU CORAÇÃO DE TODO SENTIMENTO CONTRÁRIO ÀS SUAS LEIS.

2 de Abril

"Então eu disse: Senhor, Deus dos Céus, Deus grande e temível, fiel à aliança e misericordioso com os que Te amam e obedecem aos teus mandamentos." (Nm 9:32)

Ó Deus bendito, meu amado Pai, nosso Criador, que toda a criação se prostre e Te renda louvores, pois só Tu és digno. Invade todo o meu ser, neste dia, com a tua presença, renova-me com a tua unção. Aos teus pés, eu me humilho, pois tua glória quero ver. Leva-me para mais perto de Ti, tudo o que eu quero é Te sentir, é aprender mais de Ti. Tu és o que mais preciso, Deus. Fomos abençoados com uma aliança eterna Contigo, por meio do teu Filho, Jesus Cristo. Tenho sede de Ti, Senhor, anseio pelo dia em que estarei para sempre Contigo. Como é maravilhoso Te louvar, como é lindo a tua face contemplar. Quero tocar o teu manto de amor e me perder na tua bondade infinita. Quero Te glorificar, diante de Ti me derramar e o teu nome sempre proclamar; nome santo nos Céus e em toda Terra. Teu reino eu quero servir, tua vontade eu quero buscar, teus mandamentos, no meu coração guardar. Vem me conduzir e os meus passos dirigir. Renova-me neste dia, sê o meu amigo, o meu guia, o pastor que me auxilia, que me protege e cuida de mim. Bendito sejas, meu Senhor, amado da minha alma, agora e para sempre. Te amo eternamente.

Em nome de Jesus,

Amém!

A ALIANÇA COM DEUS TEM QUE SER RENOVADA TODOS OS DIAS COM OBEDIÊNCIA, SANTIFICAÇÃO E AMOR AO PRÓXIMO.

3 de Abril

"Bendize, ó minha alma ao Senhor, e não esqueças
de nenhum de teus benefícios." (Sl 103:2)

Deus, eu Te bendigo pois Tu és um Deus de amor e de misericórdia, um Deus zeloso, que nos cobre com a tua bondade e com o teu amor. Eu Te bendigo pela tua grandeza e poder, o teu domínio está sobre os Céus e a Terra, eu Te bendigo pela graça da salvação. Eu Te bendigo porque Tu és um Deus que ouve e responde às nossas orações, porque o Senhor não é como ídolos que têm olhos, mas não veem; ouvidos, mas não ouvem; boca, mas não falam; és um Deus vivo, fonte de todas as respostas para as nossas necessidades. Em Ti está tudo o que preciso. Eu confio em Ti, Senhor, eu pertenço a Ti; tudo o que tenho, tudo o que sou é teu. A minha vida depende de Ti, pois é o Senhor quem me sustenta e me governa. Eu Te amo, Deus, força minha! Leva-me todos os dias à tua presença, ao lugar secreto da adoração. Que não a minha, mas a tua vontade se cumpra em todos os dias do meu viver. Mergulha-me nas tuas águas e revela-me aquilo que meus olhos jamais viram. Alegro-me por adorar-te, Jesus, excelso Criador, Verbo Divino, o meu Salvador. A Ti sejam a honra e a glória por toda a eternidade.

Em nome de Jesus,

Amém!

QUE, EM CADA DIA DO NOSSO VIVER,
NOSSOS LÁBIOS POSSAM BENDIZER,
GLORIFICAR E EXALTAR O NOSSO DEUS.

4 de Abril

"Ah, se tivesses dado ouvidos aos meus mandamentos, então seria a tua paz como um rio, e a tua justiça como as ondas do mar." (Is 48:18)

Senhor, estou aqui para Te adorar, na tua presença eu quero estar. Quero a tua face buscar, desejando a tua glória, e em teu rio de unção mergulhar. Vem com o teu toque revelar-Te e em meu coração achegar-Te. Eu Te escolhi, Jesus. Ajuda-me a Te seguir. Muitos estão perdidos por não Te conhecerem, mas eu quero os teus caminhos, eu escolhi a Ti. Ajuda-me a do mundo sair e com o Senhor prosseguir. Não me deixes para trás, faz-me experimentar a tua paz, firma meus passos na luz e com teu amor me conduz. Eu Te amo, Jesus. Quero entranhar em tuas fontes, viver somente para Ti. Te conhecer é o que me dá prazer, o que faz o teu fogo em mim acender e a minha alma satisfazer. Quero Te ver, Te abraçar, me envolver na tua glória e poder. Longe do teu amor não posso viver. Restaura o meu ser, vem em mim permanecer. Quero a tua voz ouvir, Jesus, fala comigo. Me ensina a confiar só em Ti. Que teus olhos sempre atentos permaneçam em mim. Te amo. Em Ti eu me alegro todos os dias. Somente o Senhor pode dar significado para a minha vida. para sempre eu vou Te amar!

Em nome de Jesus,

Amém!

CONFIE EM DEUS. DEIXE ELE TE CONDUZIR E ESCREVER A SUA HISTÓRIA.

5 de Abril

"Vocês não sabem que são santuário de Deus e que o Espírito de Deus habita em vocês?" (1 Co 3:16)

Deus santo, Pai amado, o esplendor da tua presença enche a minha vida nesta manhã. Como me alegro por Te pertencer, sem Ti nada seria nesta caminhada da vida. Leva-me para mais perto de Ti, num lugar secreto, onde eu possa Te ouvir, escutar a tua voz. Sei que estás comigo em todo o tempo, não importa o que cada dia traz. Com o Deus Emanuel não precisamos temer os ventos contrários. Aquele que habita no esconderijo do Altíssimo, à sombra do onipotente descansa em paz. É assim que me sinto, ó Príncipe da Paz, coberta pela tua paz, abrigada e segura em teus braços. Obrigada pelo teu Espírito, que, habitando dentro de nós, revela Jesus em nosso interior. Obrigada, Jesus, porque vieste para nos unir ao Pai e nos dar a certeza de que ele está conosco em todo o tempo. Que teu sopro venha dos Céus preencher-me a vida, a tua glória me cercar e a tua graça me alcançar. Faz-me resplandecer o teu rosto. Como o sol, quero brilhar a tua luz, aquecer o coração daqueles que ainda não experimentaram do teu infinito amor. Usa-me, Senhor, para a glória do teu nome.

Em nome de Jesus,

Amém!

QUE DEUS ESTEJA SEMPRE COM VOCÊ, MAS, ACIMA DE TUDO, QUE VOCÊ ESTEJA SEMPRE COM ELE.

6 de Abril

"Eu sou o Senhor, e não há outro; fora de mim não há Deus;
eu te cingirei, ainda que Tu não me conheças." (Is 45:5)

Querido Pai, amado Deus, obrigada por tudo que farás hoje. Dá-me sabedoria neste dia para separar o que é certo do que é errado, pois quero obedecer às tuas ordenanças. Obrigada, porque Tu me criaste do nada, me fizeste à tua imagem e semelhança e todos os dias me santificas com o teu Espírito. O teu governo está sobre mim, está sobre tudo e sobre todos. Tu fazes e desfazes, estabeleces e removes, levantas e abates, exaltas e humilhas, tudo podes e nenhum dos teus planos será frustrado. Quem é Deus como o nosso Deus? A tua fidelidade é eterna, a tua misericórdia é de geração em geração sobre os que o temem; o teu amor é imensurável, é ele que me ampara e me fortalece. Ensina-me a estar em Ti, vivifica-me nos teus caminhos. Mantém-me firme, Senhor, e faz-me desvencilhar das coisas passadas que Te desagradem na minha vida. Elevo meus olhos para o alto e busco a tua direção, o teu favor. Acha graça em mim, Senhor, e ajuda-me a vencer este dia conforme o teu querer. O centro da tua vontade é o lugar onde desejo estar, é onde eu quero habitar todos os dias da minha vida.

Em nome de Jesus,

Amém!

NÃO FAÇA NADA SEM FALAR PRIMEIRO
COM DEUS, SÓ ELE CONHECE O AMANHÃ
E SABE O QUE É MELHOR PARA VOCÊ.

7 de Abril

"Mas todos nós, com o rosto descoberto, refletindo, como um espelho, a glória do Senhor, somos transformados de glória em glória, na mesma imagem, como pelo Espírito do Senhor." (2 Co 3:18)

Ó Deus meu, eu me prostro aos teus pés para adorar-Te nesta manhã. Tu és aquele que dirige a minha vida; o meu futuro está em tuas mãos. Ó Senhor, chama-me e convida-me, todos os dias, para encontrar em Ti a vida que tens para mim e usufruir das tuas maravilhas. Tu és fonte inesgotável de vida, de amor, de esperança, de paz, de tudo o que precisamos. Eu Te adoro, Senhor, pois me amaste primeiro. Teu amor me cativou, minha vida conquistou. O teu perdão me consola, o temor ao Senhor aperfeiçoa a santidade em mim. A tua palavra fala que sem santidade ninguém verá o Senhor, mas a tua graça me transforma, tocando nos desejos mais profundos do meu coração e me tornando uma nova pessoa. Glórias por isto eu Te dou, Senhor. Como é tremendo o que fazes em nossa vida por meio do teu amor e da tua graça. É ela que nos permite mudar, crescer e amadurecer, nos tornando cada dia mais parecidos com teu filho. Somente pela graça conseguimos seguir os passos de Jesus. Graças eu Te dou, ó meu Senhor. Tomo a minha cruz e Te seguirei todos os dias da minha vida.

Em nome de Jesus,

Amém!

SIGA JESUS, DEIXE O AMOR DELE MUDAR O SEU JEITO DE SER E TRANSFORME A SUA VIDA.

8 de Abril

"E esta é a mensagem que dele ouvimos, e vos anunciamos:
que Deus é luz, e nele não há treva nenhuma." (1 Jo 1:5)

Grandioso Deus, obrigada pelo dom da vida. Hoje o Senhor nos presenteia com mais este dia lindo, no qual podemos ver e sentir a tua graça e o teu amor por nós, teus filhos, mesmo sem merecermos. Precisamos da tua graça e da tua misericórdia todos os dias, Pai. Precisamos que o Senhor continue sendo longânimo conosco aqui na Terra, nos ensinando através da tua palavra. Ela nos edifica, nos transforma e molda o nosso caráter, nos limpa e nos purifica, para nos apresentarmos aprovados diante de Ti. A Bíblia diz que nem só de pão vive o homem, mas de toda palavra que sai da boca de Deus; diz também, àquele que tem sede, que beba da água da vida, da fonte inesgotável. Ó Senhor, como precisamos de Ti, és a nossa fonte de vida. Como precisamos da tua luz, porque na tua luz nós vemos a luz e na luz andamos seguros. Lâmpada para os nossos pés é a tua palavra, portanto estamos calçados por esta luz, a luz que ilumina a tua palavra para nós e nos dá o entendimento de todas as coisas. Aleluia! Ó Deus glorioso, bendito sejas para todo o sempre. Bendirei ao Senhor por toda a minha vida, enquanto eu viver, Te exaltarei.

Em nome de Jesus,

Amém!

NÃO HÁ ESCURIDÃO CAPAZ DE DETER
A LUZ DE DEUS EM NOSSA VIDA. QUE A
LUZ DE JESUS BRILHE SOBRE VOCÊ.

9 de Abril

"Mas, quando vier aquele Espírito de verdade, ele vos guiará em toda a verdade; porque não falará de si mesmo, mas dirá tudo o que Tiver ouvido, e vos anunciará o que há de vir." (Jo 16:13)

Ó Deus maravilhoso, que desde a eternidade é aclamado pelos anjos; os arcanjos, querubins e serafins, em todo o Céu: Santo, Santo, Santo, Santo... Tu és absoluto e santo, Pai. O Senhor é o Deus dos montes e vales, um Deus sempre presente em tempos de tribulação, um Deus que fala, um Deus que revela, um Deus que nos ouve e nos responde. Jamais Te conheceremos, Pai, na inteireza de quem Tu és. Somente pela ação do Espírito Santo em nossas vidas podemos penetrar nesta dimensão de entendimento e conhecimento do Senhor. Ajuda-me, Espírito Santo, a crescer na plenitude do conhecimento de Jesus. Somente através da tua revelação posso ter a percepção plena do Senhor e provar do teu poder transformador. Não quero estagnar na minha fé e em minhas experiências com o meu Deus. Quero continuar crescendo, amadurecendo e experimentando o teu poder de mudança e transformação em minha vida. Move em mim com o teu amor, Senhor, transforma-me para o teu louvor. Eu Te adoro, amado Deus, em espírito e em verdade!

Em nome de Jesus,

Amém!

A LEITURA DA PALAVRA E A ORAÇÃO SÃO CAMINHOS QUE NOS LEVAM AO CONHECIMENTO DE DEUS E À ADORAÇÃO.

10 de Abril

"Mas Deus, que é riquíssimo em misericórdia, pelo seu muito amor com que nos amou, Estando nós ainda mortos em nossas ofensas, nos vivificou juntamente com Cristo (pela graça sois salvos)" (Ef 2:4-5)

Pai amado, louvado seja o teu santo nome, engrandecido seja na Terra como já é nos Céus. Nesta manhã quero Te agradecer pela tua graça sobre nós, pelo derramar do teu Espírito, Te agradecer porque o Senhor nos recebe, porque o Senhor nos perdoou e por isto podemos entrar com liberdade na tua presença. Que o Senhor venha me encher com a tua unção, de maneira que tudo aquilo que eu faça, neste dia, seja purificado, preparado pelo Senhor, para que minhas ações, meu falar, todo o meu agir, subam diante de Ti como incenso agradável às tuas narinas. Por amor do teu nome, receba a minha adoração a Ti, que ofereço com alegria, pois sei que estou diante do Rei, olhando-o face a face. O Senhor nos qualifica para estar na sua presença, onde podemos beber da sua fonte. Aleluia! Ó Pai, andávamos mortos em nossos delitos e pecados, mas aprouve ao Senhor nos vivificar e nos fazer merecedores de Ti, mesmo sem merecermos. Quão maravilhosa é a tua misericórdia, Pai, que também nos levará, um dia, a nos assentarmos à tua mesa, na eternidade, para participarmos da grande ceia junto a Ti. Não há palavras para expressar toda a minha gratidão a Ti, Deus do meu coração. A Ti todo o meu louvor.

Em nome de Jesus,

Amém!

"JESUS NOS AMOU TANTO QUE ASSUMIU, NAQUELA CRUZ, O LUGAR QUE ERA MEU E SEU." (VAGNER BITTENCOURT)

11 de Abril

"Porque o pecado não terá domínio sobre vós, pois não estais debaixo da lei, mas debaixo da graça." (Rm 6:14)

Deus santo, todo poderoso, magnífico, aquele que é digno de receber toda honra, glória e poder, porque Tu és um Deus tremendo, cheio de graça. Quão maravilhosa é a nossa condição de filhos deste Deus glorioso, aqueles a quem o Senhor chamou, aqueles a quem o Senhor regenerou, aqueles cujos nomes o Senhor escreveu no livro da vida. Estes somos nós, herdeiros de Deus e coerdeiros com Cristo. Te agradeço, Pai, pois não estamos mais na lei, a natureza do pecado que habitava em nós deu lugar ao Espírito Santo, vivemos na graça por causa do teu filho amado, por quem o Senhor tem todo o teu prazer, aquele que foi para a cruz, onde concluiu todo o teu proposito. Ó Deus, louvado sejas por Jesus Cristo, porque Dele, por Ele e para Ele são todas as coisas. O Senhor já O glorificou e haveremos de ver, naquele dia triunfante, como Ele é, na tua glória excelsa, este que está à destra da tua majestade. Adorado, bendito, engrandecido, reconhecido seja este nome, e que se dobre todo joelho nos Céus e na Terra e debaixo da Terra, diante deste que é e será, por toda a eternidade, nosso Deus e Senhor. Aleluia!

Em nome de Jesus,

Amém!

GRAÇA É O FAVOR IMERECIDO DE DEUS PARA O HOMEM. PELA NOSSA FÉ NO SACRIFÍCIO DE CRISTO NA CRUZ, ELE ESCOLHE NOS ABENÇOAR EM VEZ DE NOS AMALDIÇOAR.

12 de Abril

"Tenho uma grande alegria de fazer a tua vontade, ó meu Deus; a tua lei está no fundo do meu coração." (Sl 40:8)

Deus maravilhoso, Pai Santo, o nosso coração anela por Te encontrar, Senhor. Eu Te adoro, Te exalto e Te dou graças por tudo que Tu és e por tudo o que tens feito. Te agradeço por tuas promessas e por eu fazer parte dos teus planos aqui na Terra, recebendo de Ti a revelação de Ti mesmo, de tuas promessas e de tua vontade. Eu coloco este dia nas tuas mãos e Te agradeço pela noite de descanso que me proporcionaste. Que privilégio é deitar e acordar sabendo que o Senhor está zelando por nós, que as tuas misericórdias se renovam a cada dia na nossa vida e que estamos debaixo dos teus cuidados, acolhidos na tua graça. Tu és um Deus majestoso e fiel, soberano e poderoso, sustentáculo do Universo, onde todos os teus propósitos se realizarão conforme o teu querer. Confio no teu amor, Pai, na tua sabedoria, na tua justiça e consagro a minha vida a Ti. Que neste dia eu possa interagir com o Senhor, sendo uma cooperadora sua, coparticipante da tua obra, sendo sua testemunha, levando às pessoas a tua verdade, para a glória do teu reino. Sejas exaltado neste dia através de minha vida, Pai.

Em nome de Jesus,

Amém!

DEUS TEM UM PLANO ETERNO, PERFEITO E VITORIOSO E VOCÊ FAZ PARTE DELE.

13 de Abril

"Todavia digo-vos a verdade, que vos convém que eu vá; porque, se eu não for, o Consolador não virá a vós; mas, quando eu for, vo-lo enviarei." (Jo 16:7)

Louvado sejas, Senhor, Deus todo poderoso, Rei da Eternidade. Rendo graças ao teu Santo Espírito que habita em nós, aquele que o Senhor nos deixou quando subiu aos Céus e foi para o Pai, aquele que nos conduz a toda a verdade, aquele que nos consola, que nos fala, particularmente, através da tua palavra. Ó Espírito Santo, és o penhor da nossa herança, a garantia da nossa salvação, da vida eterna que recebemos de Jesus. Obrigada, Senhor, porque não nos deixaste sozinhos, não nos fizeste órfãos, mas derramaste do teu amor em nosso coração, pelo Espírito Santo que nos foi dado. Continua nos aperfeiçoando, Espírito Santo de Deus. Continua atuando na obra de santificação da minha vida, trabalhando em minha mente e em meu coração, convencendo-me do pecado, levando-me a fortalecer a minha fé, a compreender a palavra de Deus e a moldar-me à imagem do caráter de Cristo. Sela o meu espírito, todos os dias, através do sangue do Cordeiro, para o dia da redenção, e faz-me, através da tua presença, saber que Jesus estará comigo até a consumação dos séculos. Em todos os dias do meu viver glorificar-Te-ei, Senhor.

Em nome de Jesus,

Amém!

"O MELHOR COMPANHEIRO DA SUA JORNADA É O ESPÍRITO SANTO, QUE LHE CONVENCE DOS CAMINHOS FALSOS, ARDILOSOS E TRAIÇOEIROS." (HELGIR GIRODO)

14 de Abril

"Assim nós, teu povo, ovelhas de teu pasto, Te louvaremos eternamente; de geração em geração cantaremos os teus louvores." (Sl 79:13)

Grandioso Deus, justo Juiz de toda a Terra, glorificado sejas nesta manhã, porque não há nada que possa ir além das tuas mãos, do teu poder, da tua soberania, além de tudo aquilo que só o Senhor pode fazer. Tu és um Deus soberano, graça e juízo emanam de Ti. És imutável, o mesmo de geração em geração. És eterno, atemporal, não te limitas a gerações, mas te moves através delas. Teus planos, a tua justiça e a tua salvação são para todas as gerações. Não fomos nós que o escolhemos, Pai, mas nos escolheste desde o princípio, antes da fundação do mundo, e nos predestinaste para sermos conforme a imagem de Cristo, para sermos santos e irrepreensíveis. Nenhuma de nossas obras, nada em nós, nos leva a merecer tamanho amor. Obrigada, porque és Tu que operas em nós tanto o querer como o realizar. Nos escolheste conforme o teu plano e o teu coração. Nas tuas mãos nunca pereceremos, ninguém pode nos arrebatar de Ti. Somos tuas ovelhas, Senhor, o teu rebanho. Ó Deus, faço parte do teu aprisco, conheço a tua voz e quero seguir o verdadeiro caminho que me conduza às tuas bênçãos. Sempre me deixarei apascentar por Ti, para sempre tua serei.

Em nome de Jesus,

Amém!

SOMOS OVELHAS DE CRISTO; SÓ ELE PODE NOS CONDUZIR PELO CAMINHO CERTO. ELE É O NOSSO PASTOR, QUE NADA NOS DEIXA FALTAR.

15 de Abril

"Não Te desvies nem para a direita, nem para a esquerda, retira os teus pés do caminho mal." (Prov 4:27)

Magnífico Deus, Criador dos Céus e da Terra, dono do ouro e da prata, dono de toda ciência, sabedoria e poder, aquele que tem tudo sob o próprio controle, abençoa este dia com uma unção especial do teu Espírito Santo. Derrama um óleo novo sobre a minha vida, fortalecendo a minha fé e os meus passos nos caminhos do Senhor, não me deixando desviar nem para a direita, nem para a esquerda, mas que eu possa seguir em direção ao autor e consumador da minha fé, Jesus Cristo, o filho do Deus vivo, aquele que era, que é e que há de vir. Deus meu, quando a última trombeta tocar, que nós, os teus filhos, possamos, como a tua Igreja, como a tua Noiva, estar adornados e preparados para nos encontrarmos Contigo nos ares, quando estaremos para sempre com o Senhor. Forja, em nós, os alicerces da fé que temos em Ti, perdoa os nossos pecados e converte-nos, diariamente, a Ti. Eu clamo ainda, Senhor, que venha me usar como instrumento do teu Evangelho, na Terra, enquanto ainda é tempo, para que teu poderoso e glorioso nome seja proclamado por onde eu andar. Em todo o tempo exaltarei o teu santo nome.

Em nome de Jesus,

Amém!

EM TUDO O QUE FIZER, PEÇA A DEUS PARA LHE MOSTRAR O CAMINHO CERTO.

16 de Abril

"Mas os que esperam no Senhor renovarão as suas forças e subirão com asas como águias; correrão e não se cansarão; caminharão e não se fatigarão." (Is 40:31)

Senhor, meu amado Pai, bendito és Tu, que já nos concedeu a vitória através de teu filho, Jesus Cristo. Eu oro, nesta manhã, me submetendo humildemente a Ti e consagrando toda a minha vida no teu altar. O Senhor reina soberanamente. És Deus Absoluto. O teu poder está sobre os Céus e sobre toda a Terra, tens o governo e o domínio de tudo e de todos e nada foge ao teu controle. Obrigada, Senhor, pelo teu amor, pela tua provisão, pelo teu cuidado para conosco. Sabemos que podemos confiar em Ti e que nunca nos abandonas, jamais nos desamparas. Fortalece os nossos braços para as batalhas que virão sobre nós, Senhor. Fortalece os nossos joelhos, muitas vezes trôpegos, renova as nossas forças, pois, como diz a tua palavra, os que esperam em Ti renovarão as próprias forças. Precisamos deste renovo do Senhor a cada dia. Apura o teu Espírito em nós, para que tenhamos um avivamento, para que estejamos sempre nos alegrando na tua presença, para que sejamos sempre aperfeiçoados e sustentados na tua palavra. Abre nossos olhos espirituais e revigora o nosso coração no teu amor e na tua verdade.

Em nome de Jesus,

Amém!

NÃO ADIANTA TER PRESSA, É TUDO NO TEMPO DE DEUS, ELE É SOBERANO SOBRE O TEMPO.

17 de Abril

*"Louvem-no pelos seus feitos poderosos, louvem-no
segundo a imensidão da tua grandeza." (Sl 150:2)*

Não há Deus maior, não há Deus melhor, não há Deus tão grande como o nosso Deus. Aleluia! É a este Deus que eu me rendo. Me prostro para adorar-Te, nesta manhã, Senhor, sentindo a tua presença real e maravilhosa. Não há nada que possa permanecer sem o Senhor, Deus Poderoso, pois em Ti todas as coisas subsistem. Tudo o que existe é sustentado pela palavra do poder de tua autoridade. Santo é o teu nome! O Senhor me fez grandes coisas, ó amado Deus, a tua misericórdia me cobre, ela é de geração em geração sobre os que O temem. Obrigada por me aceitar, me amar e a cada dia me santificar pela revelação do teu Espírito. Que o teu mover em mim me dê um novo coração, me purifique dos meus pecados, me chame ao arrependimento e transforme todo o meu viver. Através de Jesus, o Senhor nos atraiu para o reino do seu amor. És o meu Rei, Senhor. Que eu possa testemunhar deste amor, alinhada ao teu propósito em minha vida, abrindo os meus lábios para proclamar a verdade do teu Evangelho e glorificar o teu nome. Glórias a Ti para sempre darei!

Em nome de Jesus,

Amém!

LEIA A PALAVRA DE DEUS, MEDITE NELA E ANDE
SOBRE ELA PARA ALCANÇAR UMA VIDA PLENA E FELIZ.

18 de Abril

"Toda a palavra de Deus é pura; escudo é para os que confiam nele." (Pv 30:5)

Bendito sejas, Deus do meu coração, aquele que abriu mão de toda sua glória e vestiu-se da nossa humanidade para cumprir o seu plano de nos dar a salvação. Obrigada, Pai, porque a redenção em Jesus nos libertou da autoridade do pecado e estamos sob a autoridade de Cristo. Éramos sem esperança, banidos da tua presença, mas hoje podemos ter comunhão íntima com o Senhor. O teu sacrifício nos trouxe a vitória, Senhor. Aleluia! Obrigada pela tua palavra, que é luz para o nosso caminho e direciona o nosso olhar e o nosso coração para Ti. Sem ela seríamos como um barco à deriva, perdidos, levados por todo o vento de doutrinas. Ela é fonte de toda sabedoria e orientação. É ela que nos consola, conforta, anima, orienta, guia, cura, liberta, restaura e faz novas todas as coisas. Tua palavra é viva e eficaz, o tesouro mais precioso que temos em nossa vida. Por meio dela, todas as coisas foram criadas, é o nosso manual de vida. Que eu possa guardá-la em meu coração, Senhor, para não pecar contra Ti e permanecer em tua presença em todos os dias do meu viver.

Em nome de Jesus,

Amém!

"PRATICAR A PALAVRA DE DEUS É A ÚNICA MANEIRA QUE TEMOS DE SAIRMOS DESSE MUNDO LEVANDO A VIDA ETERNA." (ALEX AP DOS SANTOS)

19 de Abril

"Aquele que tem os meus mandamentos e os guarda, esse é o que me ama; e aquele que me ama será amado de meu Pai, e eu o amarei, e me revelarei a ele". (Jo 14:21)

Paizinho amado e querido, eu quero Te bendizer nesta manhã, Te glorificar, Te louvar, porque só o Senhor é digno de toda honra, de toda glória e majestade. Quero Te agradecer porque o Senhor é o Guarda de Sião, aquele que não dormita, aquele que está atento aos seus filhos, aquele que está com os ouvidos inclinados às orações dos justos. És o nosso Guarda fiel, onisciente, que tudo vê. Ó Pai, quão bondoso Tu és, quão precioso é o teu amor para conosco; mesmo não sendo dignos, um dia o Senhor nos escolheu. Eu Te agradeço, Pai, por fazer parte do teu Corpo, por fazer parte da tua Igreja, por fazer parte da tua família. Revela a mim tudo aquilo que está no oculto do teu coração, os propósitos que tens para mim neste dia, e me coloca no centro da tua vontade. Faz-me canal de bênção, abençoando, profetizando, orando, curando em teu nome, estendendo a mão para o necessitado, amando o perdido. Ó Senhor, que eu possa diminuir para que o teu Espírito Santo cresça em mim, para que ele possa fluir através de mim, fazendo-me instrumento do teu amor por onde eu for.

Em nome de Jesus,

Amém!

NÃO QUESTIONE, TUDO O QUE DEUS PERMITE TEM UM PROPÓSITO.

20 de Abril

"O Senhor está comigo, nada temerei! O que podem me fazer os homens?" (Sl 118:6)

Pai santo, obrigada por este amanhecer, por mais um dia de vida que o Senhor me concede. Que a minha caminhada seja ao teu lado. Coloca nas tuas mãos o meu coração, e inclina-o para onde desejar, sê o dono das minhas escolhas. Estabelece os meus passos e direciona-os nos teus caminhos. Sonda o meu coração e sacia as minhas necessidades. Ensina-me quais propósitos estão alinhados com os teus planos. Que a tua palavra seja o meu guia. Ela é viva e eficaz, nos educa em teus estatutos e nos instrui na sabedoria do temor ao Senhor; ela nos dirige no caminho da tua revelação. Ó Pai Celestial, quero fechar os meus olhos e segurar em tuas mãos, me deixando ser levada para onde quiseres. Se não fores comigo, não me deixes ir. Só na tua presença me sinto segura e encontro paz. Ela me ensina e me renova a cada dia, me tornando uma pessoa melhor. Que, ao findar este dia, eu possa dizer que fui transformada um pouquinho mais, me tornando mais parecida Contigo. Aviva, Senhor, a tua obra em mim. Mesmo sem entender, quero ser submissa ao teu querer. Eis-me aqui.

Em nome de Jesus,

Amém!

QUE A PRESENÇA DE DEUS SEJA TRANSFORMADORA EM SUA VIDA E LHE GUIE PARA O REINO PROMETIDO.

21 de Abril

"Teus, ó Senhor, são a grandeza, o poder, a glória, a majestade e o esplendor, pois tudo o que há nos Céus e na Terra é teu. Teu, ó Senhor, é o reino; Tu estás acima de tudo" (1 Cr 29:11)

Senhor, graças Te dou nesta manhã, porque o Senhor é o nosso Pai querido, aquele que nos chama em todos os momentos para estar Contigo. Graças Te dou, porque o Senhor alegra o nosso Espírito, deleita a nossa alma e nos enche de esperança. Graças Te dou, porque o Senhor imprime em nosso coração um desejo vital de Te buscar. É este desejo que me faz ter sede da tua presença, ter fome da tua palavra. Graças Te dou por teus milagres que perfazem a minha vida, dia após dia. Quão maravilhoso Tu és, ó Pai! O Senhor é tão adorável que, na sua plenitude, é totalmente incompreensível para nós; não tem como descrever tamanha grandeza e perfeição do seu ser. O Senhor não depende de nada e de ninguém fora de Si mesmo para ser o que é. És um Deus autoexistente, um Deus soberano e supremo sobre tudo e sobre todos, um Deus que governa o Universo e conduz a história segundo os seus propósitos eternos. Diante da minha pequenez e de tua grandeza, o meu coração venho a Ti render, e a minha vida, humildemente, Te entregar. Recebe, Senhor a minha humilde adoração.

Em nome de Jesus,

Amém!

> "PENSAMOS QUE O NOSSO PROBLEMA É GRANDE E ESQUECEMOS DA GRANDEZA DE DEUS." (AUGUSTO CURY)

22 de Abril

"Disse-lhes, pois, Jesus outra vez: Paz seja convosco; assim como o Pai me enviou, também eu vos envio a vós. E, havendo dito isto, assoprou sobre eles e disse-lhes: Recebei o Espírito Santo." (Jo 20:21-22)

Pai santo, amado Deus, eu Te louvo, Te exalto, engrandeço o teu Santo Espírito nesta manhã. Obrigada pelo teu Espírito Santo que faz morada em mim, me trazendo o arrependimento, me convencendo de todo pecado, de toda justiça, do juízo, da verdade, da salvação, de quem Tu és. Ó maravilhoso Deus, Tu és bendito. Tu és bem-vindo, Espírito de amor e de verdade, Tu és ansiado em meu coração. Tu és santo, és minha fonte de luz que me faz conhecer os caminhos do Senhor. Revela-me os teus planos, fortalece-me nas adversidades, consola-me nos momentos de tristeza, endireita os meus caminhos. Intercede por mim, Senhor, gera em meu coração o desejo de orar e de Te buscar. Ó Espírito Santo, meu Conselheiro, dá-me o perfeito conhecimento do Senhor e de mim mesma, dá-me discernimento e sabedoria, enche-me de compaixão pelo meu próximo, faz-me entender a tua vontade e a vontade do Pai. Vem sobre mim com o teu sopro, Espírito Santo, meu amigo e ajudador, derrama sobre mim a tua essência e o teu poder, transborda-me de Ti, enche-me da tua glória. Bendito sejas para todo o sempre.

Em nome de Jesus,

Amém!

QUE O ESPÍRITO SANTO ENCONTRE MORADA EM SEU CORAÇÃO, TE GUIE, TE ORIENTE E TE LEVE PARA MAIS PERTO DA PRESENÇA DE DEUS.

23 de Abril

"Cantem ao Senhor com ações de graças; ao som da harpa façam música para o nosso Deus." (Sl 147:7)

Ó Deus de amor e de bondade, venho me render a Ti neste dia e, diante o teu altar, me prostrar para Te adorar. A minha alma engrandece ao Senhor e o meu espírito se alegra em Ti, nos teus feitos, em toda a tua criação. O Senhor é meu Pastor e pela graça me adotou. Sou tua filha, sou tua serva, quero em teus braços me envolver e com minhas mãos Te tocar. O teu abraço me faz descansar, em teu colo quero repousar. Vem minha alma curar e todo o teu óleo em mim derramar. Vem com o teu perdão e me traz restauração, vem com a tua provisão e me Tira toda aflição, e com a tua proteção vem alegrar o meu coração. Ó Deus, só tenho a Te agradecer e os teus ensinamentos obedecer, a Ti sempre exaltarei, o teu nome celebrarei, louvores a Ti cantarei, para sempre Te aclamarei. Hoje sou livre para Te adorar. Aleluia! Pai, cada vez mais a tua face vou contemplar e perto de Ti quero estar. Que minhas canções sejam pontes de amor, que unam meu coração ao teu; sejam pontes de paz, que unam meu coração aos homens. Recebe, Senhor, minha vida como prova viva de amor a Ti.

Em nome de Jesus,

Amém!

ENGRANDEÇA E AGRADEÇA A DEUS LOGO PELA MANHÃ. MOSTRE-LHE GRATIDÃO POR TUDO.

24 de Abril

"Peçam, e será dado; busquem, e encontrarão; batam, e a porta será aberta. Pois todo o que pede recebe; o que busca encontra; e àquele que bate, a porta será aberta." (Mt 7:7-8)

Quão formoso, és, Deus de amor, Deus de toda a eternidade. Como é maravilhosa a fé que temos em Ti, crer que quando oramos o Senhor escuta e responde. Por isto em Ti ponho minha confiança e toda a minha esperança. Nesta manhã, eu Te louvo pela grandeza da tua pessoa, do teu ser, por tudo aquilo que Tu fazes. Declaro que és supremo, absoluto, completo, e que toda primazia, toda soberania, toda sabedoria eu reconheço como tuas. Não quero jamais percorrer caminhos que não sejam aqueles em direção a Ti, Pai, que não me levem ao teu encontro. Quero ir às águas mais profundas com o Senhor, beber da tua fonte e conhecer os teus planos que são muito maiores que os meus. Meu coração vibra de emoção na tua presença. Tu tens sido fiel na provisão de minhas necessidades, Pai querido, tens sido bom em anular as artimanhas dos meus adversários, dando-me paz, segurança e perseverança. Que eu seja encorajada, cada vez mais, pelo Espírito Santo, a prosseguir no conhecimento do Senhor. Quero Te conhecer de forma íntima e profunda no teu amor e permanecer no centro da tua vontade.

Em nome de Jesus,

Amém!

> NÃO HÁ DEUS MAIOR, NÃO HÁ DEUS MELHOR, NÃO HÁ DEUS TÃO GRANDE COMO O NOSSO DEUS. ELE É ÚNICO.

25 de Abril

"Jesus respondeu: 'Está escrito: 'Nem só de pão viverá o homem, mas de toda palavra que procede da boca de Deus.'" (Mt 4:4)

Pai Santo, quão grandiosa é a tua palavra, Deus. Ela cumpre o teu propósito, para o qual ela foi designada, ela é viva e eficaz e seus resultados são eternos. Fala comigo, Pai, através da tua palavra. Ela me orienta, ela me guia, ela direciona o meu caminhar, é luz para os meus pés. É o pão que nos sustenta, que fortalece o nosso espírito, é o nosso alimento espiritual. Ela nos liberta, Pai, porque ela é a verdade e nos tira de todo o engano. Firma-me na tua palavra, Senhor, ajuda-me a me submeter a ela e leva-me a contemplar-Te pelos teus ensinamentos que nela estão. Quero viver uma vida coerente com o Senhor, quero ser uma carta viva, com o selo do teu Espírito, e Te expressar através de mim, impregnando as pessoas com a tua presença. Ó Espírito Santo, quero buscar aquele que é perfeito e traduzir isto no meu dia a dia. Ensina-me a ter santidade para ser uma portadora da graça de Cristo, da verdade absoluta que é o Evangelho. Este é o maior desejo do meu coração, anunciar aquele que é fiel e cumpre todas as suas promessas, o Deus Altíssimo, o meu Senhor. Aleluia!
Em nome de Jesus,
Amém!

> "ALIMENTE-SE SEMPRE DA PALAVRA DE DEUS, POIS É O MELHOR REMÉDIO PARA NOSSA ALMA." (ILZIMAR DANTAS)

26 de Abril

"Cheguemos, pois, com confiança ao trono da graça, para que possamos alcançar misericórdia e achar graça, a fim de sermos ajudados em tempo oportuno". (Hb 4:16)

Querido Deus, eu quero Te render graças neste dia, Te agradecer, porque este é o dia que o Senhor fez para que nós nos regozijássemos nele. Quero Te render graças, Senhor, por toda provisão, pela minha família, pela tua Igreja, por tudo o que o Senhor tem feito, por tudo o que o Senhor tem falado e tem ministrado na minha vida. Quero Te agradecer porque o Senhor é nosso Deus, é nosso Pai, porque podemos confiar em Ti, porque és o Senhor dos senhores, o Rei dos reis, o Juiz de toda a Terra; o Senhor é o nosso único Deus, nosso Senhor, nosso Salvador. A tua palavra fala que podemos chegar, confiadamente, diante do Senhor, no trono da graça, e é isto que faço agora, para agradecer o teu favor, que é imerecido, porque se Tu olhares para dentro de mim, nada encontrarás de bom. Jesus me deu livre acesso a Ti, meu Pai. Jesus é o sacrifício perfeito. Por causa dele posso contar com o teu socorro, com minhas orações respondidas, com a tua misericórdia que me alcança todos os dias e com o teu perdão. Eu posso descansar em Ti, Pai, repousar no teu amor. Isto é grandioso, é maravilhoso! Te amo, ó Deus!

Em nome de Jesus,

Amém!

TODOS OS DIAS DEVEMOS HONRAR A
DEUS PELA SUA GRAÇA NA NOSSA VIDA.
É ISSO QUE TENS BUSCADO FAZER?

27 de Abril

"Nós amamos, porque ele nos amou primeiro." (Jo 4:19)

Senhor meu Deus e meu Salvador, o meu coração, nesta manhã, eu venho a Ti render. Tu és meu melhor e verdadeiro amigo. Aquele que me amou primeiro, que pagou o preço pelos meus pecados e me trouxe salvação, aquele que reina para sempre na eternidade. Tu és o meu modelo perfeito; dá-me um coração igual ao teu, Senhor, um coração cheio de compaixão, disposto a Te obedecer, a cumprir a tua vontade, a viver o teu querer. Quero em teus braços me envolver, quero me regozijar, me alegrar e me renovar no teu amor. Ó meu Senhor, faz-me um vaso teu, faz-me entender o meu chamado para expansão do teu reino aqui na Terra. Quero ser usada por Ti, ser canal do teu amor, da tua salvação, ser ponte para levar a vida eterna, apresentar o meu Senhor àqueles que não Te conhecem. Faz-me louvar a Ti e partir em missão todos os dias, para onde Tu quiseres, para onde a Igreja e a humanidade precisarem. Usa-me, para alcançar os perdidos, Senhor, e contagiar as pessoas com a mesma alegria e disposição do meu coração, de aprender, cumprir e ensinar a tua palavra. Molda-me para este chamado, Pai.

Em nome de Jesus,

Amém!

"SEJA DEUS O TEU REFERENCIAL, JESUS O TEU MODELO E O ESPÍRITO SANTO O TEU ORIENTADOR." (PR JORGE FIGUEIREDO)

28 de Abril

"Sonda-me, ó Deus, e conhece o meu coração; prova-me, e conhece os meus pensamentos. E vê se há em mim algum caminho mau, e guia-me pelo caminho eterno." (Sl 139:23-24)

Amado meu, Deus do meu coração, diante do Senhor eu me encontro e me prostro; diante da tua grandeza eu me rendo. Minha vida nada é sem o teu amor, Senhor. Por isto vim Te buscar, em teus braços eu preciso estar, em tua presença me entregar. Tu me conheces, Tu me vês com teus olhos de amor e sabes do meu viver. Ajuda-me a caminhar e o meu coração Te consagrar. Quero ter um coração puro, limpo, misericordioso, compassivo, bondoso. Vê se há em mim algum caminho mau. Sonda o meu coração e, onde quer que eu esteja, coloca sobre mim a tua mão. Quero estar na tua luz, andar Contigo, Jesus. Me ensina a Te amar verdadeiramente, Senhor. Leva-me à sala do trono para que eu possa Te contemplar, Te louvar, Te adorar. Derrama tuas águas de vida sobre mim e revela-me teus segredos. Vem me esconder em Ti, Senhor. Em Ti me abandonarei, em Ti descansarei, só em Ti confiarei. Nunca mais me calarei, por onde eu for, o teu nome anunciarei. Louvarei e bendirei ao Senhor e os teus juízos para sempre. Digno és, agora e para sempre.

Em nome de Jesus,

Amém!

"QUANTO MAIS PURO FOR UM CORAÇÃO, MAIS PERTO ESTARÁ DE DEUS." (MAHATMA GANDHI)

29 de Abril

"De todas as boas promessas do Senhor à nação de Israel, nenhuma delas falhou; todas se cumpriram". (Js 21:45)

Ó Deus e Pai, Tu és bendito, Senhor. Santo, Santo, Santo, Tu és. Que teu reino de amor se estenda sobre a Terra. O Senhor está aqui, eu posso sentir; sua presença é real. Bendito sejas, Deus do meu coração. Tudo o Senhor fez, tudo criou, tudo formou para a tua glória. Cantarei louvores ao meu Deus para todo o sempre, porque Dele, por Ele e para Ele são todas as coisas. Aclame ao Senhor toda a Terra, todo o ser que respira se prostre diante de Ti. Outro Deus igual não há. Somente o Senhor é único, cheio de glória e poder, digno de ser adorado e exaltado. Tu és incomparável, magnífico Deus. Tu és o mesmo ontem, hoje e será eternamente; Tu és para sempre. Deus de aliança, Deus de promessas, Deus de fidelidade; o Senhor não muda. Tudo pode passar, tudo pode mudar, mas a tua palavra vai se cumprir, as tuas promessas e os teus propósitos vão se realizar. Tu és inalterável, inabalável, o Absoluto, o Eu Sou. Eu me prostro aos teus pés, reconhecendo a minha pequenez. Ofereço-Te o arrependimento do meu coração humilhado em meu nada, diante da grandeza da tua presença, meu Senhor. Toda honra, toda glória sejam para Ti.

Em nome de Jesus,

Amém!

DEUS TEM PROMESSAS PARA A SUA VIDA E TODAS ELAS VÃO SE CUMPRIR. APENAS CREIA.

30 de Abril

maio

"Ora ao Rei dos séculos, imortal, invisível, ao único Deus seja honra e glória para todo o sempre." (1 Tm 1:17)

Deus meu, amado Senhor, este é mais um dia em que me encontro no alto e sublime monte da adoração para adorar-Te, adorar ao único Deus, a quem são devidos toda honra e todo louvor. Agradeço-Te pela maravilhosa graça de ser escolhida por Ti, eleita por Ti, antes da eternidade. Não há nada que possamos fazer para agradecer-Te por tudo o que Tu és, por tudo o que tens realizado em nossa vida. Não há palavras, não há ações e atitudes para expressar tamanha gratidão. Me coloco de joelhos diante do Senhor, para neste dia mais, estar junto de Ti e engrandecer o teu santo nome. Que a minha adoração seja agradável ao teu coração, subindo como um bom perfume às tuas narinas. Que toda a plenitude do Senhor e a tua glória cheguem até nós, para que possamos ver a tua luz resplandecendo, movendo e transformando o nosso coração. Junto a Ti eu quero estar, Senhor, a tua presença todos os dias desfrutar. Vem, com o teu amor, o meu ser inundar. Mostra-me o teu querer; no centro da tua vontade quero permanecer e aos teus pés me render. Tu és o meu Rei. Minha vida Te entreguei, para sempre Te amarei.

Em nome de Jesus,

Amém!

TODA HONRA, TODA GLÓRIA SEJAM DADAS AO NOSSO DEUS POR TUDO O QUE ELE É.

1º de Maio

"Arrependei-vos, pois, e convertei-vos, para que sejam apagados os vossos pecados, e venham, assim, os tempos do refrigério pela presença do Senhor." (At 3:19)

Senhor Deus, Pai querido, nestas primeiras horas do dia, eu me encontro na tua presença, buscando aprender mais de Ti com o teu ensino, através da tua palavra, que é viva, que me corrige, me edifica e me faz refletir os teus caminhos. Traz à minha mente tudo aquilo que há em mim que não Te agrada, que fere a tua santidade e, por amor ao teu nome, leva-me ao arrependimento, para que eu me converta dos maus caminhos. Muda minhas atitudes negligentes com o Senhor, minha maneira displicente com a tua obra, e me alinha com tudo aquilo que o Senhor me chamou para fazer. Traz-me arrependimento genuíno de tudo aquilo que eu faço, consciente ou inconscientemente, que Te desagrada. Quero viver para a tua glória. O Senhor me criou para isto; para Te glorificar, para Te servir e servir ao meu próximo. Eu Te peço perdão, Pai, e uma nova oportunidade para crescer na tua presença, no conhecimento do Senhor, e endireitar o meu viver segundo os teus propósitos. Que sejas exaltado e glorificado, que teu nome seja proclamado, Senhor, através de todo o meu viver.

Em nome de Jesus,

Amém!

PEÇA PERDÃO A DEUS, ARREPENDA-SE DOS SEUS PECADOS, APROVEITE ESTA CHANCE DE RECOMEÇO.

2 de Maio

"E Eliseu orou: 'Senhor, abre os olhos dele para que veja'. Então o Senhor abriu os olhos do rapaz, que olhou e viu as colinas cheias de cavalos e carros de fogo ao redor de Eliseu." (2 Re 6:17)

Pai amado, motivos não nos faltam para Te adorar nesta manhã. Obrigada por acordar neste dia lindo, pelo ar que respiro, pelo cumprimento das tuas promessas. Obrigada pela tua presença que me envolve todos os dias e me instrui, através da tua palavra, para estar orando, pedindo, clamando e agradecendo. Te agradeço pelas tuas respostas às minhas orações, aos meus clamores, às minhas súplicas. Nada tem sido em vão; o Senhor tem escutado todos os meus pedidos, recolhido minhas lágrimas e me atendido em todas as minhas necessidades. Eu Te louvo, bendigo o teu nome e declaro que só Tu és grandioso, soberano e santo; só Tu tens o poder sobre tudo, sobre todos e sobre quaisquer circunstâncias. Abre meus olhos, Senhor, para que eu possa enxergar além das nuvens, além da tempestade, além das dificuldades, com o coração como o de Paulo, que sabia ser grato e contente em qualquer situação, porque conhecia a quem ele servia, em quem ele cria. Que eu possa ter este entendimento e ser agradecida ao Senhor em todos os acontecimentos na minha vida. O Senhor é supremo, tem o controle e o domínio de tudo. Adorado sejas, Deus de poder!

Em nome de Jesus,

Amém!

OLHE PARA O PODER, PARA A GRANDEZA DE DEUS, E NÃO PARA AS CIRCUNSTÂNCIAS QUE ENVOLVEM VOCÊ.

3 de Maio

"Guia-me na tua verdade e ensina-me, pois Tu és o Deus da minha salvação; por Ti estou esperando todo o dia." (Sl 25:5)

Deus maravilhoso e bendito Pai, mais uma vez quero Te agradecer por tuas maravilhas, por tudo o que o Senhor fez e continua fazendo neste Universo. Quero Te agradecer pelo envio de Jesus Cristo, que nos resgatou das mãos de Satanás e nos livrou da condenação eterna. Quero Te agradecer pela presença doce e constante do Espírito Santo, que nos guia e firma nossos passos nos caminhos do Senhor. Quero Te agradecer porque o Senhor é o Deus da nossa vida, aquele que nos traz tranquilidade e equilíbrio, farto em provisão, aquele que tem solução para todas as nossas necessidades e nos dá o encaminhamento correto em tudo o que precisamos. Perdoa os nossos pecados, as nossas ofensas. Ó Espírito Santo, sejas conosco, nos guiando a toda verdade. Neste mundo desprovido de propósitos e de paz, mantenha-me firme nos propósitos do meu Deus, porque sei que grandes coisas ele tem para a minha vida. Sejas comigo por onde eu andar, cobre-me com a tua paz, e que a tua graça me livre de todo o mal, porque teu é o reino, teus são o poder e a glória para sempre.

Em nome de Jesus,

Amém!

"DEIXE SER GUIADO PELO ESPÍRITO SANTO E SEUS PASSOS TRILHARÃO POR CAMINHOS SEGUROS, TRANQUILOS E ABENÇOADOS." (HELGIR GIRODO)

4 de Maio

"E porei dentro de vós o meu espírito e farei que andeis nos meus estatutos, e guardeis os meus juízos, e os observeis." (Ez 36:27)

Pai bendito e santo, muitas vezes temos os olhos voltados para nós mesmos, mas, nesta manhã, quero olhar para o alto e Te louvar. Eleva-me, eleva-me, eleva-me, Senhor, para o alto, onde Tu estás, pois és tudo o que eu mais quero. Na tua presença é o meu lugar; meu coração deseja Te adorar. A tua face eu quero contemplar, Pai, o teu toque eu quero sentir, a tua glória eu quero ver. Vem sobre mim, ó Espírito Santo, vem me abraçar, vem e me ensina a Te amar. Manifesta o teu poder sobre mim, sopra os ventos do Céu sobre a minha vida; vem inundar-me com a tua luz e me guiar pela verdade da tua palavra, ensinando-me a submeter-me a ela. Quero me render, incondicionalmente, à verdade que ela me revela. Presenteia-me com dons, Espírito Santo, para que eu possa funcionar como Corpo de Cristo aqui na Terra e ser um canal do amor do meu amado Deus. Produz o teu fruto em minha vida, pois quero experimentar do teu reino hoje. Que a minha caminhada de fé seja ouvindo, cumprindo, vivendo e possuindo a revelação que trazes em tua palavra. Amo-Te, Senhor, amo-Te, Espírito Santo, amo-Te, Deus, Paizinho querido.
Em nome de Jesus,
Amém!

> "AQUELE QUE DESEJA ANDAR CHEIO DO ESPÍRITO SANTO, DEVE A TODO MOMENTO ANDAR COMPLETAMENTE VAZIO DE SI MESMO." (CLÁVIO J. JACINTO)

5 de Maio

"E aquele que está assentado no trono disse: Eis que faço novas todas as coisas. E acrescentou: Escreve, porque estas palavras são fiéis e verdadeiras." (Ap 21:5)

Glorificado és Tu, ó Senhor meu Deus. Louvor e glória a Ti pertencem, Deus da minha salvação. És aquele que sempre se veste de majestade, autoridade e poder, e que continuará para sempre a adornar-se de honra, fortaleza e glória. Preserva-me à sombra das tuas asas, Senhor. Faz-me invisível aos meus adversários e, pelo poder da tua graça, envolve-me com o teu amor. Tu és o meu lugar seguro, minha confiança está em Ti. Em tua presença não serei abalada, a tua ternura me acolhe. Toma todo o meu ser e me faz seguir o caminho que a Ti conduz. Faz-me ver a tua luz, livra-me da escuridão do pecado, apaga os erros do meu passado. Uma nova história o Senhor tem para mim, um novo tempo o Senhor tem para a minha vida. Restaura todo o meu viver, deixa-me recriar pelo teu poder; somente o Senhor pode fazer novo tudo em nossa existência. Já agora o Senhor, através da obra de Cristo, renova o homem de coração arrependido e o faz nova criatura, Aleluia! Ó Deus Grande e Poderoso, inicia em mim, todos os dias, uma nova vida. Quero viver o novo que tens para mim, quero viver para a tua glória.

Em nome de Jesus,

Amém!

O SENHOR FAZ TUDO NOVO. ELE TEM NOVAS COISAS PARA VOCÊ TODOS OS DIAS.

6 de Maio

"Porque eu sei que o meu Redentor vive, e que por fim se levantará sobre a Terra." (Jó 19:25)

Santo e Poderoso Deus, Céus e Terra prostram-se perante a tua glória. Em Filipenses, a tua palavra diz que todo joelho se dobrará no Céu, na Terra e debaixo da Terra, ao nome de Jesus e o confessará como o Senhor. Aleluia! Tu és o Senhor dos senhores, Jesus, o Rei dos reis, o Todo-Poderoso, o que está assentado no trono à direita de Deus Pai. Venceste a morte, ressuscitaste ao terceiro dia; o Senhor vive e está presente no meio de nós, o Senhor caminha conosco e é esta certeza que nos traz vida e esperança. Porque o Senhor vive, amado Jesus, podemos crer no amanhã, podemos ter a certeza de um futuro próspero, podemos sentir paz no coração. Creio que o que o Senhor tem para nós é infinitamente mais lindo, mais glorioso do que pensamos, vimos ou possuímos aqui na Terra. A cada dia quero renascer e ressuscitar para uma nova vida com o Senhor. Quero renascer no teu amor todos os dias do meu viver, aguardando a tua volta, para me encontrar com o Senhor nos ares. Enquanto isso, ainda que meus pés se mantenham sobre a Terra, que meu coração permaneça elevado ao Céu.

Em nome de Jesus,

Amém!

DIARIAMENTE, VOCÊ TEM UMA NOVA OPORTUNIDADE DE MUDAR A SUA VIDA PARA RENASCER COM CRISTO E TER UM NOVO AMANHÃ.

7 de Maio

"O Senhor firma os passos do homem bom e se agrada do seu caminho; se cair, não ficará prostrado, porque o Senhor o segura pela mão." (Sl 37:23-24)

Pai Santo e poderoso, neste dia venho Te agradecer porque as tuas misericórdias, a cada manhã, se renovam na minha vida; o Senhor nunca desiste de nós. Venho Te agradecer pela presença do teu Espírito Santo em nós. Somos carentes do domínio do Senhor em nossa vida, somos carentes da tua direção neste mundo tão conturbado, que só Tu, Espírito Santo, podes nos mostrar. Ainda que a Terra estremeça, ainda que as estrelas caiam no firmamento, como diz a tua palavra, quero permanecer firme no Senhor, caminhando na tua presença, cumprindo o teu querer. A tua palavra diz que o justo cairá sete vezes, mas o Senhor o irá levantar. Aleluia! É o Senhor quem nos levanta toda vez que caímos e nos arrependemos. Nada, nem o poder de Satanás, pode manter no chão aquele que Deus quer levantar. Deus levanta quem ele quer. Eu confio em Ti, Pai. Basta uma ordem tua para que tudo aconteça segundo a tua vontade. Ajuda-me a continuar perseverando, com o meu coração alicerçado em Ti, pois a tua palavra declara que aquele que perseverar até o fim será salvo.

Em nome de Jesus,

Amém!

ÉO AMOR DE CRISTO QUE NOS COLOCA DE PÉ TODOS OS DIAS.

8 de Maio

*"Como é feliz o povo que aprendeu a aclamar-te, Senhor,
e que anda na luz da tua presença." (Sl 89:15)*

Pai amado, Deus do meu coração, quero Te louvar, Te exaltar, neste dia, declarando que o teu nome é poderoso, que Tu és o único digno de ser adorado. Levanto a minha voz e canto louvores a Ti, magnífico Deus; me prostro diante da tua glória e da tua grandeza e Te exalto, Soberano Deus. Tu és perfeito e santo, sem começo e fim. Tua existência é eterna, tanto no passado como no futuro. Tu és o grande Eu Sou, o eterno, divino e poderoso Deus, aquele em quem podemos ter supridas todas as nossas necessidades. Tu és a fonte de amor que nos sustenta, na qual encontramos a salvação e o perdão dos nossos pecados. Derrama sobre nós o dom do arrependimento, Senhor, e coloca em nosso coração a motivação certa, para que possamos permanecer sempre na tua presença. Eu amo a tua presença com toda a minha força e o meu entendimento. Ela é a bênção que me enriquece, ela é o que eu mais quero. Que o teu perfume venha me envolver. Nos teus braços eu quero ficar, Pai, teu amor encontrar e, nele, para sempre, permanecer. Eu Te amo, amado da minh'alma, para sempre!

Em nome de Jesus,

Amém!

SEJA DIGNO DE PERMANECER NA PRESENÇA
DO SENHOR, BUSQUE-O DE TODO CORAÇÃO.

9 de Maio

"O mundo e a cobiça passam, mas aquele que faz a vontade de Deus, permanece para sempre." (1 Jo 2:17)

Deus querido, quero bendizer ao Senhor neste dia. Te louvar pela tua bondade e pelas tuas maravilhas em nossa vida. É o Senhor quem guarda aqueles que o temem, aqueles que confiam no teu amor. A tua palavra fala que, ainda que a nossa mente e o nosso corpo enfraqueçam, o Senhor é a nossa força, nosso fiel ajudador. És a paz que inunda o nosso coração mesmo em meio ao sofrimento, és a luz que nos alcança na escuridão, és a alegria que tira a tristeza do coração abatido, és a esperança para os que estão perdidos. Que o teu amor e a tua salvação me alcancem todos os dias, que a tua presença venha me transformar, me aperfeiçoar e moldar-me à tua imagem. Renova a minha vida e que se cumpra em mim a tua vontade. Ensina-me a morrer para mim mesma, Senhor, a abraçar o teu querer, a depender totalmente de Ti. Todo o domínio é teu, assim como a honra, a glória e o poder. Bendito sejas, Senhor, Deus Poderoso. Santificado seja o teu santo nome. Recebe a minha adoração. O meu melhor eu quero Te dar. Eu Te dou meu coração, eu Te dou a minha vida. Eis-me aqui, Deus meu.

Em nome de Jesus,

Amém!

ALINHE SEUS DESEJOS À VONTADE DE DEUS; ELE TEM PRAZER EM TE ABENÇOAR E REALIZAR OS SEUS SONHOS.

10 de Maio

"Quem me serve precisa seguir-me; e, onde estou, o meu servo também estará. Aquele que me serve, o meu Pai o honrará." (Jo 12:26)

Jesus, meu amado, sou grata a Ti por tudo o que Tu és. Eu me rendo aos teus pés para Te adorar, para Te glorificar, neste novo amanhecer. Não tenho palavras para agradecer o teu amor por nós, não somos merecedores deste amor tão grande. Quanto mais crescemos no entendimento de quem Tu és, do que o Senhor fez por nós, mais queremos ter uma conduta que irá Te honrar e agradar o teu coração, mais queremos conhecer o teu propósito em nossa vida e nos alinhar a ele. Embora sendo o Deus Todo-Poderoso, o Senhor se tornou servo, abriu mão da sua divindade para nos dar vida, nos ensinou a servir com humildade e amor. Não tem como andar Contigo, Senhor, e não servir em teu reino. Capacita-me a ser uma mensageira da tua paz, a ser embaixadora da tua palavra, a doar o teu amor aos necessitados. Por meio dos dons que nos deste, o Senhor nos chama para o serviço. Servir é um ato de amor, é o que dá sentido à nossa vida. Aperfeiçoa os meus dons, Senhor, quero estar pronta para Te servir. Recebe meu serviço como gesto de louvor e adoração a Ti. Te amo intensamente, meu amado Deus.

Em nome de Jesus,

Amém!

É IMPOSSÍVEL SERVIR A DEUS SEM SERVIR AO PRÓXIMO. SERVIR É UMA ESCOLHA, É UM ATO DE AMOR.

11 de Maio

"Àquele que é capaz de fazer infinitamente mais do que tudo o que pedimos ou pensamos, de acordo com o seu poder que atua em nós, a ele seja a glória na igreja e em Cristo Jesus, por todas as gerações, para todo o sempre! Amém!" (Ef 3:20-21)

Pai Celeste, ser Supremo e Criador de tudo o que existe. Adorado sejas segundo a beleza da tua santidade. Tu és grande, fiel e bondoso, és infinito, incomparável e imutável. Sabes de tudo e tens todo o poder e toda a autoridade. És um Deus que se revela, que quer se fazer conhecido. És um Deus pessoal, clemente, cheio de compaixão, que se relaciona com seus filhos e se importa com eles. Na tua palavra o Senhor diz: "Eu que sei os pensamentos que tenho a vosso respeito, pensamentos de paz e não de mal, para vos dar o fim que desejais". O Senhor quer o nosso bem sempre. Aleluia! O fim que desejamos é estar com o Senhor, viver com o Senhor, morar com o Senhor e, em adoração, contemplar a beleza e a grandeza do teu ser, em uma comunhão íntima Contigo. Ó Deus tremendo, não podemos nem imaginar o que tens para nós, quando estivermos eternamente com o Senhor. Sejas adorado, Deus Vivo, Deus Maravilhoso de Israel; Tu és o Deus Altíssimo, Espírito divino, luz que reluz sobre toda a Terra, resplendor que brilha sobre nós. A Ti, Senhor, honra e glória sejam dadas, pois és digno de toda adoração. Te louvarei para todo o sempre, amado da minh'alma.

Em nome de Jesus,

Amém!

"QUANTO MAIS DO CÉU EXISTE EM NOSSA VIDA, MENOS DA TERRA COBIÇAREMOS."
(CHARLES SPURGEON)

12 de Maio

"Mas o fruto do Espírito é: amor, gozo, paz, longanimidade, benignidade, bondade, fidelidade, mansidão, domínio próprio. Contra estas coisas não há lei. (Gl 5:22-25)

Senhor Deus e Pai, mais uma vez me prostro diante de Ti para Te glorificar, reconhecendo quem Tu és, Te agradecendo pelo sacrifício de Jesus Cristo por nós. És Tu, Espírito Santo, quem nos leva a morrer para o pecado e a ter uma vida de relacionamento com o nosso Deus. Fala comigo através do meu espírito, tocando a minha mente e o meu coração. Obrigada por testificar e testemunhar, em mim, o que de fato sou; filha amada do Deus Altíssimo. Esta é a minha identidade, sou alvo do imensurável amor do meu Pai celestial. Aleluia! Continua me renovando, Espírito Santo, me transformando, forjando em mim o caráter de Jesus. Vem sobre mim com o teu poder, muda o meu interior. Conduze-me no caminho que agrada ao Pai, produze em mim o fruto do teu Espírito. És a própria presença do poder de Deus trabalhando em nós, ó Espírito Santo, nos movendo para uma maturidade espiritual, nos santificando e fazendo-nos crescer para propagar o teu amor e a tua verdade por onde andarmos. Capacita-me para que eu seja uma ajudadora do Pai na implantação do teu reino. Vem, Espírito Santo, vem tocar o meu ser.

Em nome de Jesus,

Amém!

DENTRO DE MIM E DE VOCÊ ESTÁ O SANTO DOS SANTOS, O LUGAR ONDE O ESPÍRITO DE DEUS HABITA. SOMOS A SUA MORADA, ELE SE MOVE EM NÓS.

13 de Maio

*"Pois Deus vê o caminho dos homens; ele enxerga
cada um dos seus passos." (Jó 34:21)*

Maravilhoso Deus, Santo e Justo, eu Te louvo nesta manhã com o coração alegre, grato a Ti, por mais um dia de vida, por mais um dia na tua presença. Tudo está na palma das tuas mãos, não há nada que não possas fazer. Para o Senhor, não há nada impossível. Tu és o meu Senhor, o amado da minh'alma, o Deus onisciente e onipresente que nos envolve com a tua maravilhosa graça. Ninguém pode se esconder de tua presença, nem escapar do teu alcance. Os olhos do Senhor contemplam toda a Terra, onde estivermos o Senhor nos vê. Aleluia! No abrigo da tua presença eu me sinto segura, eu encontro prazer, eu me cerco do teu amor. Não existe outro lugar onde eu queira estar. O Senhor me renova a cada manhã, a tua bondade me cobre, ela é imutável. O Senhor é perfeito, digno de toda confiança, porque o teu amor não falha. Mesmo sem merecer, ele me alcança todos os dias. Tudo o que fazes, Senhor, coopera para o nosso bem. O choro pode durar uma noite, mas a alegria vem pela manhã. Todo o meu coração, todo o meu viver entrego a Ti; recebe toda a minha gratidão, meu louvor e minha adoração.

Em nome de Jesus,

Amém!

DEUS É ABRIGO EM QUALQUER TEMPO.
NÃO HÁ LUGAR MELHOR PARA ESTAR.

14 de Maio

"Eu o instruirei e o ensinarei no caminho que você deve seguir; eu o aconselharei e cuidarei de você" (Sl 32:8)

Bendito és, Senhor, Magnífico e Poderoso Deus. Por tudo o que o Senhor fez, tem feito e fará, eu Te louvo nesta manhã. Bendito é o Senhor que nos criou, que nos deu o direito de sermos chamados seus filhos. Bendito é o Senhor que nos pastoreia, que cuida de nós, nos alimenta, nos perdoa, nos dá consolo e abrigo. Só o Senhor, neste mundo, pode nos conduzir às águas tranquilas e nos fazer descansar em pastos verdejantes. Bendito é o Senhor, que nos deu o dom do amor que flui de Ti em nós e através de nós, nos tornando capazes de amar o nosso próximo como a nós mesmos. Bendito é o Senhor, porque temos o Espírito Santo em nós, nos guiando a toda a verdade, nos firmando em teus caminhos. Ele é quem nos dá o consolo nos momentos difíceis para que, com a consolação que recebemos de Deus, possamos consolar os que estão tristes. Bendito é o Senhor pela tua palavra que é vida, luz para o nosso caminho e lâmpada para os nossos pés, onde o Senhor se revela e fala ao nosso coração. Bendito és Tu, ó Deus, por tudo o que Tu és. Toda honra e toda glória sejam dadas a Ti, hoje, amanhã e para todo o sempre.
Em nome de Jesus,
Amém!

SINTA O CUIDADO DE DEUS EM TUDO.
ELE CUIDA DE VOCÊ PARA QUE CUIDE DE
ALGUÉM QUE PRECISA SER CUIDADO.

15 de Maio

"Estas coisas vos escrevi, para que saibais que tendes a vida eterna e para que creiais no nome do Filho de Deus." (1 Jo 5:13)

Jesus, filho unigênito de Deus, amado do meu coração, quão precioso és. Deus vivo, o Verbo Eterno que se fez o nosso Salvador. Tu és o caminho no qual ninguém se perde quando o segue. Tu és a verdade revelada que nos livra de todo engano. Tu és a vida, Senhor; a vida abundante que tens para nós aqui na Terra e a vida eterna conquistada na cruz, onde a tua própria entregou em nosso favor. Jesus, Tu és maravilhoso, magnífico e soberano; não há outro igual a Ti, Rei do Universo. As nações e a Terra tremem diante da grandeza do teu poder. Tu és o princípio e o fim de todas as coisas. Eu creio em Ti, Senhor, eu pertenço a Ti, e a Ti entrego todo o meu viver. Tu és tudo para mim. Do pecado me livrou, as minhas faltas perdoou, e uma nova vida em mim ressuscitou. No teu sangue há renovo, Senhor, há poder para transformar. A tua luz me seduz e me conduz para o teu amor, que um dia me resgatou e a minha vida salvou. Aleluia! Sê exaltado e engrandecido, meu Senhor, meu Salvador, ó Deus de Israel, que estás acima de tudo. És digno por tudo que tens feito a nosso favor.

Em nome de Jesus,

Amém!

ONDE VOCÊ PASSARÁ A ETERNIDADE? SOMENTE OS QUE CREEM EM JESUS E A ELE ENTREGARAM SUA VIDA TERÃO A VIDA ETERNA.

16 de Maio

"Eu sou o Pão Vivo que desceu do Céu; se alguém comer deste pão, viverá eternamente; e o pão que deverei dar pela vida do mundo é a minha carne." (Jo 6:51)

Jesus Cristo, meu amado, meu bom Pastor e Senhor, nesta manhã eu quero mais uma vez expressar a minha gratidão a Ti. Coloco a minha vida na tua presença com ações de graça, por tudo o que Tu és. Deus de amor e de misericórdia, Deus que nos sustenta e nos alimenta. Tu és o Pão Vivo que desceu do Céu, aquele que nos traz vida, que deu a si mesmo como um sacrifício vivo pelos nossos pecados naquela cruz. Tu és o pão que não sacia somente a fome de um dia, a nossa fome física, mas a fome de vida plena que há no nosso interior, uma fome profunda que só o Senhor pode satisfazer. Tu és o Pão vindo do Pai que nos trouxe vida eterna. Aleluia! Deus do meu coração, Tu és a Ressureição e a vida. O Senhor nos resgatou por tua perfeita e maravilhosa graça. Que ela me conduza, todos os dias, ao reconhecimento dos meus erros, ao arrependimento dos meus pecados. Na eternidade, meu Senhor Jesus, quero assentar-me à tua mesa. Diante da tua majestade, junto com os anjos celestiais, cantarei louvores a Ti, verei a tua glória e Te adorarei de todo o meu coração. Recebe dos meus lábios a minha adoração.

Em nome de Jesus,

Amém!

SOMENTE JESUS PODE PREENCHER O VAZIO DO NOSSO CORAÇÃO, NÃO HÁ OUTRA FONTE DE VIDA.

17 de Maio

"Santifica-os na verdade, a tua palavra é a verdade." (Jo 17:17)

Pai Celeste, meu Deus amado, eu me prostro diante do teu trono e Te rendo graças, Deus fiel, soberano e eterno. É maravilhoso caminhar na tua presença, na certeza de que estás comigo, cuidando de mim, sempre ao meu lado. Acreditar fielmente no Senhor é a nossa melhor escolha. A tua verdade nos liberta, nos santifica, deixando o nosso passado para trás, fazendo nascer um novo dia. Ela consagra todo o nosso ser nos teus caminhos. Não tenho palavras para agradecer toda a tua bondade e misericórdia que me seguem a cada passo que dou. Mesmo não sendo digna, o teu amor me cerca. Como é bendito este amor que nos escolhe e nos chama da morte para a vida, das trevas para a luz, da potestade de Satanás para o reino do teu amor. Aleluia! O Senhor é o meu Pastor, que zela, pessoalmente, por mim, e nada me falta; o teu maravilhoso cuidado me protege e me livra dos meus adversários. Onde eu estaria hoje se o Senhor não tivesse me resgatado? Eu nada seria, sozinha e perdida estaria. Mas com o teu sangue me compraste e com o teu amor me salvaste. Aleluia! Nada vai me separar do teu amor. Para sempre Te amarei.

Em nome de Jesus,

Amém!

COMO OVELHAS DO SENHOR, TEMOS QUE SER TOTALMENTE DEPENDENTES DO NOSSO PASTOR E OBEDIENTES À SUA VOZ.

18 de Maio

"Aquele, pois, que ouve estas minhas palavras e as coloca em prática é semelhante a um homem prudente, que edificou a sua casa sobre a rocha. Caiu a chuva, vieram as enchentes, sopraram os ventos e investiram contra aquela casa: ela, porém, não caiu, porque estava edificada na rocha." (Mt 7:24-25)

Jesus, força minha, Tu és a minha vida, o meu Senhor, o meu libertador. Por causa de teu sacrifício expiatório, hoje me apresento diante de Ti como um sacrifício vivo de gratidão. Como é bom pertencer a Ti, sentir a tua presença e me prostrar diante do teu trono para Te adorar. Logo ao acordar a minha alma já anseia por Te buscar, o meu espírito quer Te adorar. Eu Te louvo porque sou alvo do teu amor e, envolvida por ele, sinto a tua presença inundar todo o meu ser. Quero permanecer em Ti, Jesus, viver a tua palavra e Te obedecer. A verdadeira mudança em nós só acontece se vivermos a tua verdade todos os dias. Quero Contigo ter mais intimidade, ser discípula tua, caminhar firme nos teus propósitos. Aquele que está firmado em Ti e na tua palavra sempre terá uma saída. Meu Guarda fiel, dirige meus passos no teu caminho, não deixes que meus pés vacilem, dá-me as estratégias necessárias para vencer as dificuldades; só o Senhor tem a direção certa para nós. Vai à frente dos meus planos, que o teu melhor aconteça para mim. Em Ti está a minha vitória.

Em nome de Jesus,

Amém!

NÃO DESISTA DA SUA CAMINHADA COM DEUS, ELE TE LEVARÁ A LUGARES ALTOS RUMO ÀS SUAS PROMESSAS.

19 de Maio

"e invoca-me no dia da angústia e eu Te livrarei, e Tu me glorificarás." (Sl 50:15)

Pai amado e querido, Deus de amor, de bondade, de graça e poder, louvado sejas neste dia. O Senhor é aquele que tem em suas mãos o bálsamo de Gileade para as nossas vidas, que vem nos sarar no dia mau. A tua palavra fala que todo dia tem o seu mal, mas também que o Senhor nos livra dele. Mesmo quando estamos no vale, podemos elevar os olhos para os montes e contemplar o teu auxílio. Maior é o que está em nós, ó meu Deus soberano, do que este que está no mundo, que veio para nos matar, roubar e destruir, usando das nossas fraquezas. No Senhor podemos permanecer inabaláveis, podemos vencer o dia mau, através do teu consolo, do teu abrigo, da tua força. Não estamos livres da dor e do sofrimento; todos passaremos pelo dia mau, mas temos a nosso favor aquele que não nos abandona nunca. Me ensina, Pai, a não olhar para as circunstâncias dos dias difíceis que chegarão até mim. Que nestes momentos meus olhos sejam elevados para o alto, onde está o autor e consumador da minha fé, Jesus Cristo, meu Senhor e Salvador, de onde virá o meu socorro. Reveste-me com tua armadura, com tua graça.

Em nome de Jesus,

Amém!

NOS DIAS MAIS DIFÍCEIS DA SUA VIDA, DEUS ESTÁ COM VOCÊ. CONFIE NELE E NUNCA DESISTA.

20 de Maio

"Vejam como é grande o amor que o Pai nos concedeu: sermos chamados filhos de Deus o que de fato somos! Por isso o mundo não nos conhece, porque não o conheceu." (Jo 3:1)

Deus santo e Poderoso, bendito seja o Senhor. Bendito e honrado seja o teu nome santo aqui na Terra. Bendito sejas, ó Pai, que nos chamou de criaturas para filhos, o Senhor nos adotou com amor eterno e nos escolheu desde a eternidade. Hoje podemos desfrutar de uma intimidade tão gostosa, tão amorosa Contigo, podemos chamar-Te Paizinho, o nosso amado do coração. Foi pela maravilhosa obra de Jesus na cruz que recebemos esta filiação divina. Sem ela não teríamos nenhum direito ao teu amor paternal. Aleluia! Louvado seja o Senhor por Jesus Cristo. Como Te amo, Senhor. Em teu nome ponho a minha esperança, Tu és o Deus da minha salvação. Tu venceste a morte para que pudéssemos nos achegar ao Pai e desfrutar da sua gloriosa presença. Ensina-me a obedecer às tuas leis, Senhor, quero honrar o teu sacrifício naquela cruz. Com o meu coração cheio de amor eu canto louvores a Ti. És o meu redentor, o Santo de Israel, o meu grande amor, o meu Salvador. És o meu tudo, sem Ti nada sou. A Ti, somente a Ti, sejam a glória, a honra e toda adoração, para sempre.

Em nome de Jesus,

Amém!

SOMOS TODOS CRIATURAS DE DEUS; FILHOS, SÓ AQUELES QUE CREEM QUE JESUS É FILHO DE DEUS E O RECONHECEM COMO SENHOR E SALVADOR.

21 de Maio

"Grande é o nosso Soberano e tremendo é o teu poder;
seu entendimento é infinito." (Sl 147:5)

Pai amado, eu me rendo a Ti, nesta manhã, com o coração cheio de amor e gratidão por tudo o que Tu és. Quão grande és Tu, meu Senhor! Teus são o reino e o poder, a honra e a majestade. Tua é a grandeza, porque tudo o que há nos Céus e na Terra Te pertence. Tu governas soberano sobre tudo e todos. Toda a criação proclama a tua glória e a tua majestade; os seres celestiais se prostram diante de Ti. Tu és grandioso, fiel e justo em teus caminhos, amas a justiça e odeias a iniquidade. És o único caminho a percorrer, não existe outra via, somente por Ti nos achegamos ao Pai. Teu amor é puro e verdadeiro, és meu amigo e conselheiro, meu fiel companheiro. Todas as nossas fontes estão em Ti: nosso amor, nossa paz, nossa provisão, nossa alegria. Derramo diante de Ti a minha adoração, pois Tu és digno. Pelos atributos perfeitos do teu caráter santo eu Te rendo graças. Em reverência a tua santidade, eu contemplo e me prostro diante da beleza de teu Ser. Sê exaltado em meu viver, de toda a minha alma, de todo o meu coração, e o farei por toda a eternidade.

Em nome de Jesus,

Amém!

NÃO TEMA. OS SEUS PROBLEMAS SÃO
NADA DIANTE DA GRANDEZA DE DEUS.

22 de Maio

"Para que o Deus de nosso Senhor Jesus Cristo, o Pai da glória, vos dê em seu conhecimento o espírito de sabedoria e de revelação." (Ef 1:17)

Ó Deus santo, amado meu, revela-me os teus caminhos neste dia. Me prostro diante de Ti, Senhor, reconhecendo os meus pecados e Te pedindo perdão por tudo o que há em mim que tem me afastado de Ti. Quero ver a tua face, mostra-me o brilho da tua glória. A tua luz desvanece toda a treva, a tua graça me leva para junto de Ti, a tua paz me invade. É disto que eu preciso, da tua presença junto de mim. Distante de Ti já não posso viver, mais que do ar que respiro, preciso de Ti, Senhor. O derramar do teu amor me faz mergulhar nas águas do teu Espírito e entrar na intimidade do teu coração. Como é bom sentir a tua presença, ouvir a tua voz, me encher da tua unção. Derrama sobre mim o teu amor, Deus meu. Vem me envolver em teus braços e me fazer descansar em teu abraço. Enche-me com o teu Espírito, meu Senhor, porque é ele que me revela o teu amor, é ele que me transforma, é ele que me faz viver. A sabedoria está em encontrar o Senhor em tudo o que fazemos. Quero sempre Te buscar, ao teu lado caminhar. Eu Te amo, meu amado Deus! Para todo o sempre Te amarei.

Em nome de Jesus,

Amém!

O RELACIONAMENTO COM DEUS SE CONSTRÓI ATRAVÉS DE UMA VIDA DE INTIMIDADE COM ELE.

23 de Maio

"Sede gratos a todas as coisas, pois essa é a vontade de Deus em Cristo Jesus para convosco." (1 Ts 5:18)

Ó Deus maravilhoso, Deus perfeito, Deus de todo conhecimento e sabedoria. Tu és a minha adoração, a minha eterna canção. És incomparável, Senhor. Criaste o Céu, a Terra, o sol e as estrelas. Tudo o Senhor fez e criou para o teu louvor. Tudo o que o Senhor fez e criou é bom. Tua criação manifesta o teu poder e nos mostra que nada é impossível para o Senhor. Nesta manhã eu Te louvo e Te agradeço por tudo o que me deste: a minha vida, a minha família, os meus amigos, o meu trabalho… Mesmo as adversidades vêm como lições para o nosso crescimento e amadurecimento, fazem nossos olhos voltarem-se para o Senhor, nos ensinam a depender de Ti. Tudo ao nosso redor são bênçãos do Senhor que nos cercam. Precisamos aprender a olhar o mundo e a nossa vida com os olhos da gratidão, Senhor. A gratidão não nos deixa murmurar, não nos permite reclamar, mas nos faz enxergar o quanto és fiel e bondoso para conosco. Ensina-me, Pai, a cultivar um coração agradecido, um coração humilde que Te louve, que Te bendiga, que Te adore e Te glorifique todos os dias da minha vida.

Em nome de Jesus,

Amém!

ANTES DE PEDIR A DEUS QUE REALIZE SEUS SONHOS, SEJA GRATO PELAS BÊNÇÃOS QUE JÁ POSSUI.

24 de Maio

"Mas recebereis a virtude do Espírito Santo, que há de vir sobre vós; e ser-me-eis Testemunhas, tanto em Jerusalém como em toda a Judéia e Samaria, e até as confins da Terra." (At 1:8)

Ó Deus glorioso e excelso, fiel e bondoso, amoroso e misericordioso, magnífico e poderoso; não há Deus como Tu. És o único e verdadeiro Deus. És o nosso Criador. Todos os nossos dias foram escritos e determinados quando nenhum deles havia ainda. Antes de criares o Universo já estávamos em teu coração, já havia um plano traçado para nós. Nós não o escolhemos, o Senhor nos escolheu primeiro, antes da fundação do mundo. Foi o Senhor quem nos amou primeiro e nos atraiu com cordas de amor. Aleluia! Nos escolheste para a santidade, para a obediência, para as boas obras, para o amor, para levar a tua palavra aos quatro cantos deste mundo. Capacita-nos, Senhor, a cumprir o teu chamado, a fazermos o bem, a sermos canal do teu amor, a cumprir o Ide do Senhor. Onde eu colocar a planta dos meus pés, quero Te fazer conhecido, proclamar o teu nome, Senhor, anunciar a tua obra, a qual nos redimiu. Quero amar as pessoas com o teu amor, usar os dons que me deste para edificar o teu reino. Vou proclamar ao mundo o meu Senhor, a tua palavra, o teu amor.
Em nome de Jesus,
Amém!

> "JESUS, CONCEDA-NOS CONSEGUIR COMUNICAR TEU AMOR E ANUNCIAR TUA DIVINDADE PELO EXEMPLO DE NOSSA VIDA E DE NOSSAS OBRAS." (PADRE PIO DE PIETRELCINA)

25 de Maio

"Consagrem-se, porém, e sejam santos, porque eu sou o Senhor, o Deus de vocês. Obedeçam aos meus decretos e pratiquem-nos. Eu sou o Senhor que os santifica." (Lv 20:7-8)

Pai Santo, bendito seja o Senhor neste dia maravilhoso, santificado seja o teu santo nome. A Ti toda honra, todo louvor, toda adoração. Eu venho à tua presença para ouvir a tua voz. Obrigada por falar comigo. Eu preciso de Ti, Senhor, necessito do teu perdão. Remove as minhas transgressões; vem e quebranta meu coração, enche-me do teu amor. Sem a tua presença eu não sou nada. Mais de Ti e menos de mim é o que eu preciso, encher-me da tua glória é o que eu desejo. Esvazia-me de mim, Senhor, faz-me mergulhar nos teus rios. Tu és a fonte que nunca seca, que nunca se esgota, onde podemos encontrar esperança, paz, misericórdia, bondade, fidelidade e amor. Tu és maravilhoso, Deus. Tu és único, Tu és verdadeiro, Tu és digno. Minha vida coloco em teu altar. Todo o meu coração é teu, Senhor. Meu louvor para sempre vou Te entregar, e perto de Ti sempre quero estar. Minha alma Te deseja, Pai! Leva-me à intimidade com o Senhor, santifica-me. Eu consagro todo o meu ser a Ti. A minha vida entrego nas tuas mãos, com gratidão no coração, amor e muita devoção.

Em nome de Jesus,

Amém!

DEDIQUE SUA VIDA AO SENHOR, CONSAGRE-SE A ELE, ENTREGUE A ELE O SEU CORAÇÃO.

26 de Maio

"Eu sou a videira; vocês são os ramos. Se alguém permanecer em mim e eu nele, esse dará muito fruto; pois sem mim, vocês não podem fazer coisa alguma." (Jo 15:5)

Pai Santo, Rei dos reis, Senhor de todos os exércitos celestiais, Contigo está a nossa confiança, Contigo está a nossa segurança, Contigo faremos cair muralhas e destruiremos exércitos, porque é promessa do Senhor que, se estivermos ligados à videira verdadeira, que é Cristo Jesus, o Senhor nos guardaria eternamente. Guarda-me, ó Jesus, quero estar em Ti, ser encontrada em Ti. Vem me encher com o poder do Espírito Santo, para que eu possa frutificar. Vem me purificar, para que eu cresça e produza mais frutos no meu caminhar. Sem o Senhor nada podemos fazer, Jesus. Não quero ser um galho seco. Quero ser nutrida pela tua palavra, que é a seiva para o meu crescimento e o meu fortalecimento em Ti. Quero usar os talentos que o Senhor me deu para florescer no teu reino e Te servir. Quero agradar o teu coração em tudo, frutificando em toda a boa obra e crescendo no conhecimento do Senhor. Opera em mim, Jesus, o teu querer e realizar; que cada dia eu possa estar mais enxertada em Ti. Opera em mim as tuas obras e os teus frutos.

Em nome de Jesus,

Amém!

SEM JESUS NOSSA VIDA É INFRUTÍFERA, FICAMOS COMO GALHOS SECOS, DESTINADOS A SER QUEIMADOS. QUE GALHO ESTAMOS SENDO?

27 de Maio

"Eu Te louvarei, Senhor, com todo o meu coração, contarei todas as tuas maravilhas." (Sl 9:1)

Glórias a Ti, Senhor, poderoso é o teu nome. És supremo em todo o Universo, Deus meu. tua fidelidade e amor envolvem a misericórdia e o perdão. Aleluia! Nesta manhã, meu coração se enche de vida na tua presença. Sinto teu Espírito Santo me cobrir e me entrego ao teu agir. Bendito sejas, ó Espírito Santo. Vem com a tua presença me renovar e com teu rio de graça me abraçar. Vem com o teu poder tocar todo o meu ser, restaurar o meu viver. Tu és fonte de vida, de amor e cura; Tu és aquele que meu coração alivia, consola e acalma. Tu és a paz que acalenta a minha alma. Tu és a presença do Pai em mim. Te ofereço a minha vida como uma canção, para Te glorificar em adoração e Te exaltar com meu coração cheio de gratidão. Bom é render graças ao Senhor, porque o Senhor é bom e tua misericórdia dura para sempre. Sê exaltado, Senhor, na Terra e no Céu. Sê engrandecido, ó Rei de Israel. O teu nome eu louvarei para sempre. A tua palavra proclamarei e os teus feitos poderosos anunciarei. Cantarei ao mundo sobre o teu amor. Te adorarei enquanto eu viver. Te amo, meu Senhor!

Em nome de Jesus,

Amém!

NÃO HÁ OUTRO DEUS EM QUEM DEVEMOS CONFIAR; DIA E NOITE, O AMOR DE JESUS NUNCA FALHA.

28 de Maio

"Antes de nascerem os montes e de criares a Terra e o mundo, de eternidade a eternidade Tu és Deus." (Sl 90:2)

Deus bendito e excelso, Tu és a Rocha que fundamenta e sustenta a minha vida. Neste dia, Te rendo graças e Te adoro por tudo o que Tu és. Tu és um Deus longânimo, poderoso e soberano, dono de toda a ciência, sabedoria e poder. Autor de toda a criação, todo o Universo se formou no teu falar. Tudo o que existe, existe porque o Senhor assim o quis. Antes que o haja houvesse, o Senhor já era Deus. Magnífico e glorioso Tu és. Todos os teus feitos proclamam a tua glória e manifestam a tua perfeição. De eternidade em eternidade, Tu és o nosso Deus, o Deus vivo, de onde vem o nosso socorro. O Deus que nos dirige, nos orienta, que nos instrui, todos os dias, e nos mostra o caminho pelo qual devemos andar; que está sempre ao nosso lado, para nos apoiar e proteger. És um Deus que nunca nos abandona e que zela por nós; um Deus fiel, que não muda e que tem promessas de vida para os teus filhos. O que darei eu para retribuir os teus grandes feitos para comigo, Senhor? Ensina-me a reconhecer o maná diário que o Senhor coloca à minha disposição todos os dias e a render graças ao teu nome, continuamente. Te amo, meu Senhor.

Em nome de Jesus,

Amém!

"O DEUS QUE CONTROLA O UNIVERSO É AQUELE QUE CUIDA DE VOCÊ E ESTÁ PRONTO PARA TE ACOLHER EM SEUS BRAÇOS E LHE DAR O PERDÃO." (REV. HERNANDES DIAS LOPES)

29 de Maio

"Dai graças em toda e qualquer circunstância..." (1 Ts 5:18)

Digno de toda honra e glória, és Tu, Senhor Jesus. Eu me prostro aos teus pés para Te glorificar e consagrar a minha vida a Ti. Te entrego tudo o que tenho, tudo o que sou, para que cumpras em mim o teu querer. Te agradeço pela alegria da salvação, a esperança da vida eterna. O meu prazer está em Ti, Senhor, a minha segurança está no amor insondável que sei que tens por mim. Tu és o único Deus e Senhor cujo reino é eterno. Eu Te adoro por aquilo que Tu és, pelo teu caráter imutável, por tua santidade e absoluta autoridade. Te louvarei todos os dias do meu viver. Independente das circunstâncias, sempre serás o meu Deus, porque confio em Ti e sei que estás no controle de todas as coisas. Por maiores que sejam nossas lutas, nunca nos permitirás viver o que não podemos suportar, pois os planos que tens para nós são bons e infinitamente maiores que os nossos. Sei que há um futuro cheio de esperança reservado para os que creem em Ti. Aleluia! Ensina-me a adorá-Lo, Senhor, como és merecedor. Quero ser uma verdadeira adoradora que o adore em espírito e em verdade.

Em nome de Jesus,

Amém!

NÃO QUESTIONE, TUDO O QUE DEUS PERMITE QUE VOCÊ VIVA TEM UM PROPÓSITO.

30 de Maio

"O meu futuro está nas tuas mãos; livra-me dos meus inimigos e daqueles que me perseguem." (Sl 31:15)

Deus amado e Pai, Senhor da minha vida, eu me alegro e me regozijo neste dia lindo que o Senhor fez, Te louvando nesta manhã e declarando o meu amor a Ti. Eu Te exalto e Te agradeço sabendo que o Senhor é fiel para cumprir as tuas promessas na minha vida. Engrandecido sejas por tudo o que Tu és, por tudo o que tens feito aqui na Terra. Para mim não existe vida longe da tua presença, somente em Ti minha alma encontra abrigo, segurança e paz. És o autor e mantenedor da vida, és um Deus magnífico e extravagante, cheio de glória e majestade. Obrigada, porque um dia o Senhor soprou sobre nós o Espírito vivificante que nos deu esta vida com o único propósito de nos tornarmos teus filhos. Meu desejo é Te adorar, Te conhecer a cada dia e Te fazer conhecido de todos os povos, línguas e nações. Com os meus lábios quero expressar todo o meu louvor e adoração a Ti. Teu santuário eu quero ser, me encher de Ti e proclamar as tuas maravilhas. Abraça-me, envolve-me com o teu amor, toma a minha vida em tuas mãos. Louvado sejas, ó Senhor, Grandioso Deus!

Em nome de Jesus,

Amém!

"O NOSSO FUTURO PERTENCE A DEUS, MAS PARA QUE POSSAMOS CHEGAR ATÉ LÁ, DEVEMOS CAMINHAR COM A CERTEZA DE QUE DEUS É O DONO DO NOSSO PRESENTE." (ALESSANDRO SANTANA)

31 de Maio

junho

"O Espírito do Senhor está sobre mim, pelo que me ungiu para evangelizar os pobres, enviou-me para proclamar a libertação aos cativos e restauração da vista aos cegos, para pôr em liberdade os oprimidos, e apregoar o ano aceitável do Senhor" (Lc 4:18-19)

Senhor meu Deus, eu Te louvo, ao romper deste dia, por acordar feliz em começar uma nova jornada Contigo. Que a tua força me sustente e me conceda ânimo e perseverança diante das dificuldades deste dia. Que a tua bondade me discipline, que o teu Espírito Santo seja a inspiração das minhas ideias e de todas as minhas escolhas. Que o teu amor seja a minha fonte inesgotável de fé e esperança para me manter forte e confiante em tuas promessas. Obrigada, Pai, porque as tuas promessas são vivas e as tenho experimentado na minha vida por causa do teu amor e da tua fidelidade. Ensina-me a apregoar o ano aceitável do Senhor para tantos quanto me enviares. Quero olhar o mundo com os teus olhos de amor. Guarda a minha língua de toda maldade, fecha os meus ouvidos a toda calúnia, para que eu seja bondosa e possa refletir a tua luz a todos os que se achegarem a mim, revelando a tua doce presença. Reveste-me de tua beleza e de tua paz. Envolve-me com a tua graça. Eternamente eu cantarei o teu amor, a tua fidelidade e as tuas misericórdias.

Em nome de Jesus,

Amém!

QUE O ESPÍRITO SANTO DE DEUS CAPACITE VOCÊ COM O DOM DO AMOR PARA SER UM INSTRUMENTO EM SUAS MÃOS.

1º de Junho

"Lembra-te, Senhor, das tuas misericórdias e das tuas benignidades, porque são desde a eternidade." (Sl 25:6)

Bendito és, Senhor, Deus Todo-Poderoso. Que privilégio podermos chamá-Lo de Pai. Que privilégio sermos filhos do Deus Altíssimo, do Criador de todas as coisas, Daquele que está acima de tudo, acima de todos e, ainda assim, fala conosco, se inclina para nos ouvir. Ó Senhor, renova as tuas misericórdias todas as manhãs para que não sejamos consumidos, pois todos os dias pecamos contra Ti. Que amor grandioso é este, Pai, que vem de Ti? Amor inexplicável, imensurável, adorável, amor que nos constrange. O Senhor nos amou de tal forma que deu seu filho unigênito para morrer em nosso lugar. Todos os dias da minha vida eu vou agradecer pela tua maravilhosa graça, que está em Jesus Cristo. Como és magnífico, Senhor! E quão perfeita é a tua glória! Tu ressuscitaste e vivo estás. És invencível, inigualável. Agora estás assentado no trono da mais alta honra no Céu, à direita de Deus Pai, de onde intercedes por nós e cuida de nós, onde reinas com poder e glória. Deus o fez Senhor da nossa vida. Aleluia! Jesus, vem tua noiva buscar; quero me preparar para este dia e Contigo reinar. Maranata, ora vem, Senhor!

Em nome de Jesus,

Amém!

AINDA QUE SEJAMOS ERRANTES E PECADORES, DEUS, EM SUA INFINITA MISERICÓRDIA, SEMPRE NOS OFERECE UMA SEGUNDA CHANCE. NUNCA É TARDE PARA SE ARREPENDER. (O PENSADOR)

2 de Junho

"Sendo, pois, Abraão da idade de noventa e nove anos, apareceu o Senhor a Abraão, e disse-lhe: Eu sou o Deus Todo-Poderoso, anda em minha presença e sê perfeito." (Gn 17:1)

Ó Deus meu, amado Pai, como é bom estar na tua presença! A cada dia ela nos aperfeiçoa e nos aproxima de Ti. Ela me fortalece e me coloca de pé todas as manhãs. A cada dia o Espírito Santo converte o meu coração a Ti, por isto Te amo mais e mais e mais. Que maravilhoso é o teu amor, expressado pela tua misericórdia, graça e bondade para conosco. A tua palavra nos orienta, em Oseias, para que conheçamos e prossigamos em conhecer a Ti. Quero Te buscar e Te conhecer cada vez mais, Senhor; quero Te buscar e conhecer-Te de perto para ter um relacionamento íntimo Contigo. Tu és o meu melhor amigo. Que a revelação de quem és seja diária no meu coração e na minha mente, pelo teu Espírito. Muitas pessoas acreditam que ter uma vida com o Senhor é ter uma vida sem sentido, sem graça. Pelo contrário, elas não sabem que a própria vida está em Ti. Não existe vida fora do Senhor. Por isto coloco todo o meu ser nas tuas mãos, para que eu possa experimentar a plenitude de vida que está em Ti, a vida abundante que tens para mim. É o que Te peço de todo o meu coração.

Em nome de Jesus,

Amém!

"A MELHOR MANEIRA QUE O HOMEM DISPÕE PARA SE APERFEIÇOAR É APROXIMAR-SE DE DEUS." (PITÁGORAS)

3 de Junho

"Louvai ao Senhor, louvai a Deus no seu santuário;
louvai-o no firmamento do teu poder." (Sl 150:1)

Deus, amado do meu coração, eu me prostro de joelhos diante de Ti; do Deus que me criou, que criou o Céu e a Terra e tudo o que neles há. Foi o Senhor quem nos fez, somos o teu povo, o rebanho do teu pastoreio. Os teus feitos em favor de nós são motivo suficiente para louvarmos a Ti, em todo o tempo, e Te reconhecer como o nosso Deus. Tu és um Deus glorioso, soberano, cheio de poder. Eu Te enalteço por tudo o que o Senhor é e por tudo o que o Senhor já fez. Eu Te bendigo pela minha família, pela minha casa, pelos meus amigos, pelo meu trabalho, pela minha saúde, por toda a tua provisão em minha vida. Eu não mereço nada, tenho muito mais do que preciso. Meu coração é totalmente grato a Ti, Pai. Tudo o que sou, tudo o que tenho vêm de Ti, Senhor. Todo o amor que me ofereces manifesta a tua bondade. A minha gratidão eterna pela tua mão que me conduz, que me protege e me levanta. Obrigada, meu Deus, por não me abandonar, por todos os dias de mim cuidar, e a tua presença em mim cultivar. Obrigada por me amar tanto assim. Te adorarei por toda a eternidade.

Em nome de Jesus,

Amém!

A CADA DIA, LEMBRE-SE DE CULTUAR A DEUS
E DIZER PARA SI MESMO: DEUS É BOM.

4 de Junho

"Justo é o Senhor em todos os seus caminhos, e santo em todas as suas obras." (Sl 145:17)

Pai querido, eu quero Te adorar nesta manhã com todo o meu ser e Te render graças pela tua presença, quero bendizer o teu santo nome. De eternidade em eternidade Tu és Deus; tua palavra maravilhosa nos garante isto. Antes que os montes se formassem, antes que tudo fosse criado e feito, o Senhor já era Deus, o Senhor é Deus e será eternamente. O Senhor não é limitado pelo tempo, o Senhor é um Deus eterno, não tem princípio nem fim. O Senhor não é limitado pelo espaço, está em toda parte. Aleluia! O Senhor é ilimitado, insondável, imensurável, incomparável, magnífico. Toda tua glória resplandece sobre os Céus e a Terra. Tua perfeição se manifesta em toda a tua criação. Teu nome é sobre todo o nome. Ó Deus soberano, Tu és o Senhor de tudo; pelo teu poder tudo se formou. Teus decretos foram estabelecidos por Ti e serão realizados pelas tuas mãos. Nada pode impedir que os teus propósitos se cumpram. Louvo, exalto e glorifico ao Rei do Céu, porque teus caminhos são justos e verdadeiros. **És incomparável Rei de toda Terra**, Santo e aclamado Pela Tua igreja. Cantarei louvores a Ti por toda a eternidade.

Em nome de Jesus,

Amém!

ANSEIE PELA PRESENÇA DE DEUS, ELE ESTÁ SEMPRE COM AQUELES QUE O BUSCAM E QUE NELE CONFIAM.

5 de Junho

"E de Jesus Cristo, que é a testemunha fiel, o primogênito dentre os mortos e o soberano dos reis da Terra. Ele que nos ama e nos libertou dos nossos pecados por meio do seu sangue" (Ap 1:5)

Deus glorioso, meu Salvador e Redentor; Senhor de toda glória, meu coração se alegra nesta manhã, porque as misericórdias do Senhor se renovam, neste dia, na vida daqueles que O temem e O buscam. Somente em Ti residem a verdade, a sabedoria, a vida. Quão grande és Tu, Jesus, que nos revelaste o teu amor naquela cruz. Por um alto preço nos compraste, nos resgataste e nos salvaste. O preço foi tua própria vida, Senhor. Com o meu viver, quero reconhecer o teu sacrifício, obedecendo a teus mandamentos e honrando o teu nome. Que o teu sangue derramado venha purificar minhas ações e meus pensamentos, me libertar de todo desejo do pecado e me transformar pela renovação da minha mente e do meu espírito. Livra-me de toda contaminação deste mundo, Senhor, que faz enfraquecer a minha fé e me leva a me afastar de Ti. Permite-me perscrutar os teus mistérios, os teus caminhos e conhecer mais de Ti. Quero viver uma nova vida que Te glorifique e renascer todos os dias em Ti. A minha vida é só para Te adorar em espírito e em verdade. É em Ti que eu sou. Te amo, meu Senhor!

Em nome de Jesus,

Amém!

SÓ JESUS TEM PODER PARA RESTAURAR
E TRANSFORMAR A SUA VIDA E TE FAZER
RENASCER TODOS OS DIAS.

6 de Junho

"Cada um exerça o dom que recebeu para servir os outros, administrando fielmente a graça de Deus em suas múltiplas formas." (1 Pe 4:10)

Deus majestoso, Deus santo, eu venho, neste dia, Te exaltar, Te bendizer e, com ações de graças, eu me prostro diante do teu trono de poder para Te glorificar. Obrigada, Senhor, pela tua bondade em moldar a tua natureza em mim, faz-me cada dia mais parecida com Cristo, Pai. Obrigada pela tua fidelidade testificada no íntimo do meu coração. Eu tenho sede de Ti, Senhor; sede de Te conhecer, sede do teu agir em mim. Dia a dia, traz-me a revelação da tua pessoa para que eu seja um arauto do conhecimento do Senhor e possa levar o teu nome por onde eu andar. Quero ser usada por Ti, ter as mãos sempre prontas a Te servir. Quero ser como um farol que brilha à noite para iluminar o perdido e guiá-lo no Caminho. Quero ser os teus braços de amor, seguir os teus passos e dos teus ensinamentos jamais me desviar. Inspirada na tua palavra, que é a Verdade, quero ser um canal de salvação, a tua voz em meio à multidão. Recebe a minha humilde adoração, Senhor, dia e noite, diante do teu trono de glória, cercado de poder e de força, até que venha nos buscar.

Em nome de Jesus,

Amém!

QUANDO SERVIMOS UNS AOS OUTROS EM AMOR, NÃO APENAS ABENÇOAMOS OUTRAS PESSOAS, COMO TAMBÉM ESTAMOS GLORIFICANDO AO PAI EM NOSSA VIDA.

7 de Junho

*"Grande é o Senhor e mui digno de ser louvado;
a sua grandeza é insondável" (Sl 145:3)*

Pai querido, quero render graças a Ti neste dia, ó Altíssimo Deus. Te agradecer, porque, além de nos ouvir, o Senhor nos responde. O Senhor conhece mais de nós do que nós mesmos, conheces até o nosso pensamento. Mal a palavra chega à nossa boca, Tu já a conheces toda, Senhor. Tu és maravilhoso, ó soberano Deus. Tu és antes de todas as coisas. Em Ti tudo subsiste. És o centro de tudo o que existe. Somente o Senhor tem palavras de vida. Quem é Deus como Tu, ó Pai? Não há outro, somente o Senhor é o Deus verdadeiro. És incomparável! Obrigada por me transformar com a tua glória. Obrigada por me salvar, por me libertar, por sarar a minha alma, curar minhas feridas. As palavras perdem a força, são insuficientes para descrever a tua grandeza e o meu reconhecimento por tudo o que Tu és, por tudo o que tens feito. Não consigo expressar a minha gratidão a Ti, Senhor. O teu nome para sempre vou louvar. Aceita toda a minha gratidão e o meu coração transbordante de amor por Ti. Como não oferecer a minha vida com um sacrifício de louvor a Ti? Para sempre Te adorarei, meu Senhor.

Em nome de Jesus,

Amém!

A GRATIDÃO LEVA O SEU CORAÇÃO
PARA MAIS PRÓXIMO DE DEUS.

8 de Junho

"E disse: Ah! Senhor Deus de nossos pais, porventura não és Tu Deus nos Céus? Não és Tu que dominas sobre todos os reinos das nações? Na tua mão há força e potência, e não há quem Te possa resistir." (2 Cr 20:6)

Te louvo neste dia, Deus Todo-Poderoso, na beleza da tua santidade, na grandiosidade do teu amor, ó Deus da Glória! Tu és o meu Deus, não há outro em meu coração. Não há outra atitude que eu deva ter diante de Ti além de me prostrar e Te adorar. Cada passo que eu der, que seja uma oferta de louvor a Ti, que a minha vida seja para falar da tua grandeza, do teu amor. Quero exaltar o teu nome, Senhor, e Te agradecer por todas as dádivas, por todo o teu cuidado para comigo. Ó maravilhoso e excelso Deus, teu domínio é absoluto sobre o Universo, vida e morte estão em tuas mãos. O que o Senhor quer o Senhor faz. Não há força fora de Ti que possa impedir ou frustrar os teus propósitos. Aleluia! Curvem-se Terra e Céus e o exaltem. Senhor, toma-me com tudo o que sou e traz-me para bem perto de Ti. O meu coração Te deseja e quer retribuir-Te com obediência e temor. Tenho prazer em meus dias, não existe nenhum vazio dentro de mim, Tu enches a minha alma com o teu Espírito, Senhor, e me fazes feliz. Teu amor é único, especial, incomparavelmente melhor que tudo. Não consigo viver mais longe de Ti, Deus meu.

Em nome de Jesus,

Amém!

SEJA DEUS A FORÇA DO SEU CORAÇÃO, A FORÇA QUE TE LEVE ATÉ ELE E PREENCHA O TEU VIVER.

9 de Junho

"Ouve, Israel: o Senhor nosso Deus é o único Senhor" (Dt 6:4)

Pai, louvado seja o Senhor nesta manhã, glorificado sejas por todos os teus atributos, Deus de amor, de bondade, de misericórdia, de graça, de justiça e poder. O Senhor nos atraiu com laços de amor eterno, este amor que nos traz segurança, esperança e faz descansar a nossa alma, mesmo em meio às lutas e adversidades que nos cercam. Quero Te louvar porque o Senhor ouve as orações dos justos e move as tuas águas contra todo o mal que queira prevalecer sobre a nossa vida. Meu coração se anima por Te conhecer, se alegra por Te pertencer; a tua presença de paz enche todo o meu ser. Através do meu louvor expresso toda a minha gratidão a Ti, por perdoar os meus pecados, por fortalecer a minha fé e todos os dias me colocar de pé. Invoco a tua presença, Deus do meu coração, Rocha minha, meu libertador. Adestra minhas mãos para o combate deste dia, sejas meu socorro; é do Senhor que vem a vitória. Com a minha voz expresso a minha entrega a Ti de tudo o que sou, reconhecendo-Te como o meu Criador, o meu Deus, o meu Senhor, o meu Salvador. Diante de Ti eu me prostro e declaro que só o Senhor é Deus.

Em nome de Jesus,

Amém!

DEUS É DEUS. ELE É ÚNICO.

10 de Junho

"O Senhor é a minha luz e a minha salvação; a quem temerei? O Senhor é a força da minha vida; de que terei medo?" (Sl 27:1)

Senhor Deus, quão maravilhoso Tu és. Tu és Emanuel, Deus conosco, Aquele que nos guarda, que nunca nos abandoa, que, independentemente das circunstâncias, sempre está conosco. Somos alvo do teu amor, da tua bondade, da tua graça e da tua misericórdia. Tu és um Deus que se importa conosco, esta verdade eu trago em meu coração. Não há nenhuma situação que seja difícil para o Senhor, Deus meu; Tu és capaz de livrar os teus filhos de qualquer mal. Mesmo que estejamos enfrentando uma tempestade, o Senhor nos dá forças e firma os nossos passos para não sermos levados pelo vento; Tu és fiel e poderoso para nos resgatar. A tua presença é poder, Pai, e podemos nos apropriar deste poder. Aleluia! Não importam os inimigos ou as lutas que teremos que enfrentar, sempre poderemos encontrar descanso em Ti. O Senhor prometeu a Josué que nenhum inimigo poderia Lhe resistir quando a tua presença estivesse com ele. Assim é também com todos os teus filhos, quando o teu Espírito Santo é presente conosco, podemos ser fortes e corajosos, pois mal algum vai prevalecer. Louvado seja o Senhor para todo o sempre!

Em nome de Jesus,

Amém!

DEUS CONHECE OS SEUS LIMITES E PROVIDENCIARÁ AQUILO QUE VOCÊ PRECISA PARA VENCER SUAS BATALHAS.

11 de Junho

"Há muito que o Senhor me apareceu, dizendo: Porquanto com amor eterno te amei, por isso com benignidade te atraí." (Jr 31:3)

Meu bom Deus e Pai, eu me prostro aos teus pés, neste dia, com tudo o que sou, com tudo o que tenho, para Te dar graças por me permitires Te conhecer. O que seria de mim sem o Senhor, pois a minha segurança está em Ti. A cada dia que tenho a revelação de quem Tu és, mais Te amo, mais quero Te conhecer. Tu és o meu refúgio, és o meu adorado Pai, que, com amor eterno, me amou e, com cordas de amor, tem me atraído todos os dias. Que a tua palavra venha fazer morada em meu coração. Que ele seja um solo fértil para fazer germinar e frutificar o que o Espírito Santo tem plantado nele. Pai, leva-me a habitar na santidade da tua palavra, porque ela me purifica, renova a minha fé e me traz esperança. Nela quero meditar dia e noite, para receber inspiração diária do teu Espírito. Seguir a tua palavra me dá alegria, me faz refletir todos os dias; ela me guia. Aleluia! Ó Deus bendito, realiza em mim o teu plano de amor e faz-me obedecer às tuas leis. Que alegria é viver no Senhor. Cantar para sempre o teu louvor e Contigo permanecer! Obrigada por Te pertencer!

Em nome de Jesus,

Amém!

NÃO SE DEIXE DESVENCILHAR DO AMOR DE DEUS, ELE PERDOA OS NOSSOS PECADOS E NOS ATRAI COM SUA BENIGNIDADE.

12 de Junho

"E conhecer o amor de Cristo, que excede todo entendimento, para que sejais cheio de toda a plenitude de Deus." (Ef 3:19)

Maravilhoso Senhor, Deus de Israel, Senhor de todos os exércitos celestiais, sejas exaltado neste início de um novo dia. A tua palavra nos diz que devemos glorificar o Senhor de todo o nosso coração, por isto me prostro diante de Ti para exaltar-Te e Te render louvores. Não há palavras que expressem toda a minha gratidão a Ti, nem o louvor que a Ti devo prestar. És merecedor de muito mais do que tenho a Te ofertar, Senhor. O que tenho a Te oferecer é a minha vida, que quero Te entregar como oferta de amor em teu altar. Tudo o que tenho vem de Ti. Sozinha nada posso fazer. Tu me cercas com a tua fidelidade, com teu amor e misericórdia. Em teus braços me acolhes todos os dias. Que amor é este, meu Senhor? Amor que excede Céus e Terra, que faz chover chuva de graça sobre nós, que preenche o nada como tudo, que nos deu vida através da tua morte, que dá ao nosso coração confiança e esperança, que enche-nos de paz. Aleluia! O Senhor completa o meu viver, é a luz que guia todo o meu ser. Deleito-me em fazer a tua vontade, em cumprir a tua lei. Meu coração é todo teu.

Em nome de Jesus,

Amém!

NENHUM OBSTÁCULO É GRANDE DEMAIS QUANDO CONFIAMOS EM DEUS. NADA SUPERA O SEU AMOR POR VOCÊ.

13 de Junho

"Ninguém há semelhante a ti, ó Senhor; Tu és grande, e grande é o teu nome em poder." (Jr 10:6)

Deus maravilhoso, majestoso, cheio de glória; a minha alma bendiz ao Senhor neste dia lindo que criaste. Quão grande é o teu poder e quão perfeita é a tua criação. O Senhor reina sobre tudo, o seu trono está estabelecido nos Céus, de onde governa toda a Terra. Louvado sejas, ó Senhor, Deus grandioso e cheio de poder. És magnífico em justiça e completo de retidão. És o que mostra a tua força a favor daquele cujo coração é pleno Contigo. Aleluia! Toda a Terra ao teu nome entoa louvores. O Universo manifesta a tua glória. É impossível compreender a tua imensidade, Deus meu. É impossível admirar a noite de um Céu estrelado sem glorificar o teu nome, contemplar o nascer do sol, pássaros voando, o verde da vegetação, as montanhas... sem nos emocionar com as obras de tuas mãos. Como não olhar para nós mesmos e sermos totalmente gratos a Ti pela vida! Ó quão fascinante és Tu, Senhor! Grandiosos são os teus feitos, que revelam teu poder e perfeita sabedoria. Justos e verdadeiros são os teus caminhos. Para sempre Te adorarei, ó Senhor, e anunciarei o excelso Deus que Tu és.

Em nome de Jesus,

Amém!

REFLITA NA GRANDEZA DE DEUS E, COM O CORAÇÃO GRATO, COLOQUE-O ACIMA DE TUDO EM SUA VIDA.

14 de Junho

"Senhor, dirige os meus pés nos teus caminhos, para que as minhas pegadas não vacilem." (Sl 17:5)

Senhor Deus, amado Pai, Poderoso de Israel, és incomparável em poder. És o grande Eu Sou; por gerações, Tu és. Eu me ajoelho diante de Ti e Te dou graças, porque de modo algum há alguém igual a Ti. Só Tu és, Senhor. Diante de Ti, que és a própria luz, as trevas não prevalecem. Tua luz é a nossa fonte de vida. Tudo o que temos e o que somos, vem do teu favor, pois és fonte de amor, fogo abrasador. Tua glória brilha e ilumina o mundo. É o Senhor que ensina e guia o homem pela vereda direita, porque sozinhos somos incapazes de descobrir os teus caminhos. Precisamos do teu Espírito Santo a nos guiar, a nos ensinar a tua vontade e o teu querer. Ensina-me o teu caminho, Pai, para que eu ande na tua verdade e viva no centro da tua vontade. Em tua palavra o Senhor declarou: Eu sou o Caminho, a Verdade e a Vida. Que esta verdade seja a base da minha existência e que meus pés não trilhem por caminhos desconhecidos, mas estejam firmados, sustentados, em teus fundamentos. Toma o teu lugar de honra em minha vida, seja a tua glória sobre toda a Terra.

Em nome de Jesus,

Amém!

JESUS É A NOSSA LUZ, ELE É O CAMINHO, MAS A ESCOLHA DE SEGUIR ESTE CAMINHO É NOSSA.

15 de Junho

"Assim que, se alguém está em Cristo, nova criatura é, as coisas velhas já passaram, eis que tudo se fez novo." (2 Co 5:17)

Graças eu Te dou, meu Deus, neste início do dia, e glorifico o Senhor por tudo o que Tu és. Independente das circunstâncias, eu Te adoro, Deus amado, Deus que nos redimiu, que perdoou os nossos pecados, que nos lavou de toda a iniquidade, que nos purificou e nos fez novas criaturas. Tudo se fez novo em nossa vida. Tu fazes transformações maravilhosas em nós, nos deste uma nova vida, uma vida plena, de alegria e esperança. Nos deste uma nova aliança com o Pai. Ó Maravilhoso Jesus, através de Ti podemos alcançar o destino que Deus planejou para nós, nos tornamos teus filhos, herdeiros da herança eterna. Espírito Santo, traz arrependimento sincero ao meu coração de tudo aquilo que, em mim, desagrada o coração do meu Pai. Ajuda-me a mudar minhas atitudes, meu pensamento, o meu coração, dando-me a compreensão de toda a verdade que nos traz a palavra de Deus. Desenvolve em mim a mente de Cristo, muda o meu coração e me aperfeiçoa para que eu seja aprovada diante do meu Deus, que está no Céu. É o que eu Te peço, de todo o meu coração.

Em nome de Jesus,

Amém!

DEUS NÃO VAI TE DAR UMA NOVA VIDA, MUDAR O SEU CORAÇÃO, SE VOCÊ NÃO SE ARREPENDER DE SEUS PECADOS E SE SUBMETER A ELE.

16 de Junho

"Tendo, pois, ó amados, tais promessas, purifiquemonos de toda impureza, tanto da carne como do espírito, aperfeiçoando a nossa santidade no temor de Deus." (2 Co 7:1)

Maranata, ora vem, Senhor Jesus! Eu Te louvo, nesta manhã, grandioso Deus, pela minha vida, minha casa, minha família, meu trabalho, meus amigos... por tudo o que o Senhor já fez e fará na minha vida. Eu não sou merecedora deste amor tão grande, mas, mesmo sendo pecadora, imperfeita, o Senhor me abençoa todos os dias e me cobre com o teu amor. Bendito sejas, ó Senhor, Rei dos reis, que reina sobre Céus e Terra, que governa tudo e todos. Eu me rendo diante da beleza da tua santidade. "Santo, Santo, Santo"; é assim que os anjos expressam louvor ao Senhor por sua santidade. Tu és o Deus único, o Criador, o Deus Eterno, o Deus que ama a justiça, e todo o teu proceder é fiel, Deus meu. Tu és puro, Senhor, estás acima de todo o pecado e de toda a maldade. Fomos criados à tua imagem e diariamente o nosso alvo deve ser reproduzir o teu caráter em nós. Ajuda-me a me santificar, Pai. A tua palavra fala que sem santificação ninguém verá a Ti . Dá-me um coração puro, quero Te ver, Senhor. Purifica-me para Ti. Que este seja o meu propósito em todo o meu viver. Vem reinar em mim.

Em nome de Jesus,

Amém!

"A CONVERSÃO TIRA O CRISTÃO DO MUNDO, A SANTIFICAÇÃO TIRA O MUNDO DO CRISTÃO." (JOHN WESLEY)

17 de Junho

"Não a nós, Senhor, nenhuma glória para nós, mas sim ao teu nome, por teu amor e por tua fidelidade!" (Sl 115:1)

Ó Deus amado, como é bom poder Te adorar logo pela manhã e Te render louvores. Estando em Ti, sempre haverá um novo amanhã preparado para nós, por isto busco a tua presença e me prostro diante dela, Te exaltando, magnífico Deus. Tu és tudo o que eu preciso para viver; em Ti encontro descanso, paz, alegria, segurança... Não há outro lugar em que eu queira estar, só tua presença me satisfaz. Num lugar secreto quero Te encontrar, Senhor, e a tua glória poder tocar. O que eu mais quero é Te ver, no teu calor me aquecer e em teus braços me envolver. Teu perfume cobre o meu ser, tua paz enche o meu viver e me fortaleço no teu poder. Aleluia! Glórias, glórias eu Te dou, Jesus! Teu amor jamais me deixará, és o dono da minha vida, o que tenho Te darei. Por Ti vivo, meu Senhor, para Ti é todo o meu amor, a Ti entrego o meu louvor. Aonde fores, eu irei, junto com teus anjos Te adorarei, eternamente Te amarei. Insondáveis são teus juízos e teus caminhos

Em nome de Jesus,

Amém!

"MEU JESUS, SALVADOR, OUTRO IGUAL NÃO HÁ. TODOS OS DIAS QUERO LOUVAR AS MARAVILHAS DE TEU AMOR." (DIANTE DO TRONO)

18 de Junho

"A teu respeito diz o meu coração: Busque a minha face. A tua face, Senhor, eu buscarei." (Sl 27:8)

Ó Deus santo e poderoso, tudo o que existe foi feito por tuas mãos, Pai. Criaste o Céu, a Terra e todo o Universo. Bastou uma palavra tua e tudo logo se fez. Minha vida por tuas mãos se formou, por tua vontade eu existi. Aleluia! Grandioso Deus, como Te adoro! Na tua presença quero andar em santidade e pureza. Quero caminhar na luz das tuas leis, guiada pelas tuas mãos; quero fazer, da minha vida, uma vida de adoração a Ti; somente em tua fonte de vida eu quero beber. Dentro do meu coração, só quero entender o teu querer e a sede de Te conhecer, na tua palavra vou me satisfazer. A tua palavra me edifica, nela está a tua verdade e sobre a tua verdade eu quero caminhar, pois ela me faz livre e me traz felicidade. Ela é fonte de todo o saber, que me conduz para vencer. Ao som da tua voz eu vou me prostrar, em oração Te exaltar e a minha adoração derramar. Cada dia mais eu vou Te buscar, Pai, a tua face contemplar e junto de Ti ficar, com teus braços a me abraçar. Enquanto eu viver, com cânticos de júbilo vou Te adorar. Te adorarei. Te adorarei.

Em nome de Jesus,

Amém!

O RELACIONAMENTO COM DEUS SE CONSTRÓI ATRAVÉS DE UMA VIDA DE INTIMIDADE COM ELE.

19 de Junho

"Porque isto é bom e agradável diante de Deus nosso Salvador, que quer que todos os homens se salvem, e venham ao conhecimento da verdade." (1 Tm 2:3-4)

Pai querido, louvado e exaltado é o teu nome. Quero declarar, nesta manhã, o teu senhorio na minha vida, bendizer o Senhor pela eternidade que passarei Contigo. Obrigada, porque houve um dia em que eu estava perdida, mas o Senhor me achou, me resgatou, se revelou a mim e tudo se fez novo. Fui convencida do pecado, da justiça e do juízo. Foste à cruz em meu lugar, Jesus. Minha dívida Contigo é impagável. Foste moído, traspassado pelos meus pecados. Agora nenhuma condenação há mais para mim e para aqueles que estão em Ti, meu Senhor. Por causa do teu sacrifício, receberei a coroa da justiça, a coroa da vida, e me sentarei em teu trono para reinar eternamente Contigo. Aleluia! Quero ser fiel a Ti para sempre, Jesus; viver a certeza de que o meu nome será encontrado no Livro da Vida. Já não vivo mais sem a tua presença. O Senhor é o que tenho de mais precioso. Do Senhor vem a minha esperança, vem tudo o que tenho e o que sou. Do Senhor vem a vida. Em tudo somos abençoados pela tua graça divina. És digno pelo que fizeste em nosso favor. Te honrarei para sempre, meu Senhor.

Em nome de Jesus,

Amém!

NADA PODE MUDAR O PROPÓSITO ETERNO DE DEUS. É DO PROPÓSITO DE DEUS QUE VOCÊ SEJA SALVO.

20 de Junho

"O Senhor é a minha força e o meu escudo; nele confiou o meu coração, e fui socorrido; pelo que o meu coração salta de prazer, e com o meu canto o louvarei." (Sl 28:7)

Deus santo, Criador dos Céus e da Terra, derramo meu coração no teu altar nesta manhã, em adoração e louvor a Ti. Por todos os teus atributos, és digno de honra, de toda glória e de ser exaltado. Tu és um Deus majestoso, cheio de glória e poder, és fiel e bondoso, cheio de graça e verdade, és misericordioso, infinito e eterno. És o Senhor dos senhores, Rei dos reis, o Leão da tribo de Judá; teu nome está sobre todo nome. Em Ti encontro toda a força que me sustenta, todo o amor que me fortalece, toda a paz que aquieta a minha alma. Em Ti encontro descanso e segurança. Tua justiça nos chama ao arrependimento e nos traz salvação. Aleluia! Em nenhum outro encontramos perdão; meus pecados apagaste e lançaste no mar do esquecimento. Ó Senhor, cria em mim um espírito novo, um coração novo, limpo na tua presença. Por meio da tua justiça, que eu seja justificada, para que possa adorar-Te como uma verdadeira adoradora. Recebe toda a minha adoração, em espírito e em verdade, reconhecendo o teu amor, a tua grandeza e perfeição. És adorado, meu Deus, por toda a minha vida, és adorado.

Em nome de Jesus,

Amém!

QUE AS LUZES DESTE MUNDO NÃO IMPEÇAM
QUE VOCÊ VEJA E EXPERIMENTE A FORÇA
DO AMOR DE DEUS.(O PENSADOR)

21 de Junho

"O Senhor cuida de todos os que o amam, mas a todos os ímpios destruirá." (Sl 145:20)

Senhor meu e Deus meu, eu invoco o nome do Senhor, nesta hora, para Te adorar, reconhecendo a minha total dependência a Ti. Te rendo graças por tudo o que sou, Te rendo graças pelo teu amor. Tu és glorioso, bondoso e santo. Obrigada, Senhor, por me tornar cada vez mais forte na fé, confiar em Ti é o meu sustento. Obrigada por cada respiração que dou, presente da tua graça. Obrigada pela tua palavra que me faz ser livre. Nela eu posso encontrar a luz para o meu caminho. Obrigada pelo teu olhar que me ampara em cada passo que dou. Obrigada, porque em teus braços eu encontro refúgio. Obrigada pela tua presença que me direciona e me livra dos meus inimigos. Obrigada. porque Tu és o sol a me guiar. Obrigada pelo teu amor que me atrai para Ti, que me permite estar conectada ao teu coração. Obrigada por viver como vencedora por meio Daquele que nos amou e se deu por nós, Jesus Cristo. Obrigada por me fazer digna deste amor tão grandioso e imerecido. Que cada dia eu possa caminhar em humildade com o Senhor, meu Deus, e viver uma vida de adoração que agrade ao teu Espírito e ao teu coração.

Em nome de Jesus,

Amém!

DEUS CUIDA DE VOCÊ, GUARDA O SEU DEITAR E O SEU LEVANTAR. ELE CUIDA DE DETALHES DA NOSSA VIDA, ELE É DIGNO DE TODA A ADORAÇÃO.

22 de Junho

"Eu Te exaltarei, ó Deus, Rei meu, e bendirei o teu nome pelos séculos dos séculos." (Sl 145:1)

Pai amado, Deus bondoso, fiel e justo, nesta manhã quero receber de Ti toda a instrução para este dia. Quero andar de mãos dadas com o Espírito Santo e ser guiada para cumprir o teu querer. Que a tua voz me leve em tua direção, a tua luz dissipe todas as trevas e ilumine os meus passos. Leva-me a entrar em teus átrios, a caminhar rumo ao lugar santo, a me adentrar no Santo dos Santos, para Te contemplar na beleza da tua santidade. Quero me consagrar a Ti, que a tua vontade se faça em mim. Quero sentir a tua presença, no fim do dia, pedir licença e, ao pôr do sol, Te adorar e cantar louvores a Ti. E, quando a noite vier, nos teus braços quero descansar, meu corpo e espírito Te entregar. Te amo, Jesus! Em todo o tempo, ensina-me a Te buscar; quero o teu amor sentir, a tua voz ouvir, as tuas vestes tocar, o meu coração, aos teus pés, derramar. Recebe a minha vida como oferta de amor a Ti, Senhor. Recebe a minha adoração como incenso agradável às tuas narinas. Para sempre eu vou Te seguir, Deus meu, para sempre vou Te buscar e Te amar até o fim. Somente a Ti adorarei, todos os dias da minha vida, até a eternidade.

Em nome de Jesus,

Amém!

ADORAR A DEUS É RECONHECÊ-LO COMO DEUS, COMO O CRIADOR E O SALVADOR, O SENHOR E O DONO DE TUDO O QUE EXISTE.

23 de Junho

"Eu não vim chamar os justos, mas sim os pecadores, ao arrependimento." (Lc 5:32)

Senhor, Rei meu, Majestoso Deus, em adoração a Ti, eu me rendo à tua presença com meu coração cheio de amor por Ti. Quero, neste dia, viver e mover-me em Ti. Que o teu Espírito Santo venha, com a sua graça, levar-me ao arrependimento dos meus pecados, para que eu seja digna de assentar-me à tua mesa, provar dos manjares celestiais e me prostrar diante de tua majestade. Meu desejo é permanecer em teu amor, Pai, longe de tudo que possa me corromper. Livra-me de ser atraída pelas paixões deste mundo, pelas riquezas materiais que sejam capazes de subornar meu coração. Que meus olhos não deixem de enxergar as bênçãos que me ofereces a cada dia, que são tantas e incontáveis. Que teus braços não me deixem cair, para que eu possa prosseguir. Conduz-me, com o teu amor, na tua verdade, Senhor, porque és o Deus da minha salvação. Ensina-me a morrer para mim mesma e a viver a tua vida. Faz-me crescer na tua presença, Pai, e permanecer no centro da tua vontade. Transforma-me, Senhor, traz-me uma nova vida, faz-me andar mais perto de Ti.

Em nome de Jesus,

Amém!

O VERDADEIRO ARREPENDIMENTO LEVA VOCÊ A MUDAR DE VIDA E TER SEUS PECADOS PERDOADOS. JESUS TRAZ O PERDÃO DE DEUS PARA O CORAÇÃO ARREPENDIDO.

24 de Junho

*"Eu sou o pão vivo que desceu do Céu; se alguém comer
deste pão, viverá para sempre; e o pão que eu darei
pela vida do mundo é a minha carne." (Jo 6:51)*

Senhor, meu amado, adorado Jesus. Eu Te louvo neste dia, Cordeiro imolado de Deus, Pão Vivo que desceu do Céu, Pão Vivo que alimenta o nosso espírito e nos dá vida. Tu és o nosso sustento essencial, Jesus, a nossa provisão divina. Tu és Aquele que nutre a nossa alma, é em Ti que encontramos amor, cuidado e abrigo, que nós, pecadores, encontramos perdão e salvação. Na cruz, por amor de nós, morreste e nos livraste da morte eterna, nos forneceste o caminho ao Céu. Foi através do teu sangue que recebemos à vida eterna. És a resposta do Pai às necessidades de toda a humanidade, Senhor, o caminho que nos trouxe de volta a ele. Atrai-me com cordas de amor à tua presença, Pai. O véu foi rasgado, podemos nos aproximar com confiança do trono da graça e nos lançar aos teus cuidados. Aleluia! Ensina-me a acolher com fé, a crer e a confiar na tua palavra, a aceitar a tua graça e a tua misericórdia, e viver na tua total dependência, cumprindo somente o teu querer, obedecendo apenas a tua vontade. Obrigada, Jesus, Tu és o trono da graça, a porta do Céu, o caminho, a verdade e a vida. Receba a minha adoração eterna, o meu amor e a minha gratidão.

Em nome de Jesus,

Amém!

JESUS SACIA A NOSSA FOME ESPIRITUAL ELE É O
NOSSO ALIMENTO COMPLETO, O NOSSO SUSTENTO.

25 de Junho

"Disse-lhe Jesus: 'Eu sou a ressurreição e a vida. Aquele que crê em mim, ainda que morra, viverá; e quem vive e crê em mim, não morrerá eternamente. Você crê nisso?" (Jo 11:25-26)

Deus meu, amado do meu coração, Te adoro, Senhor, Te adoro. Nesta manhã eu quero Te render graças e contemplar a grandeza do teu ser. Não existe outro tão glorioso como Tu. Nenhuma glória a nós, a nenhum outro, mas, sim, ao teu nome, por teu amor e por tua fidelidade. Tu és perfeito, és infinito em todos os teus atributos. Teu esplendor está em toda Terra e nos Céus; está nas tuas obras, em toda a tua criação. Toda a honra pertence a Ti, Deus de poder. para sempre Te bendirei, Senhor; para sempre falarei do poder dos teus feitos e anunciarei quem Tu és. Levanta os meus olhos em direção a Ti, Pai. Que eles contemplem as tuas leis e façam-me enxergar os teus caminhos. Preciso mais e mais de Ti, descanso e paz faz-me sentir. Guia-me por teu amor, Senhor, dá-me o teu perdão, santifica o meu coração. Quero ser digna e merecedora de permanecer na tua presença. Pai, obrigada pela tua graça que, em tudo, nos faz triunfar em Cristo Jesus. Por ele, somos mais que vencedores. Nossos pecados foram encravados na cruz do calvário, a cruz que nos trouxe vida e a vitória no Cristo, que ressuscitou. Aleluia! Glórias, glorias a Ti, meu amado Senhor, meu Rei e Salvador.

Em nome de Jesus,

Amém!

GLORIEMO-NOS NA CRUZ DE CRISTO, ONDE RECEBEMOS A VITÓRIA: ELEITOS PARA VIVER A ETERNIDADE.

26 de Junho

"Confie no Senhor de todo o seu coração e não se apoie em seu próprio entendimento; reconheça o Senhor em todos os seus caminhos" (Pv 3:5-6)

Pai querido, Deus amado e Santo, nesta manhã quero reconhecer a tua soberania e declarar a minha submissão a Ti. Sabemos que nada acontece sem a tua permissão na Terra e nos Céus, porque teu é o domínio sobre todas as coisas. Quero Te pedir perdão, Pai, quando faço planos que não são teus, quando creio em meu coração, que é enganoso, quando caminho pelas minhas emoções. Como não confiar em um Deus tão grandioso e buscar somente nele as nossas respostas? A mesma palavra que disseste a Jacó é válida para todos nós também: "Eu estarei com você e o protegerei em todos os lugares aonde você for". O que temer diante de uma promessa tão maravilhosa como esta do Deus Todo-Poderoso? Ensina-nos a depender de Ti, Pai, apenas de Ti. Não permitas que eu busque suprir minhas dificuldades em pessoas, em recursos materiais, no meu próprio entendimento. Nossa fonte segura é o Senhor, é o único capaz de nos suprir em quaisquer necessidades. O Senhor é maior que tudo, é o dono da vida, é perfeito e não há outro como Tu. Ainda que meus planos se frustrem, outros maiores tens para mim. Te amo para sempre, Senhor.

Em nome de Jesus,

Amém!

CONFIE EM DEUS EM TODOS OS MOMENTOS DA SUA VIDA, ELE TEM O MELHOR PARA VOCÊ E O SEU PODER NÃO TEM LIMITES.

27 de Junho

"Nisto se manifestou o amor de Deus em nós: em haver Deus enviado seu Filho unigênito ao mundo, para vivermos por meio dele. Nisto consiste o amor: não em que nós tenhamos amado a Deus, mas em que Ele nos amou e enviou seu Filho como propiciação pelos nossos pecados." (I Jo 4:9-10)

Pai querido, Deus zeloso e cheio de bondade, que está no controle de toda a nossa história, que trata individualmente cada um de nós, Deus que se identifica conosco e que há de completar a sua obra em nossa vida; graças eu Te dou por tudo o que Tu és, ó amado do meu coração. Todos os dias quero a alegria de estar na tua presença, sentir o teu amor me envolver, saber que teus ouvidos estão inclinados a me escutar e que teus olhos estão atentos ao meu caminhar. Quão maravilhosa é a intervenção do Senhor na nossa vida! A tua palavra é tão preciosa, Senhor, ela nos leva a sentir a plenitude da tua existência e a contemplar a tua beleza. Ela nos revela que o Senhor nos deu o teu melhor ali naquela cruz: o teu amado filho, o nosso Senhor Jesus Cristo. Precisamos aprender a olhar para esta cruz e a desejar andar em obediência a Ti. Ensina-me a Te buscar, Pai, a buscar as coisas que são do alto e não as que são temporais. Manifesta a vontade do teu coração para a minha vida e capacita-me a cumprir a minha missão. Por onde os meus pés pisarem, em Ti eu quero estar.

Em nome de Jesus,

Amém!

"O IMPORTANTE NÃO É OLHAR PARA A CRUZ, NEM LEVÁ-LA AO PEITO, MAS PORTÁ-LA NO PROFUNDO DO CORAÇÃO." (SANTA GEMMA GALGARI)

28 de Junho

*"O Senhor é bom para todos; a sua compaixão
alcança todas as suas criaturas." (Sl 145:9)*

Senhor Amado, Deus meu e Rei meu, eu dobro meus joelhos diante do teu trono de graça, com o coração grato pelos teus grandes feitos na minha vida, na vida de toda a minha família, porque até aqui o Senhor tem nos ajudado. Glórias a Ti, meu Deus, ao Filho e ao Espírito Santo; seja coroada, neste dia, ó Trindade Santa, com honra, adoração e todo o meu amor. O meu coração é teu, Pai; vem me atrair mais e mais aos teus pés. Tua palavra diz que o justo é cercado pela benevolência do Senhor todos os dias. Eu experimento desta bondade que me cerca, me guarda e me protege de toda a maldade deste mundo. Aleluia! Nada é maior do que a benignidade do teu coração. Quero ser reflexo do teu amor, Pai, espelho da tua beleza, imagem da tua perfeição. Quero a dádiva de refletir o resplendor da tua face, a tua compaixão, a tua misericórdia, a tua paz. Faz brilhar a tua luz em mim, Senhor, para que eu seja canal do teu amor, transborda em mim do teu Espírito. Que tudo que o eu sou e o que eu faço flua de um coração cheio de louvor e adoração por Ti.

Em nome de Jesus,

Amém!

RETRIBUA A BONDADE DE DEUS EM
SUA VIDA COM UM CORAÇÃO GRATO E
ESTENDENDO SUA MÃO AO PRÓXIMO.

29 de Junho

"Ora, ao Rei dos séculos, imortal, invisível, ao único Deus seja honra e glória para todo o sempre. Amém!" (1 Tm 1:17)

Querido Pai, meu Senhor, Deus do meu coração, como é bom saber que Tu me amas e habitas em mim. Posso sentir este amor ao contemplar este lindo dia que o Senhor criou, pelo ar que eu respiro, pela natureza que nos cerca. Quão maravilhosa é a vida, este presente que o Senhor nos deu, que é tão valoroso, tão precioso! Eu Te exalto, Senhor, pois toda a glória Te pertence. O teu caráter perfeito, a tua bondade, a tua sabedoria, a tua santidade, o teu poder, a tua fidelidade refletem a tua glória. O Senhor não muda, o teu propósito é imutável. Tu és o mesmo ontem, hoje, e serás o mesmo para sempre. Ó Senhor, quero ter um encontro pessoal Contigo todos os dias, quero intimidade com o Senhor em todo o tempo. A tua presença me basta, a tua graça me fortalece. O Senhor me alimenta com a tua palavra, o Senhor me inspira, o Senhor me transforma. Toma o teu lugar de honra na minha vida e coloca-me no centro de tua vontade, Jesus. Me reconheço tão pequena e fraca, totalmente dependente de Ti. Para sempre quero viver em Ti, Senhor. Enquanto eu viver, quero Te servir.

Em nome de Jesus,

Amém!

SÓ CONHECEMOS VERDADEIRAMENTE A DEUS QUANDO NOS RENDEMOS A ELE E ANDAMOS FIRMADOS NA SUA PALAVRA.

30 de Junho

julho

"O Senhor conduza os seus corações ao amor de Deus e à perseverança de Cristo." (2 Ts 3:5)

Pai querido, Deus glorioso e majestoso, como é bom acordar e, logo pela manhã, sentir a tua presença e adorar o Senhor. Bom é Te render graças e cantar louvores a Ti, ó Altíssimo. O Senhor nos alegra, dia após dia, com teus feitos. Eu Te exalto, declaro as tuas maravilhas, porque grande é o Senhor e mui digno de ser louvado; glória e majestade estão diante de Ti. Eu Te glorifico na beleza de tua santidade; ao Senhor seja tributada a glória devida ao teu nome. Que todas as nações tremam diante de Ti, reconhecendo que somente Tu és Deus, o único e verdadeiro. Jamais poderei viver longe do teu amor; só ele me transforma. O teu amor traz força quando estou fraca, me consola na angústia, me alegra na tristeza, ele transforma a minha vida. Vem me encher com o teu amor, Pai, me inundar com o teu Espírito; só em Ti estou segura. Para onde eu irei se só Tu tens as palavras de vida eterna? Somente na tua presença eu quero estar. Tu és tudo para mim e para Ti são o meu louvor e a minha adoração. Para Ti são todos os meus dias, para Ti é todo o meu coração.

Em nome de Jesus,

Amém!

DEIXA DEUS TRABALHAR O SEU CORAÇÃO, CONDUZIR O SEU CAMINHAR E TE AJUDAR NAS SUAS IMPERFEIÇÕES.

1º de Julho

"Folguem e alegrem-se em Ti todos os que Te buscam; e aqueles que amam a tua salvação digam continuamente: Engrandecido seja Deus." (Sl 70:4)

Quero Te celebrar nesta manhã, Pai; bendito é o Senhor, Deus amado, grandioso e cheio de poder. Prostrada em adoração eu Te dou todo o meu louvor. Tu és Senhor absoluto. Glórias eu Te dou, porque, mesmo sendo pecadora, o Senhor não me trata segundo os meus pecados, nem me retribui conforme as minhas iniquidades. Muito pelo contrário, a tua misericórdia se renova sobre mim todos os dias e teu amor me cobre, limpando-me de tudo o que possa me afastar de Ti. Por isto, nesta manhã, eu levanto os meus olhos para o Céu e, com o coração transbordando de amor, exalto o Deus vivo que está assentado no trono de glória, de onde reina e tem o domínio de todas as coisas. Declaro, Senhor, a minha confiança em Ti e no teu poder, que é sem limites. Tu és a minha Rocha, o Deus da minha salvação, a minha segurança. para sempre sejas engrandecido, ó Rei da Glória, Senhor dos Exércitos, Deus de Israel; para sempre sejas exaltado. Meus lábios sempre cantarão louvores a Ti e glorificarão o teu santo nome por toda a eternidade. Tu és o Deus da minha vida.

Em nome de Jesus,

Amém!

GLORIFIQUE A DEUS PRATICANDO OS ENSINAMENTOS DA SUA PALAVRA E DOANDO-SE A ELE.

2 de Julho

"Uma coisa pedi ao Senhor e a buscarei: que possa morar na Casa do Senhor todos os dias da minha vida, para contemplar a formosura do Senhor e aprender no seu templo." (Sl 27:4)

Deus santo, Rei da Glória, meu coração se enche de gratidão, nesta manhã, pela tua fidelidade, por teu amor imensurável, por acordar e contemplar as maravilhas da tua criação, obras magníficas de tuas mãos. Tua generosidade não tem tamanho, tua graça não tem limites, teu poder transcende todo entendimento. Tu és o Deus de toda provisão, Tu és o Rei do Universo, Senhor de toda Criação. Terra, Céu e mar e todo ser que neles há celebram a Ti, ó Deus Todo-Poderoso. Obrigada, porque a tua graça me alcançou. Como Davi eu declaro, Pai, não me lances fora da tua presença e não retires de mim o teu Espírito Santo. Dá-me sempre a oportunidade de viver algo glorioso na tua presença. Quanto mais eu Te busco, Senhor, mais eu Te desejo; a minha alma tem sede de Ti. Ensina-me a sentir todos os dias a extensão deste amor maravilhoso que o Senhor oferece aos teus filhos, a entender como buscar os teus caminhos para mim. Consagro todo o meu ser a Ti, Pai. Recebe toda a minha vida como um sacrifício vivo de adoração ao Senhor. Te amo eternamente!

Em nome de Jesus,

Amém!

"UM DIA NA PRESENÇA DE DEUS VALE MAIS DO QUE MIL, SE VOCÊ NÃO TEM TEMPO PARA DEUS, ESTÁ PERDENDO TEMPO." (DEBORAH KARVALHO)

3 de Julho

"Grande é o nosso Senhor, e de grande poder; o seu entendimento é infinito." (Sl 147:5)

Deus Excelso, meu amado Senhor, eis-me aqui, diante de Ti, para louvar-Te e render-Te graças. Com todo o meu coração, com tudo o que eu tenho e que sou, eu Te glorifico, poderoso Deus. Eis-me aqui, debruçada aos teus pés, para dizer que Tu és o meu Deus, meu Pai e Senhor; para Te adorar diante da tua majestade e da beleza da tua santidade. Quão grande és Tu, grandes são os teus milagres. O Senhor triunfa sobre tudo e sobre todos; és onisciente, onipotente, onipresente; todo o poder dos Céus e da Terra pertencem a Ti. Diante de Ti, todo joelho se dobrará, toda língua confessará que Tu és o Senhor. Em Ti, Senhor, está toda a força que me sustenta. Tu és fonte de água viva, fonte de vida abundante que nunca se esgota. Quero beber, diariamente, da tua presença. Sacia a sede mais profunda da minha alma, Senhor, com fé, com esperança, com o teu amor. Com a minha voz Te exalto e declaro que Tu és o meu Senhor, com o meu coração eu entrego a Ti toda a minha vida. Para sempre Te amarei, enquanto eu viver Te darei graças e cantarei louvores a Ti.

Em nome de Jesus,

Amém!

"UM CORAÇÃO GRATO DEMONSTRA A GRANDEZA DE DEUS EM SUA VIDA." (LEOMAR LEÃO)

4 de Julho

*"Bendize, ó minha alma, ao Senhor, e tudo o que há
em mim bendiga o seu santo nome." (Sl 103:1)*

Deus santo, Rei de toda a Criação, que teu nome seja glorificado nesta manhã. Eu Te bendigo por tudo o que Tu és e proclamo a majestade do teu ser. A Ti, somente a Ti, sejam a glória, a honra, o domínio, o poder e toda a adoração. Eu Te agradeço porque o Senhor me chamou um dia, veio ao meu encontro e os meus olhos Te viram. Aleluia! Faz-me refletir a tua glória, ser como uma carta viva, lida aonde me levares. Conduz-me, Espírito Santo, para testemunhar a natureza de Cristo. Santifica-me para Ti. Quero honrar-Te com o meu falar, com meus pensamentos e minhas ações. Que meus passos estejam firmados nos teus, meus desejos alinhados ao teu querer. Que venha o teu reino, Senhor Deus, que venha o teu reino, Pai Nosso, Tu que estás no Céu. Nada que eu possa Te dar retribui o teu grande amor por mim. Recebe o meu louvor como aroma suave e minha adoração como oferta do meu amor. O meu melhor, quero Te dar. Eu Te amo, Deus soberano, com o meu coração totalmente grato a Ti, eu Te adoro. Os meus dias são só para Te exaltar, Te louvar, Te amar.

Em nome de Jesus,
Amém!

VOCÊ TEM SANTIFICADO O NOME DO SENHOR
ATRAVÉS DA SUA VIDA? É PRECISO VIVER JESUS
PARA SANTIFICÁ-LO VERDADEIRAMENTE.

5 de Julho

"Revesti-vos de toda a armadura de Deus, para que possais estar firmes contra as astutas ciladas do diabo." (Ef 6:11)

Ó Deus lindo, amado do meu coração, dá-me entendimento, no poder do teu Espírito Santo, para exaltar o teu nome neste dia. Tu és o Senhor, ó Altíssimo Deus. Tu Te esvaziaste da tua glória, se fazendo carne e sendo humano como nós, para nos oferecer gratuitamente a salvação. Abriste nossos olhos para o caminho que nos conduz à vida. Como não Te adorar, como não Te exaltar por tudo o que és? Leva-me além, a um nível mais profundo de intimidade Contigo. Quero habitar no esconderijo do Altíssimo e à tua sombra descansar. Eu descanso em teus braços e me sinto segura; me escondo na tua graça e no teu amor. Em Ti subsiste todo o poder para me guardar de meus inimigos. Sempre que meus adversários se levantarem contra mim, certamente cairão e derrotados serão. És o nosso General, soberano sobre todos os poderes terrestres e celestiais. Fortalece-me na força do teu poder, Senhor. Calça os meus pés na preparação do Evangelho da Paz e coloca em mim a tua armadura: o cinto da verdade, a couraça da justiça, o escudo da fé, o capacete da salvação. Faz-me valente nas batalhas. Quero fazer parte do teu exército. Amo-Te, Senhor dos Exércitos!

Em nome de Jesus.

Amém!

VESTIR A ARMADURA DE DEUS É VESTIR-SE DO PRÓPRIO CRISTO, DA SUA VERDADE, DA SUA JUSTIÇA, DA SUA PALAVRA.

6 de Julho

"E clamavam uns aos outros, dizendo: Santo, Santo, Santo é o SENHOR dos Exércitos; toda a Terra está cheia da sua glória." (Is 6:3)

Meu bondoso e amado Pai, glorioso e poderoso Deus, canto a Ti, nesta manhã, para Te bendizer de todo o meu coração. Recebe o meu louvor, a minha gratidão e o meu amor por tudo o que Tu és. Quero Te glorificar com tudo o que tenho, com tudo o que sou, com todo o meu ser. Como os querubins quero Te adorar, contemplar a tua face, ver o resplendor da tua santidade. Tua vontade é o meu desejo, Pai, teu querer é o meu querer. O meu melhor eu quero Te dar e sempre Contigo caminhar. Vem fluir em meu coração, fazendo a tua cura entrar; vem me purificar, com tuas águas me lavar, todo o meu ser vem transformar. Nunca me deixes pecar contra Ti, o que quero é Te servir. Não vejo razão na minha vida sem Ti, meu propósito é Te seguir. Contempla o meu coração, Senhor, cobre-me com teu perdão, derrama sobre mim uma porção da tua unção. Contigo nada me faz temer, o inimigo sei que vou vencer, em meio às lutas triunfarei, pois Contigo sempre estarei. A Ti, Senhor, o meu louvor e o meu amor, Deus justo e justificador de todos os que Te buscam. Te adoro!

Em nome de Jesus,

Amém!

A MAIOR ADORAÇÃO A DEUS É TER COMPROMISSO COM A VERDADE REVELADA NA SUA PALAVRA.

7 de Julho

"Se vivemos pelo Espírito, andemos também pelo Espírito." (Gl 5:25)

Espírito Santo, amado do meu coração, maravilhoso Deus que habita em nós, que nos guia a toda a verdade, que nos leva até o Pai através das nossas orações, do nosso clamor, da nossa adoração, o teu mover é poderoso para mudar tudo o que precisamos mudar. O Senhor se move sobre o impossível, realizando milagres em nossa vida. Aleluia! Quero me encontrar em Ti neste dia, Tu prometeste que serias encontrado por aqueles que Te buscassem. Quero sentir a tua presença envolvendo todo o meu ser, me lavando com o teu amor, com a tua palavra preciosa, que nos traz cura, libertação, força e esperança, que nos mostra o caminho que devemos andar. Não permitas que eu seja atraída pelos prazeres deste mundo. Nada poderá me separar do teu amor, porque a fonte desse amor está em Ti. O Senhor nos ama desde a eternidade. Sei que és por mim; independente das circunstâncias, o teu amor sempre me alcança, os teus braços me cercam, a tua graça me conduz. Faz-me transbordar, Senhor. Vem encher-me de Ti, vem soprar o teu vento em mim. Abraça-me.

Em nome de Jesus,

Amém!

"DEIXE QUE O ESPÍRITO SANTO TOQUE O SEU CORAÇÃO E MOSTRE A VONTADE DE DEUS PARA A SUA VIDA." (MARIANNA MORENO)

8 de Julho

"Tua é, Senhor, a magnificência, e o poder, e a honra, e a vitória, e a majestade; porque teu é tudo quanto há nos Céus e na Terra; teu é, Senhor, o reino, e Tu estás acima de tudo." (1 Cr 29:11)

Eis-me aqui, Senhor meu Deus e meu Pai, para Te adorar nesta linda manhã em que tenho o privilégio de acordar e sentir a doce presença do teu Espírito. Adorado Espírito Santo, a tua presença habita em mim e me enche de vida; ela é real. Ela me revela, continuamente, o Reino de Deus, que é eterno. Ministra ao meu coração, a cada novo dia, a tua justiça, a tua paz, e cumpre em mim a vontade do Senhor. O melhor de mim eu quero Te dar, para sempre vou Te amar. Em nome do Pai, do Filho e do Espírito Santo, eu exalto e declaro o reino de Deus sobre a minha vida, sobre a Terra e sobre tudo o que nela existe. Que eu venha promover a paz , a alegria, a bondade e o amor que o teu reino nos traz. Ó meu Deus e Senhor, ensina-me a priorizar o teu reino, quero assegurar a minha eternidade ao teu lado. Faz-me viver uma vida com propósito, uma vida santificada, em que meus passos sejam direcionados ao Reino dos Céus. Não permitas, Senhor, que meus olhos desviem do teu reino e foquem nos prazeres deste mundo. Quero viver para Te adorar e Te servir.

Em nome de Jesus,
Amém!

QUANDO COLOCAMOS DEUS COMO PRIORIDADE, ESTAMOS TRAZENDO O SEU REINO PARA A NOSSA VIDA.

9 de Julho

"Mas os olhos do Senhor estão sobre os que o temem; sobre os que esperam no seu constante amor" (Sl 33:18)

Pai, Deus Todo-Poderoso, nesta manhã quero Te dar toda honra, toda glória, todo louvor, e declarar que Santo é o Senhor. Como é bom acordar e saber que temos o Senhor junto de nós; seja na angústia, seja na tristeza ou na alegria, o Senhor sempre se faz presente, nunca nos abandona. Em todo o tempo os teus olhos estão olhando para nós, nada fica oculto ao Senhor, Tu és um Deus onipresente. Como diz a tua palavra, os teus olhos estão em toda a parte, contemplando os bons e os maus. E, ao olhar para mim, Pai, quero que encontres um coração totalmente rendido a Ti, um coração grato, cuja esperança está em Ti. Os teus olhos me abraçam e me acolhem na minha caminhada. Nunca permitas que eu ceda ao pecado, quero andar pelo caminho da santidade. Olhe para mim, Pai, olhe para dentro de mim. O teu olhar é tudo o que eu preciso, eu sei que ele nunca vai me condenar, pelo contrário, ele sempre me trará para perto de Ti. Repouse os teus olhos sobre mim, Senhor, eles viram meu corpo ainda informe e hoje me guiam no caminho da tua vontade perfeita. Te amo, ó Pai!

Em nome de Jesus,

Amém!

GUARDA OS TEUS PÉS DO CAMINHO MAU, POIS OS OLHOS DO SENHOR ESTÃO POR TODA PARTE. DEIXE-O TE CERCAR COM O SEU AMOR E TE CONDUZIR.

10 de Julho

"E este é o testemunho: Deus nos deu a vida eterna, e essa vida está em seu Filho. Quem tem o Filho, tem a vida; quem não tem o Filho de Deus, não tem a vida." (1 Jo 5:11-12)

Pai de Misericórdia, Deus bendito e santo, Deus de toda a graça, de todo favor; na tua presença eu me prostro para Te glorificar e enaltecer o teu poderoso nome. Te agradeço por mais este dia que me concedes, pelo privilégio de ter o Espírito Santo me conduzindo em teus caminhos, por tudo o que Tu és na minha vida, apesar de mim. Sou tão pequena e pecadora, mas o Senhor me ama mesmo assim. O Senhor nunca desiste dos teus filhos. O Senhor é amor, é perdão, é bondade, é compaixão, graça e justiça. Como é maravilhoso mergulhar no teu amor. Não há absolutamente nada que possamos fazer para que nos ames menos ou mais. Teu amor é incondicional, é único e verdadeiro e nunca muda. Antes que o mundo existisse, o Senhor já nos amava. A manifestação suprema deste amor é Jesus, que carregou sobre si a punição dos nossos pecados, sendo perfeito, sem pecado algum. Obrigada, Pai, por Jesus Cristo, que nos resgatou e nos salvou, nos abriu o caminho para o Santo dos Santos. Toda honra, toda glória, todo louvor sejam dados a Ti, Senhor Jesus, para todo o sempre.

Em nome de Jesus,

Amém!

GLORIFIQUE A DEUS TODOS OS DIAS PELA AÇÃO MISERICORDIOSA DELE EM SUA VIDA, PELO SEU GRANDIOSO AMOR QUE COBRE A NOSSA VIDA.

11 de Julho

"O teu amor, Senhor, chega até os Céus; a tua fidelidade até as nuvens." (Sl 36:5)

Deus Pai, amado do meu coração, Te adoro, Senhor. Tu és por demais glorioso. Tu és o Deus Altíssimo, Magnífico e Excelso que me faz desfrutar da sua presença todos os dias, envolvida pela sua graça e pelo seu amor. Eu Te agradeço por este dia, pelo fato de tuas misericórdias terem me alcançado, razão pela qual não sou consumida pelos meus pecados. Obrigada por perdoar as minhas faltas, obrigada pela tua fidelidade, obrigada, porque o Senhor não muda, porque posso olhar pro alto e ter a certeza de que me escutas, mesmo já sabendo o que vou falar. Obrigada, porque posso recorrer ao Senhor em todo tempo, obrigada, porque me chamaste como filha. Livra-me de todo engano, Pai, e de me desviar dos teus caminhos, porque o que eu mais quero é ter uma vida centrada na tua santa, boa e perfeita vontade. Por isto me entrego a Ti neste dia e Te peço que faça o teu querer em mim. Que hoje seja um dia de boas notícias, de bênçãos vindas dos Céus, um dia de milagres do Senhor na minha vida e sobre o teu povo. Receba o meu louvor, a minha gratidão e todo o meu amor.

Em nome de Jesus,

Amém!

DESCANSE SOBRE A FIDELIDADE
DE DEUS. ELA NÃO FALHA.

12 de Julho

"E esta é a confiança que temos nele: que, se pedirmos alguma coisa, segundo a sua vontade, ele nos ouve." (1 Jo 5:14)

Querido Deus, soberano Senhor, eu Te rendo graças nesta manhã, proclamando com a minha voz que o Senhor é o Deus Todo-Poderoso, é o Deus de Israel, Senhor nosso, digno de toda honra, toda glória e louvor. Te adoro, Pai, Filho e Espírito Santo; Te amo, ó Trindade Santa! Tu és o Rei do Universo, Deus meu! Pelo poder da tua palavra, tudo foi criado, tudo se fez, as coisas visíveis e as invisíveis. Teu poder é grande e infinito; Tu és santo, fiel e justo em todos os teus caminhos. Tu és soberano sobre tudo e sobre todos; Tu és o único e verdadeiro Deus. O teu sacrifício na cruz me libertou, me trouxe paz, justificação e uma nova vida. Somente em Ti encontro a verdade; Tu és o caminho, a verdade e a vida. Estou firmada em Ti, Pai, segura em teu amor. Vem, Espírito Santo, amigo fiel, vem me dar as mãos, me guiar e envolver todo o meu ser com a tua unção. Sopra em mim o teu vento, me faz experimentar um avivamento; sopra em mim a tua glória, vem mudar a minha história. Que os meus desejos sejam os desejos do teu coração. Por toda a minha vida Te amarei e com os meus lábios, para sempre, Te louvarei.

Em nome de Jesus,

Amém!

DEUS CONCEDERÁ OS DESEJOS DO SEU CORAÇÃO QUANDO A SUA VIDA FOR ENTREGUE A ELE. DEUS QUER TE DAR, EM SEU DEVIDO TEMPO, TUDO O QUE É PARA O SEU BEM.

13 de Julho

"E mostrou-me o rio da água da vida, claro como cristal, que procedia do trono de Deus e do Cordeiro." (Ap 22:1)

Louvado seja o teu santo nome, Pai, Senhor dos Exércitos, Deus Forte. Em adoração posso contemplar a tua grandeza e a tua majestade. Eis-me aqui, Senhor, neste dia, diante do teu trono de graça, para Te bendizer e pedir que venha transformar minha vida. As fraquezas que há em nós podem ser vencidas pelo poder do teu amor, no poder do teu Espírito. Vem me moldar com tua mão divina, renovar o meu viver, refazer todo o meu ser. O teu poder, a tua graça e o teu amor podem me restaurar e me fazer mergulhar nas águas que fluem do teu trono; águas que purificam, que santificam, que saram e que me levarão a Te encontrar. Senhor, Tu tens o evangelho eterno, que é a verdade e a vida que nos convidam à salvação. A tua palavra nos mostra a tua eternidade. Não tens começo nem fim, já existias antes da eternidade. És eterno em si mesmo, és infinitamente perfeito e todas as tuas perfeições são eternas. Aleluia! Recebe a minha adoração, ó excelso e majestoso Deus. Que ela chegue a Ti como aroma suave, agradável ao teu coração. Tu és o amado da minha vida.

Em nome de Jesus,

Amém!

DEIXE O RIO DE DEUS FLUIR EM SUA VIDA, TE LIMPANDO, SARANDO, RESTAURANDO E CURANDO SUAS FERIDAS.

14 de Julho

"Ou não sabeis que o nosso corpo é o templo do Espírito Santo, que habita em vós, proveniente de Deus, e que não sois de vós mesmos?" (1 Co 6:19)

Amado Rei Jesus, canto a tua glória, a tua majestade e a tua justiça neste dia maravilhoso que criaste e me ponho aos teus pés para Te glorificar. Eu Te adoro por teu sangue derramado naquela cruz; por alto preço me compraste. Que amor tão grande é este Senhor, a ponto de dar a vida por mim, que sou tão pecadora! Teu sangue me mostrou um novo caminho, Senhor; teu sangue me redimiu, levou-me ao encontro do Pai, me fez filha e me deu a salvação. Como não Te adorar diante de tão imensurável amor! Fui alcançada por tua maravilhosa graça, que me levou para tua luz. Estava tão perdida na escuridão que domina este mundo! Hoje sou livre pelo que fizeste por mim. O Espírito Santo está junto de mim, faz morada em meu coração, penetra no mais profundo do meu ser e me leva ao lugar de intimidade e comunhão com o meu Pai. Ó querido Espírito Santo, Tu sabes tudo sobre mim, mais do que eu mesma, Tu intercedes por mim, me ajudas em minhas fraquezas, me sustentas quando sou provada, guardas a minha salvação. Aleluia! Glórias Te dou, meu amigo, meu amado, meu Senhor.

Em nome de Jesus,

Amém!

"DEIXE QUE O ESPÍRITO SANTO GUIE SEUS PASSOS E NÃO SE SURPREENDA COM AS MARAVILHAS QUE ACONTECERÃO EM SUA VIDA. SÓ ELE PODE TE LEVAR À PRESENÇA DO PAI." (RENATO COLLYER)

15 de Julho

"Tu me farás conhecer a vereda da vida; na tua presença há plenitude de alegria; à tua mão direita há delícias perpetuamente." (Sl 16:11)

Deus meu e Rei meu, Senhor da minha vida, começo este dia orando como o salmista Davi: "Sonda-me, ó Deus, e conhece o meu coração; prova-me e conhece os meus pensamentos. Vê se há em mim algum caminho mau, e guia-me pelo caminho eterno". Pai, o Senhor conhece o nosso íntimo mais que nós mesmos. Não me deixes andar pelo vale da sombra da morte, não permitas que as motivações deste mundo corrompam meu coração e me afastem da tua presença; atrai-me com o teu amor e coloca-me debaixo de tuas asas. Que em meu coração não haja lugar para desejos contrários à tua vontade; que meu caminhar sempre busque a tua direção, a tua verdade. Sem o Senhor nada sou, nada posso fazer. Em Ti eu vivo, me movo, existo. Em Ti encontro plenitude de vida, posso desfrutar de tudo o que preciso, porque tenho um Deus que me proporciona tudo o que me faz bem. Em Ti, Senhor, vivo a plenitude de ser feliz, independente das adversidades, pois sei que estás comigo, que zelas por mim, que posso confiar na tua providência. para sempre Te amarei, meu Senhor!

Em nome de Jesus,

Amém!

"A PLENITUDE DE DEUS COMPLETA A VIDA DAQUELES QUE CREEM EM SUAS PROMESSAS." (HELGIR GIRODO)

16 de Julho

*"Ao Senhor declaro: Tu és o meu Senhor; não
tenho bem maior além de Ti."* (Sl 16:2)

Pai santo, amado Deus que se assenta sobre o trono do Céu, quero exaltar o teu nome, exaltar o teu glorioso poder, exaltar o teu amor, porque ele é incondicional e nos faz únicos diante de Ti. O Senhor ama todo aquele que Te busca, o Senhor ouve o clamor dos teus filhos, o Senhor é Deus zeloso que cuida de nós e nos protege. O Senhor é santo, Deus Todo-Poderoso, aquele que era, que é e há de vir. A Ti eu canto glória, a Ti eu me rendo e me entrego ao teu favor. As tuas vestes eu quero tocar e aos teus pés me derramar. Preciso tanto de Ti, Pai, necessito ouvir o teu falar, em teus braços quero descansar, me envolver em teus rios de amor. Não há palavras para expressar todo o louvor e toda a adoração que o Senhor merece. Eu me prostro diante do teu trono para cantar louvores a Ti, pois em todo o tempo tenho provado que o Senhor é bom e experimentado da tua fidelidade. Quero entregar a Ti as primícias do meu coração, um coração cheio de amor, de misericórdia, de compaixão e de perdão, um coração que não desvia das dificuldades do meu próximo. Te adoro, Senhor, por tua infinita graça!

Em nome de Jesus,

Amém!

NADA PODE ESTAR ACIMA DE DEUS EM
NOSSA VIDA. ELE É O NOSSO BEM MAIOR.

17 de Julho

"Obedeçam aos meus decretos e pratiquem-nos. Eu sou o Senhor que os santifica." (Lv 20:8)

Deus santo, justo e excelso, diante de tudo o que és, quem não Te adorará? Os teus gloriosos feitos Te fazem eternamente digno. Acima de todo nome está o teu nome. O Céu é o teu trono, Senhor, e a Terra o estrado dos teus pés. O teu Espírito, que habita em mim, me faz conhecer de Ti, aprender de Ti e amar-Te cada dia mais. Sem Ti nada sou, nada posso, nada possuo. Sei que Tu és muito mais do que eu conheço. Revela-Te a mim, Espírito Santo de Deus, cada vez mais, para que eu possa Te conhecer intimamente e desfrutar de tudo o que Tu és. Envolve-me com a tua luz e deixa-me inundar pela tua glória. Faz-me experimentar da plenitude da tua presença, deleitar-me em Ti; em tuas águas quero mergulhar mais fundo. Quero mais do teu Espírito, Senhor, cobre-me com a tua unção; necessito beber da tua fonte. Tu és a fonte, Senhor; fonte de águas vivas dentro de nós. Cada dia mais quero beber do teu rio e saciar a sede do meu espírito, a sede da minha alma. Vem me restaurar, Senhor, vem me santificar, mudar todo o meu viver com a água viva que flui do teu grande amor.

Em nome de Jesus,

Amém!

"SANTIFICAÇÃO É O TRABALHO DA GRAÇA DE DEUS EM NÓS PARA INCLINAR NOSSOS CORAÇÕES A PENSAR E SENTIR SUA SANTA VONTADE." (JOHN PIPER)

18 de Julho

"O Senhor é o meu rochedo, e o meu lugar forte, e o meu libertador;
o meu Deus, a minha fortaleza, em quem confio; o meu escudo,
a força da minha salvação, e o meu alto refúgio." (Sl 18:2)

Senhor Deus do Universo, Deus de toda a Criação, eu Te invoco nesta manhã, ó Deus digno de toda honra e adoração. Tu és o meu escudo, o meu rochedo, em quem me refugio e espero. Ainda que o tempo pareça demorado, eu confio em Ti, porque sei que Tu és o dono do tempo e nada foge ao teu controle. Ainda que tudo possa parecer perdido, eu prossigo, confiadamente, pois faço de Ti a minha fortaleza e tenho consciência das tuas promessas. Só o Senhor nos dá graça e, com a tua destra fiel, nos guia em segurança. O Senhor nos preserva quando tudo a nossa volta parece ruir. As circunstâncias da nossa vida podem se alterar, mas o Senhor é aquele que nunca muda e nunca falha. Reconheço a tua presença em todos os meus caminhos, ó Deus, vejo o teu agir em mim. Meus inimigos nunca prevalecem, o Senhor os abate quando se levantam contra mim, colocando-me na fenda da sua rocha. Não tem coisa melhor do que caminhar Contigo, abrigar-me em Ti e confiar em tuas promessas, Senhor. Sei que sempre saciarás as minhas necessidades nas batalhas. Glórias a Ti eternamente.

Em nome de Jesus,

Amém!

A VIDA COM DEUS NOS TORNA CONFIANTES
DIANTE DAS ADVERSIDADES, NOS TRAZ PAZ
E ESPERANÇA, NOS FAZ VIVER SEM MEDO.

19 de Julho

"O Senhor Deus ilumina o caminho das nossas vidas. Ele expulsa todas as trevas, esclarece as dúvidas e os temores." (Sl 84:11-12)

Senhor Jesus, Tu és maravilhoso sobre todas as coisas. Nesta manhã, peço-Te que me leve além das minhas vontades, dos meus desejos; quero os teus caminhos trilhar. Flui em mim a tua unção, faz transbordar, em meu coração, a alegria de estar junto de Ti. Vem, neste dia, os teus planos realizar e, com a tua mão, vem guiar meu caminhar. Ilumina as veredas da minha vida, pois Tu és a luz que me conduz. Assim como sol dá vida e alimenta os seres vivos na Terra, a nossa fonte de suprimento é o Senhor. Perdoa os meus pecados, pois jamais quero sair da tua presença, só quero Te amar de forma mais intensa, Te ouvindo, Te sentindo, descobrindo mais e mais o teu amor. Não consigo viver mais sem Ti, Senhor. Diante da tua cruz eu me prostro e me rendo. Por ela fomos justificados, pelo teu sangue, lavados; pelo Cordeiro imolado, passamos da morte à vida, por isto para sempre o teu nome será exaltado. Aleluia! Grande, ó Senhor, maravilhoso é o teu amor. Encontra em mim algum valor e recebe meu louvor, com toda a gratidão que tenho em meu coração. Te amo, meu Senhor.

Em nome de Jesus,

Amém!

"DEIXA A LUZ DE DEUS BRILHAR SOBRE A TUA VIDA E ILUMINAR O CAMINHO POR ONDE VOCÊ PASSAR." (MARCOS PAULO SOUZA)

20 de Julho

"Confia no Senhor de todo o teu coração e não te estribes no teu próprio entendimento. Reconhece-o em todos os teus caminhos, e ele endireitará as tuas veredas." (Pv 3:5-6)

Deus meu, amado meu e Senhor, com tudo o que tenho, com tudo o que sou eu, me rendo aos teus pés para Te adorar. Não tenho palavras para agradecer tua bondade, teu amor, tua fidelidade que me acompanham dia após dia, fazendo-me reconhecer-Te em todos os meus caminhos. Permite-me alinhar meus passos em tua direção e coloca-me no centro da tua vontade em todos os dias da minha vida. Não quero confiar em homens, quero descansar no Senhor e no teu cuidado para comigo. Não me deixes confiar em mim mesma, me apoiar em meu próprio entendimento; a tua palavra diz que isto é insensatez. Precisamos caminhar sempre dependentes de Ti, só o Senhor tem o melhor para nós, só assim o Senhor pode endireitar as nossas veredas. Dá-me sabedoria para ser obediente aos teus ensinamentos, pois tudo provém de Ti. Bendito é o homem que confia no Senhor e cuja esperança está no Senhor. Ensina-me a reconhecer a tua soberania divina, Pai, e livra-me de confiar em mim mesma. O Senhor é a fonte de todas as bênçãos, meu adorado Deus.

Em nome de Jesus,

Amém!

BUSQUE OS CAMINHOS DO SENHOR E ALINHE-SE À VONTADE DELE, PARA QUE TUDO LHE VÁ BEM.

21 de Julho

"Ele nos libertou do império das trevas e nos transportou para o Reino do filho do seu amor, no qual temos a redenção, a remissão de pecados." (Cl. 1:13-14)

Ó meu Senhor Jesus, dou graças a Ti, nesta manhã, com alegria em meu coração, por viver mais este dia podendo contemplar a beleza da tua criação. Louvado seja o Senhor, Deus Todo-Poderoso! Sou grata a Ti por tudo o que Tu és. Quero Te dar toda a glória e a adoração que mereces. Quero que minhas ações Te glorifiquem diante dos homens. Bendito és, Senhor, Deus de maravilhas. Bendito é o teu amor, santo e sublime, que ilumina o nosso coração e nos mostra a luz da salvação. Bendita é a tua graça que nos redimiu e nos salvou. Senhor Jesus, Deus meu e Senhor, Tu és digno, pois, sendo santo, se fez pecado, sendo bendito, se fez maldição, tornou-se homem sendo Deus, esvaziando-se de toda a sua glória por amor de nós, para que pudéssemos nos livrar do império das trevas, para viver a liberdade de uma nova vida com o Pai. Aleluia! Ó Deus maravilhoso, sublime, que preço alto foi pago para que eu esteja aqui, agora, na tua presença. Sendo o autor da vida, deu a vida por todos nós, pecadores. para todo o sempre bendirei o teu nome e o teu amor, Jesus. Para todo o sempre cantarei que Tu és o Senhor, o nosso Salvador!

Em nome de Jesus,

Amém!

SEM O SENHOR JESUS VOCÊ CAMINHA NAS TREVAS, PERDIDO NESTE MUNDO. QUE A SUA VIDA SEJA EDIFICADA NO TEMOR DO SENHOR, NA LUZ DE CRISTO.

22 de Julho

"Arrependei-vos, pois, e convertei-vos, para que sejam apagados os vossos pecados, e venham assim os tempos do refrigério pela presença do Senhor." (At 3:19)

Pai Amado, Deus bendito, obrigada pelo teu amor por nós, a ponto de enviar Jesus, teu único filho, para morrer na cruz, em nosso lugar, recebendo sobre ele todos os nossos pecados, as maldições que estavam sobre nós e enfermidades, nos substituindo para que tivéssemos direito a uma vida abundante. Sei que esta plenitude de vida está disponível para nós não porque merecemos, mas pela graça. Pela graça nos tornamos benditos do Senhor que, através da sua obra, se fez maldição em nosso lugar. Por causa da tua maravilhosa graça, Jesus, foram deixados para trás todos os meus pecados, todos eles foram apagados, e o registro da minha dívida, anulado; me deste uma nova vida. De glória em glória, o Senhor tem me transformado, uma nova história o Senhor tem escrito para mim e para todos os que o reconhecem. Aleluia! Senhor, muitos não Te conhecem e estão clamando por uma mudança. Capacita-me e usa-me para atrair vidas e ensiná-las a gerar um relacionamento íntimo com o Senhor; só assim elas poderão viver um novo tempo em suas vidas. É o que eu Te peço, de todo o meu coração. Usa-me como um canal do teu amor.

Em nome de Jesus,

Amém!

ENTREGUE SEU CAMINHO AO SENHOR E ELE ESCREVERÁ UMA NOVA HISTÓRIA EM SUA VIDA.

23 de Julho

*"Mas o Conselheiro, o Espírito Santo, que o Pai enviará
em meu nome, lhes ensinará todas as coisas e lhes fará
lembrar tudo o que eu lhe disse." (Jo 14:26)*

Poderoso Deus da minha salvação, grande é o Senhor e mui digno de ser louvado. Tu és o Eterno, Deus imutável e adorável, o único e verdadeiro Deus, a quem adorarei por toda a minha vida. Necessito do teu Espírito operando em mim, através de mim, sobre mim, para me dirigir neste tempo em que as trevas têm destruído o mundo; é o que temos vivido nestes dias, Pai. As misericórdias do Senhor são a causa de não sermos consumidos, elas não têm fim, são como uma fonte que nunca se esgota. A tua fidelidade se estende de geração a geração. Ensina-me a andar no temor do Senhor, com lealdade e inteireza de alma. Que meu coração não seja mal e infiel. Que eu seja uma serva boa e leal aos teus propósitos, aos teus mandamentos, à tua palavra. Conduz-me, Espírito Santo, ensina-me o que convém, ilumina a minha vida, orienta os meus passos, me livra da escuridão. És o meu guia, meu conselheiro, meu fiel companheiro. Te amo com amor verdadeiro, amor que vou proclamar ao mundo inteiro como genuíno luzeiro. Que a tua luz, em mim, manifeste a tua glória, Senhor.

Em nome de Jesus,

Amém!

TENHA FÉ; ENQUANTO VOCÊ TIVER O ESPÍRITO SANTO
EM SUA VIDA, NUNCA ESTARÁ SÓ. ELE É O ÚNICO
QUE PODE GUIAR VOCÊ À PRESENÇA DE DEUS.

24 de Julho

"Ensina-me, Senhor, o teu caminho, e andarei na tua verdade; une o meu coração ao temor do teu nome." (Sl 86:11)

Ó Deus meu, quão grande és Tu, Senhor. Quão maravilhosa é a tua presença que nos cerca por todos os lados; como é forte o teu amor, que cura toda a minha dor. Como é libertador o teu perdão, que me livrou de toda a escravidão e me trouxe redenção, auxílio e proteção. Tu és incomparável e irresistível; ninguém é o mesmo ao encontrar-se Contigo. Tudo se transforma na tua companhia. O Senhor muda o tempo, muda circunstâncias, muda a nossa mente e o nosso coração. O Senhor mudou o meu viver quando morreu em meu lugar. Já não sei mais existir sem Ti. Oro ao Senhor como fez Davi: "Sonda-me, ó Deus, e conhece o meu coração; prova-me e conhece os meus pensamentos. Vê se há em mim algum caminho mau, e guia-me pelo caminho eterno". Aperfeiçoa-me pelo poder do teu Espírito Santo, ó Deus, faz-me crescer em graça, em conhecimento e, sobretudo, em intimidade com o Senhor. Que eu seja santificada pela tua palavra e conduzida a uma vida totalmente dependente de Ti. Que o meu coração expresse a Ti, todos os dias, uma verdadeira adoração.

Em nome de Jesus,

Amém!

DEIXE DEUS TE MOSTRAR O CAMINHO E GUIAR OS TEUS PASSOS, TUDO VALERÁ A PENA.

25 de Julho

"Darei graças ao Senhor por sua justiça; ao nome do Senhor Altíssimo cantarei louvores." (Sl 7:17)

Paizinho querido, neste dia quero experimentar tudo o que tens para mim, Senhor. Obrigada por me guiar nos teus caminhos, caminhos de vida, de amor, de família, de verdade, de misericórdia, de esperança,… E levar-me aos mais altos níveis da tua presença. Como é bom estar Contigo, perceber e sentir a tua fidelidade, experimentar a tua paz e ter um coração rendido a Ti. Tu és a razão do meu viver. Abre os Céus nesta manhã, Pai, e recebe toda a gratidão do meu coração. Gratidão por ter me feito tua filha, pelo teu amor de Pai que me faz Te conhecer e Te amar cada dia mais. Obrigada pelo sol da tua justiça que brilha sobre a minha vida e sobre toda a minha família, pelas tuas virtudes reveladas a todos nós, teus filhos, pela renovação da tua misericórdia sobre nós. Obrigada pela tua verdade que é estabelecida no meu coração, me capacitando a aplicar o teu Evangelho no meu dia a dia. Quero ser canal da tua verdade, do teu amor, da tua paz; ser inspiração na vida das pessoas, como testemunha do teu amor. Quero proclamar que Jesus é o Senhor e viver todos os dias para o teu louvor.

Em nome de Jesus,

Amém!

TODO DIA É DIA DE LOUVAR E DE AGRADECER A DEUS. VOCÊ JÁ FEZ ISTO HOJE?

26 de Julho

"Os justos clamam, o Senhor os ouve e os livra de todas as tribulações." (Sl 34:17)

Ó Deus Maravilhoso, Deus que dirige toda a história, eu me rendo a Ti nesta manhã para Te adorar, para Te dar graças e Te glorificar. Tu és o meu Deus forte, o Deus de livramentos, que vai à minha frente como o Grande General, derrotando os meus inimigos. Sei que posso todas as coisas em Ti, Senhor, o Deus que me fortalece. No teu controle tudo está, o Senhor tudo governa, és para tudo a nossa resposta. Como é bom Te louvar, Paizinho, dizer que és o meu Senhor, a rocha firme que me sustenta. Como não glorificar o teu nome; nome santo e poderoso. Eu levanto as minhas mãos para Te adorar. Anseio por conhecer-Te mais e mais, experimentar a tua graça e o teu favor, entender os teus propósitos, as tuas promessas. A tua palavra anuncia que todas as nações Te louvarão, todos os povos Te exaltarão por causa do teu amor e da tua fidelidade. Aleluia! Toma o teu lugar e vem reinar na minha vida, Senhor. Reina sobre todos aqueles que Te buscam e revela-Te àqueles que não Te conhecem. Recebe minha expressão de amor, de gratidão e de louvor. O meu melhor eu quero Te dar.

Em nome de Jesus,

Amém!

QUANDO DEUS PERMITE LUTAS NA SUA VIDA, ELE JÁ PREPAROU A VITÓRIA.

27 de Julho

"Tu, Senhor, guardarás em perfeita paz aquele cujo propósito está firme, porque em Ti confia." (Is 26:3)

Pai amado, no amanhecer deste lindo dia que o Senhor criou, venho render-Te graças, Te louvar e Te glorificar, pois Tu és Deus bendito. Tu és o nosso pastor e nada nos faltará na tua presença. Tu és a nossa fonte de riqueza, és a nossa provisão, socorro presente em tempos difíceis. Firme está meu coração nas promessas do Senhor. Sei que em Ti eu posso prosseguir, porque, no teu tempo, tudo vai se cumprir. Dá-me conhecimento e sabedoria para as tuas leis eu seguir. Tu és um Deus inabalável, um Deus infalível, um Deus que não muda, que me traz uma nova perspectiva todos os dias, quando me levanto. Obrigada, Senhor, por ter me escolhido para Ti, por ter me alcançado com o teu amor. Não permitas que nenhuma iniquidade me separe de Ti e que nenhum pecado venha me impedir de a tua voz ouvir. Perdoa todos os meus erros, Senhor. Eu me reconheço pecadora e quero ser moldada pelo teu Espírito. Mais que o ar que eu respiro, a minha alma anseia por Ti, eu preciso de Ti, pois sem Ti não tem sentido existir. Glorias eu Te dou, porque tenho a Ti. Eu Te amo, meu Senhor.

Em nome de Jesus,

Amém!

CONFIE EM DEUS DE TODO O SEU CORAÇÃO. NÃO HÁ O QUE TEMER QUANDO SE ESTÁ COM ELE.

28 de Julho

"Sede pois, imitadores de Deus, como filhos amados, e andai em amor, como também Cristo vos amou, e se entregou a si memo por nós, em oferta e sacrifício a Deus, em cheiro suave." (Ef 5:1-2)

Ó Pai de amor, Deus de Maravilhas, Salvação e Glória; honra e poder pertencem a Ti. Não tem como contemplar este dia que o Senhor criou e não me prostrar diante da beleza e da magnitude de tuas obras. Pai querido, bendito e santo, Deus Todo-Poderoso, em Ti nos alegramos, em Ti nos deleitamos, em Ti esperamos, em Ti depositamos toda a nossa confiança. Quão belo, magnífico, majestoso é o Senhor! É impossível não ficar embevecidos com a tua grandeza, com tudo o que Tu és, ó Rei da Glória. Quero andar como filha da luz, sabendo discernir o que é agradável a Ti, procurando entender qual é a tua vontade, para estar sempre no centro do teu querer. Quero caminhar cheia do teu Espírito, andar em amor como Cristo nos amou. Derrama em mim a tua unção, ó Espírito Santo, para que eu possa fazer o que apraz ao meu Pai. Quantas são as distrações que tentam me afastar de Ti, tirar os meus olhos da tua face! Não me deixes encantar com nada deste mundo, mas que eu caminhe dando graças a Ti, atenta ao que tens falado ao meu coração. Que os meus lábios sempre celebrem quem Tu és.

Em nome de Jesus,

Amém!

SEJAMOS IMITADORES DAQUELE QUE É PERFEITO EM TODA PLENITUDE. QUE SEU MODO DE AGIR REVELE A VONTADE DO PAI CELESTIAL.

29 de Julho

"Como é feliz o povo que aprendeu a aclamar-te, Senhor, e que anda na luz da tua presença." (Sl 89:1)

Deus amado, querido Pai, Deus maravilhoso e Senhor, aquele que vai à nossa frente abrindo os caminhos, quebrando barreiras, trabalhando em favor dos que em Ti confiam; glórias eu Te dou diante do teu altar, onde me prostro para Te louvar, dizer que Tu és digno de ser exaltado e adorado. Eu me rendo a Ti, Senhor, Te dou meu coração cheio do meu amor e gratidão. Não vejo razão na minha vida sem Ti, minha alma anseia por Ti. Quero sentir o teu toque, me encher do teu amor, me envolver em teus braços. A tua presença é o que eu mais quero; eu só quero estar onde Tu estás. Vem, Senhor, abraça-me, vem, Espírito Santo, me envolver com a tua glória; tudo o que há em mim, quero Te entregar. Todo o meu viver quero Te oferecer. Que a minha entrega seja agradável a Ti, como oferta viva em teu altar. O meu melhor eu quero Te dar, Pai, pois o teu melhor deste na cruz, por mim: Jesus, o caminho para estar Contigo todos os dias. Aleluia! Obrigada, Pai, por Jesus Cristo, a luz que me iluminou e me tirou da escuridão deste mundo. Te amo, Jesus, de todo o meu coração, até a eternidade.

A PRESENÇA DE DEUS É O QUE PODE MUDAR A SUA VIDA, NÃO HÁ OUTRA FORMA, NÃO HÁ OUTRO CAMINHO.

30 de Julho

" Mas em todas estas coisas somos mais que vencedores, por aquele que nos amou." (Rm8:37)

Senhor, Rei meu, eu Te adoro, Poderoso Deus; engrandecido sejas, Senhor. Tu és maravilhoso, és soberano, Senhor dos Céus e da Terra, que tem o domínio de todas as coisas. O teu governo nunca passará. O teu trono está firme desde a antiguidade; desde a eternidade Tu existes. O teu governo é inabalável e a tua vontade para sempre prevalecerá. Todo o teu caráter revela a tua santidade, Pai. A beleza das tuas obras revela a tua perfeição. Não há outro como Tu. Nesta manhã, contemplo a tua face de amor e me prostro diante da tua grandeza. Santo, santo, santo, é o Senhor. Justos e verdadeiros são os teus caminhos. Fonte de vida são os teus preceitos, dá-me o teu Espírito para sempre me guiar, conduz-me com tua destra fiel e revela os teus planos a mim. Todos os dias escolho reinar contigo, Jesus. A tua palavra diz que ao que vencer, será dado sentar-se contigo em teu trono. Esta é a minha recompensa, Senhor, viver ao teu lado por toda a eternidade. Que a minha gratidão se traduza em compromisso Contigo. Que meus passos sejam firmados pelos princípios da justiça, definidos em tuas leis.

VIVA UMA VIDA QUE GLORIFIQUE
A DEUS TODOS OS DIAS.

31 de Julho

agosto

"Acima de tudo, porém, revistam-se do amor, que é o vínculo perfeito." (Cl 3:14)

Deus majestoso, santo e poderoso, quão maravilhoso és! Eu me prostro diante de Ti para render graças ao único que é digno de receber toda honra, glória e poder; ao único que possui toda a autoridade nos Céus e na Terra. Em todas as coisas eu Te agradeço e Te glorifico pelo teu amor, Senhor, que nos alcançou e nos reconciliou com o Pai, nos levando ao trono da graça. Felizes são aqueles que creem nesta verdade eterna. Quanta leveza ela nos traz! Ó Espírito Santo, todos os dias me revelas o amor de Deus, este amor infindável, ilimitado. Através da fé, me fazes ver o que os meus olhos não podem enxergar; me fazes embeber do amor do Pai e aprender a amar. Amar os necessitados, amar os perdidos com um amor servidor, com um amor incondicional, que não exige condições, que não faz acepção de pessoas. Somos capacitados pelo próprio Deus a seguir amando a todos independente do que são e de como se comportam. Aperfeiçoa-me, Senhor, para que eu seja um instrumento nas tuas mãos e possa levar este amor que está em teu coração aos que ainda não Te conhecem.

Em nome de Jesus,

Amém!

AMOR AO PRÓXIMO NÃO É UM SENTIMENTO, É UMA ATITUDE, VOCÊ ESCOLHE PRATICAR. SÓ QUEM CONHECE A DEUS É CAPAZ DE AMAR.

1º de Agosto

"Mas Deus prova o seu próprio amor para conosco, pelo fato de ter Cristo morrido por nós, sendo nós ainda pecadores." (Rm 5:8)

Pai querido e amado, Deus do meu coração, como é bom chamá-Lo de Pai, como é bom sentir o teu amor, mesmo não merecendo este amor tão intenso, que é incondicional. O Senhor não nos vê como uma multidão, o Senhor nos chama pelo nome e por isto podemos nos sentir tão especiais. Somos seus ungidos. Pai, não me deixes esquecer este amor, porque sei que jamais Te esquecerás de mim. O Senhor nunca se esquece dos teus filhos. Não me deixes esquecer o sangue, a cruz, o preço deste amor. Obrigada por nos aceitares como somos, por nos fazeres experimentar este amor de Pai e sentir que somos amados e importantes para Ti. O teu amor nos libertou, o teu amor nos traz cura, o teu amor nos faz reconhecer a obra de Cristo, nosso Senhor e Salvador, o amor que nos uniu ao Pai; o amor que está disponível para nós a cada manhã. Obrigada, Pai, porque o teu amor permanece para sempre, nunca falha, nunca acaba, nunca me abandona; por tua bondade me conduzirás. Aleluia! Bendito seja o Senhor para todo o sempre, Deus de toda glória!

Em nome de Jesus,

Amém!

VOCÊ É MUITO ESPECIAL PARA DEUS! ELE TE AMA DO JEITO QUE VOCÊ É, MESMO COM SUAS IMPERFEIÇÕES.

2 de Agosto

*"Mas ele disse: Antes, bem-aventurados os que ouvem
a palavra de Deus e a guardam." (Lc 11:28)*

Ó Senhor Deus e Pai, bendirei ao Senhor em todo o tempo e os meus lábios o louvarão neste dia, com cânticos de adoração por tudo o que Tu és. Bendito és Tu, Senhor, santo é o teu nome. És a minha vida, Senhor, o motivo de todo o meu louvor. Soberana e imutável é a tua palavra. Ela nos ensina a Te bendizer e nos leva a Te conhecer. Ela nos ensina o teu caminho e nos capacita a Te buscar. Ela nos guia a toda verdade. Ela traz cura a nossa alma e conforta o nosso coração. Ela regozija o nosso espírito e alimenta a nossa fé. Ela está firmada nos Céus, aleluia! Ó Pai, estamos vivendo dias tão difíceis, perdidos por não conhecer os teus propósitos. Precisamos remir o tempo, como o apóstolo Paulo nos adverte. Mantém a minha mente renovada e revela-Te a mim na tua palavra. Quero meditar nela de dia e de noite, como disseste a Josué, para que tudo Te fosse bem. Quero andar nos teus caminhos e nunca me desviar deles, conhecer a tua vontade e viver no centro dela. Quero Te honrar, ser uma filha que agrada o teu coração, que Te glorifica em todos os dias. Dirige todos os meus passos, Senhor, tem prazer em mim; quero alegrar-te com o meu viver.

Em nome de Jesus,

Amém!

INVISTA SEU TEMPO EM LER A BÍBLIA, EM
CONHECER A PALAVRA DE DEUS, PARA QUE POSSA
APRENDER DELE E ANDAR EM SEUS CAMINHOS.

3 de Agosto

"Como é precioso o teu amor, ó Deus! Os homens encontram refúgio à sombra das tuas asas." (Sl 36:7)

Tão formoso e precioso és, meu Senhor; Te rendo graças, neste dia, por tudo o que tens feito por mim. Tua glória enche a Terra e os Céus, está contemplada em todo o Universo. Em toda obra de tuas mãos podemos reverenciar a tua perfeição. Lá na cruz deste-me vida eterna, me concedeste salvação. Por causa do teu sangue derramado, me deste entrada junto ao lugar Santíssimo, ao trono celestial. Hoje tenho livre acesso ao Pai, tenho intimidade com Ele e é esta comunhão que tem me sustentado e me transformado dia após dia. Aleluia! Maravilhoso é estar na tua presença, Pai, poder Te adorar e sentir o teu amor. Quero viver cada dia pelo poder deste amor. Ele me ensina, ele me liberta de todas as correntes, me abriga e me traz paz; ele me coloca junto de Ti. Que amor incomparável é este, Senhor? Amor inexplicável, que vai além do que podemos imaginar. Abre os Céus, Deus meu, para que a minha adoração suba como sacrifício agradável a Ti. A minha vida eu consagro a Ti neste dia e enquanto eu viver. Cantarei louvores ao teu nome e renderei graças por tudo que Tu és, eternamente.

Em nome de Jesus,

Amém!

JESUS É O AMOR DE DEUS. SÓ ELE PODE
AMAR DO JEITO QUE VOCÊ MERECE.

4 de Agosto

"Ensina-me a fazer a tua vontade, pois és o meu Deus; guie-me o teu bom Espírito por Terra plana." (Sl 143:10)

Quão formoso és, Senhor! Quão magnifico e poderoso és! Quero declarar, neste dia, que eu abro mão da minha vontade para que a tua vontade se cumpra em mim. Os meus lábios se juntam ao meu coração para Te louvar, para exaltar o teu santo nome e Te glorificar por tudo o que Tu és. Quero contemplar a tua santidade e, entre os querubins, Te adorar em espírito e em verdade. Tu és o meu tesouro, o meu único e verdadeiro amor, Tu és tudo para mim. Dependente de Ti eu sou, para onde fores eu vou. Nunca irei me esquecer que teu sangue, por mim, derramaste, e os meus pecados perdoaste, das trevas me libertaste. Com teu sangue nos compraste para fazer de nós, teus filhos, reis e sacerdotes. O Senhor nos chamou para vestirmos as nossas vestimentas sacerdotais e irmos para uma frente de batalha Contigo, para resgatar os perdidos. Aleluia! Eis-me aqui, Senhor. Que, através da minha vida, muitos achem graça diante de Ti e entrem pela porta da salvação. Quero cumprir o meu chamado para servir ao teu propósito eterno. Te amo, Deus! Usa-me para a tua glória.

Em nome de Jesus,

Amém!

PERMITA QUE A VONTADE DE DEUS TE GUIE E SE TORNE TAMBÉM A SUA.

5 de Agosto

"Assim conhecemos o amor que Deus tem por nós e confiamos nesse amor. Deus é amor. Todo aquele que permanece no amor, permanece em Deus e Deus nele." (1 Jo 4:16)

Ao único que é digno de receber a honra, a glória, a força e o poder, ofereço meu louvor e toda a minha gratidão. Fomos criados, Senhor, para declarar com todo o nosso entendimento, dia e noite, que Tu és digno e santo. Santo, Santo, Santo, Santo és, Senhor. Obrigada por eu estar aqui, sentindo a tua presença, Te adorando, Te exaltando, experimentando o mover do teu Espírito Santo sobre mim. Gloriosa é a tua graça, infalível e cheia do teu amor. Obrigada, Jesus, por ser o agente deste amor grandioso, que nos revela o teu favor, que nos aliança com o Pai e nos faz conhecer da tua bondade e misericórdia. Obrigada, porque a tua graça está disponível a todos nós que cremos em Ti, é o maior presente que já recebi. Tu és maravilhoso, Jesus! De Ti fluem todas as boas dádivas. Nada que eu faça poderá retribuir o teu sacrifício na cruz do calvário, que nos libertou da morte eterna e que custou um preço tão alto. Tudo o que sofreste foi por amor a mim. Ensina-me a honrar este amor, Senhor. Quero Te adorar por toda a minha vida e declarar este grande e inexplicável amor. Te amarei para sempre, Jesus!

QUE O ESPÍRITO SANTO TE DÊ SABEDORIA PARA RECONHECER E HONRAR O AMOR DE DEUS POR VOCÊ.

6 de Agosto

"E todos nós, com o rosto desvendado, contemplando, como por espelho, a glória do Senhor, somos transformados, de glória em glória, na sua própria imagem, como pelo Senhor, o Espírito." (2 Co 3:18)

Pai Celeste, com inteireza de coração, sinceridade e humildade, eu me prostro aos teus pés, para render graças e louvores a Ti. Maravilhosa é a aliança que tens com aqueles que chamas à tua eterna graça. Por meio da tua aliança conosco nos fazes contemplar tuas maravilhas, nos unes a Jesus, nosso Salvador. Essa aliança nos deu a garantia da vida eterna. Um dia sentaremos com o Senhor e comeremos Contigo, ó grande Rei. Aleluia! A natureza do pecado que habitava em nós deu lugar ao teu Espírito Santo, que hoje mora dentro de nós. Ó Deus grandioso, que eu seja capaz de viver uma vida cada dia mais santa, em conformidade com a tua vontade. Concede-me, Espírito Santo, a vitória sobre o pecado. Não permitas que eu me distancie da verdade, que haja incredulidade em meu coração, mas conduz-me a seguir o amor de Cristo, revelado nas Escrituras; o amor que acolhe, que promove o bem ao próximo, que vai ao encontro do outro, o amor que me resgatou. Que este amor venha transbordar em minha vida e alcançar outras pessoas. Todos os dias quero viver o teu amor, Senhor.

Em nome de Jesus,

Amém!

RENOVE A SUA ALIANÇA COM DEUS
E EXPERIMENTE UMA VIDA SENDO
TRANSFORMADA DE GLÓRIA EM GLÓRIA.

7 de Agosto

"Antes de formá-lo no ventre eu o escolhi; antes de você nascer, eu o separei e o designei profeta às nações." (Jr 1:5)

Pai Santo, amado meu, quero iniciar este dia olhando para o autor e consumador da minha fé, Jesus Cristo, meu Deus e Salvador. Te rendo graças, Senhor; Tu criaste o Universo e tudo que nossos olhos podem contemplar; és infinitamente mais excelente do que tudo o que fizeste. Graças ao Senhor, temos o Espírito Santo dentro de nós, o que nos faz mais parecidos Contigo, o que nos concede manifestar a tua glória. O Senhor nos conhece, Jesus, e sabe o propósito para o qual nós fomos formados. Antes mesmo de me formar no ventre da minha mãe, o Senhor já havia me escolhido, já conhecia todos os meus dias. Hoje tenho o privilégio de pertencer à família de Deus e viver em unidade com meus irmãos. Isto só foi possível porque o Senhor nos amou com amor eterno e com cordas humanas e laços de amor nos atraiu. Aleluia! Hoje o Senhor nos convida a ser como cordas humanas e laços de amor para trazer aqueles que ainda não o conhecem e não experimentaram do seu verdadeiro amor. Eis-me aqui, Senhor. Este amor genuíno se expressa em ações. Te honrarei Te servindo com a minha vida.

Em nome de Jesus,

Amém!

NÃO RESISTA E SE PERMITA SER ATRAÍDO PELOS LAÇOS DO AMOR DO PAI. ELE TE CHAMOU ANTES QUE VOCÊ FOSSE FORMADO NO VENTRE DE SUA MÃE.

8 de Agosto

"Mas ele respondeu: Antes bem-aventurados os que ouvem a palavra de Deus, e a observam." (Lc 11:28)

Ó Deus, Te adoro, Senhor! Tu és a razão do meu viver. Tu és Deus conosco, Deus por nós, um Deus que nunca falha. És Deus de perto, és Deus de longe, nos Céus e na Terra estás, e nenhum outro como Tu ninguém verá. Só em Ti, Senhor, encontro paz, e, nesta vida tão fugaz, só teu amor me satisfaz. Ele me alcançou, me conquistou e me salvou. És dono de todo o meu ser, em Ti está todo o meu prazer. Bem-aventurados são os que conhecem teus ensinamentos, pois eles orientam os nossos dias. A tua palavra nos ajusta à tua vontade, nos coloca firmes e seguros diante das tempestades, nos faz caminhar na luz. Ela é o meu farol. Obrigada, Espírito Santo, por falar ao meu coração, por me ensinar os teus caminhos, por me cercar com o teu amor, com a tua sabedoria e com a tua paz. Quero ser a reprodução viva das bênçãos do Senhor na vida das pessoas que me cercam. Quero ser instrumento nas tuas mãos; com a minha vida, manifestar a minha gratidão a Ti. Por onde eu for, anunciarei o teu amor, amado meu, meu bom pastor. Por onde me levares, Te seguirei.

Em nome de Jesus,

Amém!

OBEDECER A PALAVRA DE DEUS É ABRIR MÃO DA NOSSA VONTADE PESSOAL PARA FAZER A VONTADE DO PAI E AGRADAR O SEU CORAÇÃO.

9 de Agosto

"E andai em amor, como também Cristo vos amou e se entregou a si mesmo por nós, em oferta e sacrifício a Deus, em cheiro suave." (Ef 5:2)

Bendito sejas tu, Deus meu e meu Salvador. Te adoro, Senhor, no teu santo monte. És amado da minh'alma, o meu libertador; és o meu bom pastor. Tua vida, por mim, a entregaste, com teu sangue me compraste e naquela cruz me salvaste. Teu sangue e poder renovaram todo o meu ser. Obrigada pelo teu sacrifício, Senhor. Pelo teu sangue temos vida. A tua dor nos trouxe de volta ao Pai, ela nos trouxe salvação, remissão, libertação. O que darei eu ao Senhor por todos os teus benefícios? A minha gratidão, Jesus, por tudo. O Senhor nos permitiu a honra de sermos encontrados pelo teu amor. Muito obrigada por me amar de forma tão individual e cuidar de mim. Sou alcançada pelas tuas bênçãos todos os dias. Que se abram os Céus e o teu reino venha sobre nós. Quero oferecer minha vida a Ti como oferta de amor e sacrifício. Quero minha vida em teu altar entregar e todos os dias Te adorar. Tu és dono de tudo o que há em mim. Recebe, Senhor, todo o meu ser, todo o meu querer. Exaltado e louvado sejas, Senhor, Deus Excelso, Deus Bendito, Deus de Amor.

Em nome de Jesus,

Amém!

O AMOR DE JESUS É INCONDICIONAL E CHEGA A TODOS QUE O QUEREM RECEBER.

10 de Agosto

"Nenhum mal te sucederá, nem praga alguma chegará a tua tenda. Porque aos teus anjos dará ordem a teu respeito, para te guardarem em todos os teus caminhos." (Sl 91:10-11)

Paizinho querido, neste amanhecer do dia, entrego a minha vida a Ti, para que possas me guiar na tua presença e cumprir o teu querer. Não me deixes ser governada por mim mesma, pelas minhas emoções, pelos meus sentimentos, mas que o Espírito Santo me conduza no caminho perfeito do Senhor. Abre o meu entendimento para que eu consiga discernir o que vem de Ti, permita-me compreender a tua vontade. Não permitas que eu seja enganada pelos meus adversários, que armam contra mim e me desejam o mal. Contigo nenhuma maldade pode prevalecer, debaixo das tuas asas o inimigo jamais pode me tocar. Sê comigo, Senhor, cobre-me com o teu amor e não me deixes à mercê do meu coração enganoso. Não quero confiar na minha própria força, escolho me entregar totalmente a Ti. Confiando em Ti e no teu amor, jamais serei abalada. O Senhor é a razão do meu viver, és tudo para mim. Toma-me em teus braços, ó Altíssimo, e dá ordem aos teus anjos que me guardem. Aonde quer que eu for, faça a tua glória resplandecer, para que sejas visto em mim.

Em nome de Jesus,

Amém!

QUE O SENHOR TE PROTEJA E TE GUARDE EM TODAS AS HORAS DO SEU DIA, QUE NENHUMA ARMA DO INIMIGO CONTRA SUA VIDA PROSPERE.

11 de Agosto

"E vos darei um coração novo e porei dentro de vós um espírito novo; e tirarei o coração de pedra da vossa carne e vos darei um coração de carne." (Ez 36:26)

———

Pai Celeste, Rei de Israel, santo é o teu nome, santa é a tua pessoa, a tua presença. Desde a eternidade o Senhor nos escolheu, nos designou para Ti, chamando-nos de filhos, quando ainda éramos teus inimigos. Mas nos atraíste para Ti com tua benignidade. Aleluia! No nosso encontro, foi impossível resistir ao teu amor. Hoje venho Te agradecer por ter me separado e me feito ovelha do teu aprisco, onde recebo todo o teu amor e cuidado. O Senhor conhece o secreto do meu coração, os meus pensamentos, os meus desejos mais ocultos. Eu também quero saber os teus segredos, quero ser íntima de Ti. O nosso coração é desesperadamente perverso e enganoso, Pai. Quantas vezes ele se alinha à vontade de nossa carne e não à tua! Substitui, Senhor, os meus interesses pelos teus; dá-me um coração rendido à tua vontade, manso e humilde, semelhante ao teu. Um coração novo, totalmente renovado, sensível à tua voz, cheio do teu Espírito. Vem, Espírito Santo, concede-me esta graça, molda-me à imagem do meu Senhor Jesus, e faz-me viver na luz da tua revelação.

Em nome de Jesus,

Amém!

PEÇA AO SENHOR QUE CRIE EM VOCÊ UM NOVO E PURO CORAÇÃO, CLAME AO ESPÍRITO SANTO PELA RENOVAÇÃO DO SEU INTERIOR.

12 de Agosto

"Venham! Adoremos prostrados e ajoelhemos diante do Senhor, o nosso Criador." (Sl 95:6)

Glórias eu Te dou, Senhor Deus, neste dia lindo que o Senhor criou. Contigo o celebrarei, com o teu Espírito me alegrarei. Com meus lábios o teu amor cantarei e na tua presença estarei. O teu nome exaltarei, o teu amor anunciarei e em todo tempo Te bendirei. Eu Te louvo porque sei que estás comigo, és o meu abrigo, o meu melhor amigo. Eu Te louvo pois Tu és santo, dia e noite me cobres com teu manto, alivias o meu pranto. Eu Te louvo porque tua misericórdia dura para sempre, porque és um Deus onipotente, onisciente, onipresente. Eu Te louvo pois Tu és a Verdade, és Deus de fidelidade, e me deste uma nova identidade. Eu Te louvo pelo Espírito Santo que a todos conduz e por Jesus Cristo, que, por nós, morreu na cruz. Eu Te louvo porque és o meu Pastor, me cobres com teu amor, cuidando de mim como uma flor. Eu Te louvo, Adonai, és meu Amado Pai, com teu coração me atrais e, do meu, o melhor de mim extrais. Aleluia! Eu Te amo porque Tu és Deus. Recebe, Senhor, a minha adoração, a minha gratidão, a minha veneração. Te amo, Te amo, Te amo!

Em nome de Jesus,

Amém!

O SENHOR É DIGNO DE SER ADORADO E PROCLAMADO TODOS OS DIAS, EM TODO TEMPO. SÓ ELE É DEUS E DIGNO DO NOSSO AMOR.

13 de Agosto

"Quem me serve precisa seguir-me; e, onde estou, o meu servo também estará. Aquele que me serve, meu Pai o honrará." (Jo 12:26)

Nesta manhã eu Te louvo, ó Deus do meu coração. Tu és o Rei do Céu e da Terra e estás assentado no trono do Universo, à direita de Deus Pai, o Todo-Poderoso, de onde comandas todas as coisas. Bendito seja o Senhor que nos criou para a glória de Deus e para Ele. Os pensamentos que tens a nosso respeito são de paz e de amor, os teus planos para nós são para nos levar a lugares altos. O Senhor é tão maravilhoso que se importa conosco e nos trata como se fôssemos únicos. Somos únicos aos teus olhos. A tua mão me levanta, me faz ficar de pé e me protege do mal. A tua palavra é poder e escudo para mim, é a Verdade revelada, na qual encontro força para prosseguir, onde encontro luz para o meu caminho. É ela que me ensina uma vida de retidão e me leva a conhecer-Te. Ela é a tua própria vida, Senhor. Eu me rendo a Ti, à tua soberania, ao teu amor, ao teu poder, ó Rei de todas as nações! Todo o meu ser anseia por Ti. Em adoração, levanto as minhas mãos e ofereço-Te meu coração. Usa-me, Deus, para o teu louvor, quero Te servir, meu bom Pastor.

Em nome de Jesus,

Amém!

"SERVIR É O PROPÓSITO DE TODO SER HUMANO, TUDO À NOSSA VOLTA ACONTECE POR MEIO DE UM SERVIÇO. SE QUERES TER ALEGRIA NA TERRA, NÃO PROCURES SER AQUELE QUE SÓ RECEBE, MAS AQUELE SERVE." (MARCELO FERREIRA CABRAL)

14 de Agosto

"Antigamente vocês mesmos viviam na escuridão; mas, agora que pertencem ao Senhor, vocês estão na luz. Por isso vivam como pessoas que pertencem à luz, pois a luz produz uma grande colheita de todo tipo de bondade, honestidade e verdade." (Ef 5:8-9)

Santo, Santo, Santo, é o Senhor de toda a Criação. Céus e Terra se submetem a Ti para louvar as tuas maravilhas. Graças eu Te dou pelo preço que pagaste pela minha salvação. Ó meu Senhor, com o teu sangue me compraste, meus pegados apagaste, restauraste, Contigo, a minha comunhão. Como não Te adorar e me prostrar diante de Ti? O derramar do teu amor me faz mergulhar nas águas do teu Espírito e entrar na intimidade do teu coração. Em Ti eu me encontro, Senhor. A tua luz desvanece toda a treva à minha volta, o brilho da tua glória me leva para junto de Ti. Pai, a tua luz me conduz na direção dos teus propósitos. És a luz que brilha sobre nós como o sol e ilumina nossos passos nos teus caminhos. Sem ela estaríamos perdidos neste mundo, sem saber para onde ir. Ó Senhor, distante de Ti já não posso viver, dependo de Ti, preciso de Ti como do ar que eu respiro. Nada tem sentido sem o Senhor. Nos criaste, ó Deus. Fomos feitos por Ti e para Ti. Leva-me para mais perto de Ti, Senhor, e faz-me viver no centro da tua vontade. Quero abraçar o chamado que tens para mim, proclamar o teu nome e Te servir. Te adoro, Deus!

Em nome de Jesus,

Amém!

"NÃO PARTICIPEM DAS COISAS SEM VALOR QUE OS OUTROS FAZEM, COISAS QUE PERTENCEM À ESCURIDÃO." (EF 5:11)

15 de Agosto

*"Nenhum dos deuses é comparável a Ti, Senhor, nenhum
deles pode fazer o que Tu fazes." (Sl 86:8)*

Deus bendito e santo, Senhor de toda glória, eu me rendo a tua soberania neste dia e me curvo diante da tua grandeza, do teu poder, da tua majestade. Tu és incomparável, inigualável; és Deus eterno, infinito em graça. Nada no Céu e na Terra é semelhante a Ti. Por mais que tentemos descrevê-Lo, tudo sempre será muito menor do que Tu és e podes fazer. Não há Deus maior, não há Deus tão grande como Tu, Deus meu. Apesar de tão poderoso e excelente, o Senhor se importa conosco e nos ama com amor eterno. Estávamos mortos em nossos delitos e pecados e o Senhor nos deu a vida. Éramos inimigos de Deus, mas fomos alcançados pela tua graça divina. Aleluia! Nada que eu fizer poderá retribuir este amor imensurável, inexplicável, que me trouxe a salvação. Obrigada, Pai, por tudo que Tu és! Obrigada por não nos dar o Espírito Santo por medida. Há sempre mais, infinitamente mais dele para nós, à nossa disposição. Vem, Espírito Santo, enche-me com a tua presença, transborda em mim a tua unção, quero estar cheia de Ti, viver para sempre Contigo.

Em nome de Jesus,

Amém!

CONFIE NO SOBERANO SENHOR E BUSQUE
CONHECÊ-LO MAIS. ISTO MUDA A NOSSA HISTÓRIA.

16 de Agosto

"Não entristeçam o Espírito Santo de Deus, com o qual vocês foram selados para o dia da redenção." (Ef 4:30)

Pai amado, eu entro na tua presença, nesta hora, em gratidão pelo que Tu és e por tudo o que tens feito na minha vida. Sou grata por tudo o que coopera para a minha edificação, pela construção do Senhor na minha vida através do teu Espírito Santo. Vem, Espírito Santo, realiza em mim a vontade do Pai, me conduz e revela-me aquilo que é o propósito Dele para a minha vida. Ser orientada na vontade do Pai é tudo o que desejo. Um dia estava longe de Ti, Senhor, mas me atraíste com cordas de amor. Era filha da ira, mas hoje sou tua filha, sou tua herdeira e coerdeira em Cristo. Sou propriedade exclusiva do meu Senhor, o teu Espírito Santo habita em mim, a tua imagem é revelada em mim. Aleluia! Faz multiplicar as tuas virtudes em mim, meu Senhor. Quero ser sinal da tua presença e da tua misericórdia. Onde as plantas dos meus pés pisarem, que comigo estejam o amor, a paz, o teu Santo Espírito. Reveste-me do teu poder para que eu possa testemunhar o Evangelho e fazer conhecido o teu amor. Livra-me de entristecer o teu coração, mas, ao contrário, usa-me para o teu louvor.

Em nome de Jesus,

Amém!

O ESPÍRITO SANTO É O ÚNICO QUE PODE TE LEVAR À PRESENÇA DE DEUS. DEIXE QUE ELE TE GUIE NESTE CAMINHO, NÃO DUVIDE DO SEU AMOR.

17 de Agosto

"Deus nos ressuscitou juntamente com Ele, e nos fez assentar nos lugares celestiais, em Cristo Jesus." (Ef 2:6)

Ó meu Deus e Pai, santo é o Senhor. Como é bom começar o dia na tua presença, olhar para Ti, Te sentir sempre, a todo o momento. A Terra pode tremer, os montes se abalarem, mas, continuamente, nossos olhos estarão voltados ao Senhor. Junto ao trono da graça, sabemos que temos socorro no tempo oportuno. Teu Espírito está sobre nós; nas regiões celestiais estamos assentados com Cristo, onde podemos subir à tua presença em oração e buscar as bênçãos que tens para nós. Estar sentado e reinando com Cristo é uma posição de autoridade, honra e triunfo para nós. Obrigada, pois em Ti, Senhor, somos mais que vencedores. Ensina-me a depender de Ti e não de mim mesma; não me permitas andar segundo o curso deste mundo. Espírito Santo, guia-me e faz-me caminhar com Cristo, por Ele e para Ele. Que os nossos olhos sejam iluminados neste entendimento, sempre colocados firmes em Jesus, autor e consumador da nossa fé. Não permitas, Senhor, perder esta posição privilegiada onde posso ter comunhão e intimidade Contigo. És o meu bem maior!

Em nome de Jesus,

Amém!

O QUE TEM TE IMPEDIDO DE FIXAR OS OLHOS EM JESUS? ELE ESTÁ ACIMA DE QUALQUER LUTA QUE VOCÊ ESTEJA ENFRENTANDO. É DELE QUE VIRÁ O SOCORRO.

18 de Agosto

"Reconheçam que o Senhor é o nosso Deus. Ele nos fez e somos dele: somos o seu povo, e rebanho do seu pastoreio." (Sl 100:3)

Amado Deus, obrigada por mais um dia na tua presença, pela oportunidade de desfrutar do teu amor que me cobre ao longo dos meus dias, me dando sentido e alegria de viver. Obrigada por esta família maravilhosa que o Senhor nos deu, a tua Igreja, aliançada em Cristo; somos o teu povo, a quem Tu chamas de Israel. Obrigada, porque o Senhor é a nossa bandeira, a nossa paz, a nossa justiça. És o Jeová Rafa, o Deus que cura as feridas da nossa alma. Obrigada pelo Espírito Santo que nos convence de todo pecado e nos leva ao arrependimento. Obrigada pela tua palavra, que nos ensina, nos corrige, nos instrui e nos revela quem Tu és. Obrigada por Jesus Cristo, nosso maior tesouro, nosso Senhor e Salvador. Ó Deus amado, não me permitas esquecer tudo o que o Senhor nos entregou, tudo o que faz por nós. Não me deixes sair da tua presença e não ouvir mais a tua voz. Sem a tua presença eu não irei. Tu és tudo para mim. És a minha vida, és o meu louvor, a minha inspiração. És tudo o que eu tenho. Sempre vou Te amar, eternamente Te adorar.

Em nome de Jesus,

Amém!

QUEM NÃO TEME AO SENHOR VIVE COMO UMA OVELHA QUE NÃO TEM PASTOR.

19 de Agosto

"Pois, dada a ordem, com a voz do arcanjo e o ressoar da trombeta de Deus, o próprio Senhor descerá dos Céus, e os mortos em Cristo ressuscitarão primeiro. Depois nós, os que estivermos vivos, seremos arrebatados com eles nas nuvens, para o encontro com o Senhor nos ares. E assim estaremos com o Senhor para sempre." (1 Ts 4:16-17)

Deus amado, Pai querido, eu me rendo a Ti, nesta manhã, para Te glorificar e exaltar o teu santo nome. Abre o meu coração para aquilo que o Senhor quer me revelar neste dia e me livra de pecar contra Ti com atitudes, palavras e pensamentos que vão ferir o teu coração e me afastar da tua presença. À medida que vamos entendendo quem Tu és, os teus feitos e, em especial, a entrega do teu Filho à morte de cruz, por amor de nós, não tem como não prostrarmos diante de Ti, diante do Deus Soberano que temos, o nosso Pai Celestial. O que nos poderá fazer o homem? Nada, a não ser que o Senhor permita, e, se o Senhor o faz, existe uma razão para que isto aconteça. Vem, Senhor Jesus, abrevia os teus dias, os dias que faltam para o Senhor chegar. Ansiamos pela tua vinda. Que sejamos como aquela noiva que se adorna, se apronta para o seu noivo. Ajuda-nos a nos prepararmos para esta chegada gloriosa, queremos nos encontrar Contigo com um coração puro e sincero. Quero oferecer um culto contínuo a Ti, Senhor, fruto das minhas escolhas, viver de maneira correta, me santificando constantemente até que o Senhor venha. Maranata, vem, Senhor Jesus!

JESUS ESTÁ VOLTANDO E O MUNDO ESTÁ DORMINDO. BUSQUE AO SENHOR E SE PREPARE PARA ESTE DIA.

20 de Agosto

"Ide, portanto, fazei discípulos de todas as nações, batizando-os em nome do Pai, e do Filho, e do Espírito Santo" (Mt 28:19)

Louvado seja o nome do Senhor nesta manhã, Jesus. Nome santo, poderoso, diante do qual anjos, homens e demônios se curvam. Que eu possa estar na tua presença cada dia mais plena do conhecimento do Senhor, cada dia mais desejosa de fazer a tua vontade. Louvo o Senhor porque és digno, porque podemos ver tua grandeza manifesta em todas as tuas obras, porque o Senhor é quem Tu és. Que sejas exaltado pela tua Igreja, que sejas glorificado nos Céus e na Terra e que possamos estar em prontidão para tudo aquilo que requereres de nós, para estabelecer o teu Reino aqui na Terra. Usa-me, Senhor, da maneira que Te agrade, em qualquer hora e em qualquer lugar. Ensina-me a viver conforme os teus planos, servindo o teu reino e sendo vaso de bênçãos nas tuas mãos. Quero proclamar as virtudes daquele que me chamou das trevas para a sua maravilhosa luz, anunciar as boas novas do Evangelho e fazer discípulos seus de todas as nações. Este é o teu chamado, Senhor, para todos nós, filhos de Deus. Capacita-me para que eu possa cumpri-lo com excelência. Eis-me aqui, amado do meu coração.

Em nome de Jesus,

Amém!

"FAZER DISCÍPULO É UMA CONSEQUÊNCIA DE SER DISCÍPULO: QUEM NÃO É NÃO CONSEGUE FAZER." (CLÁUDIO PEIXOTO)

21 de Agosto

"Confie no Senhor de todo o seu coração e não se apoie em seu próprio entendimento; reconheça o Senhor em todos os seus caminhos, e ele endireitará as suas veredas." (Pv 3:5-6)

Deus do meu coração, amado da minha alma, começo este dia dizendo não para mim mesma e sim para o Senhor. Por isto, peço que santifiques e circuncides meus ouvidos, para que eu possa ouvir apenas a tua voz. Não me deixes ouvir a minha própria alma. Que teu Espírito Santo me guie, removendo tudo o que não provém do Senhor para a minha vida. Derrama sobre mim a tua sabedoria, para que eu possa viver este dia conforme a tua palavra, obedecendo às tuas leis e permanecendo no teu caminho. Ajuda-me a fazer escolhas certas, a tomar decisões sábias, ouvindo o Senhor através do meu espírito e não através da minha mente. A tua palavra fala que nosso coração é enganoso, não me deixes ser guiada por ele, mas que o Espírito Santo que habita em mim me traga a confirmação de todas as coisas. Só o Senhor tem as soluções de que precisamos, sei que se importa com tudo o que diz respeito a mim. Por isto, entrego a minha vida em tuas mãos, Deus Todo-Poderoso, me submeto à tua vontade, para que me direciones conforme o teu querer.

Em nome de Jesus,

Amém!

NÃO FAÇA NADA SEM ANTES PEDIR
A DIREÇÃO DE DEUS.

22 de Agosto

"E porei dentro de vós o meu espírito e farei que andeis nos meus estatutos, e guardeis os meus juízos, e os observeis." (Ez 36:27)

Ao grande Rei de toda a Terra, nosso Deus vivo, verdadeiro, poderoso, justo e fiel, Deus glorioso, Santo de Israel, a Ti o meu louvor neste dia. Amado Senhor, obrigada pela tua bondade, pela tua fidelidade, pelo teu amor incondicional para comigo e todos os teus filhos. Obrigada, Espírito Santo, pela grande obra que tens feito no meio do teu povo, entre as nações da Terra. Obrigada, Espírito Santo, porque estás incendiando a tua Noiva, nos avivando, fazendo-nos filhos fervorosos em espírito. Ó Senhor, continua avivando a tua Igreja, avivando o nosso coração, nos ensinando a ser apaixonados por Ti, a Te desejar incessantemente, a olhar para as coisas do alto, buscando no Senhor a sabedoria, a prudência, o temor, o discernimento, para que possamos caminhar sem tropeçar no meio dessa geração tão corrupta. Precisamos ser cheios do teu Espírito, Senhor, para discernir todo engano, para fazer a tua justiça, para tirar os olhos de nós mesmos e ser livres para amar. Não quero dar um passo sequer se não for Contigo, Pai. Só em Ti me sinto segura, só em Ti quero viver.

Em nome de Jesus,

Amém!

DEUS NOS CAPACITA COM O ESPÍRITO SANTO E, SE PERMITIRMOS, ELE NOS LIMPA, RETIRANDO DE NÓS TUDO O QUE NOS IMPEDE DE VIVER PARA A SUA GLÓRIA.

23 de Agosto

"Suporte comigo os sofrimentos, como bom soldado de Cristo Jesus. Nenhum soldado se deixa envolver pelos negócios da vida civil, já que deseja agradar aquele que o alistou." (2 Tm 2:3-4)

Ó Rei da glória, Deus de poder, maravilhoso és! Cada vez mais eu quero me adentrar na revelação do teu Ser, porque quanto mais Te conheço, Deus, mais encontro paz, mais encontro prazer na tua presença. A pessoa do Senhor revelada no meu espírito me faz sentir plena. Ah, como Te adoro, Senhor! Como eu desejo cumprir o teu querer para a minha vida, Te servir com todo o meu ser, fazer o que o Senhor me chamou a fazer. Onde quer que me coloques, sei que contarei com a tua graça, com a tua unção, com toda a capacitação que o Senhor dá àqueles a quem chama. Vivemos numa guerra contra nossos inimigos espirituais, mas é no braço forte do Senhor que venceremos as batalhas, não na nossa força. O Senhor é uma força poderosa que tem se manifestado em toda a minha vida, me permitindo resistir aos ataques do mal. Nesta guerra espiritual, a tua palavra já nos mostra quem será o vencedor. A vitória é nossa, de todos que temos Jesus Cristo como general. Ó Senhor, sempre me colocarei como um soldado que foi convocado para aquilo que me tens chamado. É uma honra pertencer ao teu exército!

Em nome de Jesus,

Amém!

QUANDO DEUS PERMITE QUE VOCÊ PASSE POR UMA BATALHA, É PARA O SEU CRESCIMENTO. NÃO TEMA, ELE JÁ PREPAROU A SUA VITÓRIA.

24 de Agosto

*"O Senhor, porém, será o juiz, e julgará entre
mim e ti, e verá, e advogará a minha causa, e me
defenderá da tua mão."* (1 Sm 24:15)

Senhor amado e santo, nosso advogado à destra da majestade, que intercede por nós diante do tribunal da justiça de Deus, e também nosso Juiz, Te dou graças e Te rendo louvores pela tua grandeza e teu poder, pela tua justiça que é cheia de misericórdia. A Ti sejam toda honra, toda glória e adoração, pois mui digno és. Somente o Senhor tens o poder de justificar e perdoar os nossos pecados. A tua justiça não está sustentada em obras que possamos praticar, mas no sangue de Jesus, que foi derramado na cruz e nos livrou de toda condenação. Aleluia! A nossa causa não está nas mãos de qualquer juiz, mas na mão do Juiz reto e fiel, que nunca falha. O Senhor também é o nosso Rei, que, revestido de majestade e poder, com sua autoridade, governa e sustenta todo o Universo. Estabelece o teu trono na minha vida, Senhor, vem reinar sobre mim. Vem reinar sobre a minha casa, sobre a minha família, Rei meu. Em Ti está toda a minha contemplação e, no meu coração, a certeza de que um dia o Senhor voltará e, junto Contigo, reinaremos e sentaremos em teu trono.
Em nome de Jesus,
Amém!

"DEIXA JESUS DEFENDER A SUA CAUSA, COLOQUE OS SEUS PROBLEMAS NAS MÃOS DELE. O SENHOR É O ADVOGADO FIEL. ELE É O DEUS DO IMPOSSÍVEL!" (FÁTIMA GIFFONI)

25 de Agosto

"Grande é o nosso Senhor e de grande poder; o seu entendimento é infinito." (Sl 147:5)

Ó Pai bendito, amado do meu coração, como não Te adorar? O meu coração se alegra neste dia, não só nas coisas que o Senhor tem feito, mas em Ti, ó Deus meu. Eu me alegro porque pertenço a Ti, porque posso dizer "eu sou do meu amado e ele é meu". Saber que pertencemos ao único e verdadeiro Deus, cheio de glória, majestade e poder, é o nosso maior tesouro. As palavras ficam pequenas para manifestar tamanha gratidão por ter sido alcançada pelo teu amor e me tornado membro da tua família preciosa, Deus Altíssimo. Aqueles que conhecem a Ti sabem que nós, teus filhos, somos um povo que tem um Deus em cujas mãos se concentram toda força e todo poder. Nossa força é limitada, mas à tua força e ao teu poder não há quem possa resistir. Perdoa-nos quando nossos problemas se tornam grandes demais aos nossos olhos e tudo nos parece impossível de resolver. Fraquejamos na fé, mas o Senhor continua fiel a nós. Ajuda-me a confiar em Ti. Sei que não há nada que o Senhor não possa fazer. O que prometeste, irás cumprir; o Senhor nunca falha. Te amo, meu amado Deus!

Em nome de Jesus,

Amém!

A CONFIANÇA EM DEUS REQUER QUE VOCÊ COLOQUE NAS MÃOS DELE TODAS AS SUAS DIFICULDADES. SEU PODER É SEM LIMITES.

26 de Agosto

*"Pois a palavra do Senhor é verdadeira; ele é
fiel em tudo o que faz." (Sl 33:4)*

Ó Deus da minha vida, eu quero Te agradecer por este dia maravilhoso que o Senhor criou, por esta manhã linda que o Senhor fez, e prostrar-me diante do teu trono de glória com cânticos de louvores e ações de graça. Só quero Te agradecer neste dia, Pai. Te agradeço por Jesus Cristo que nos libertou e salvou, oferecendo-se em sacrifício santo e perfeito por amor a cada um de nós, nos fazendo membros da tua família. Ele fez isto para que tivéssemos comunhão Contigo por toda a eternidade. Ele nos substituiu naquela cruz, e o castigo, que era nosso, recaiu sobre Ele. Nada poderá retribuir este amor, que é tão grande e sem limite. Obrigada, Senhor, por este amor que nos satisfaz, que nos enche de paz. Obrigada pela tua fidelidade, pela tua lealdade, que me trazem felicidade. Obrigada pela tua palavra, que nos mostra a Verdade e nos fortalece em qualquer dificuldade. Obrigada pela tua direção, que muitas vezes vem com correção e nos garante proteção. Obrigada, Senhor, pela tua presença em mim, que inunda meu coração. Te amo. Te amo. Te amo.

"A SUA FIDELIDADE ATRAI A FIDELIDADE
DE DEUS. ELE É FIEL AOS QUE SÃO FIÉIS
A ELE." (PR. RUI MENDES FARIA)

27 de Agosto

"Com todo o meu coração Te busquei; não me deixes desviar dos teus mandamentos. Escondi a tua palavra no meu coração, para eu não pecar contra Ti." (Sl 119:10-11)

Pai Eterno, Deus de amor, louvado seja o Senhor. Eu já quero agradecer-Te, nestas primeiras horas do dia, pela tua proteção, porque sei do teu cuidado diário para com os teus filhos. A todo o momento o Senhor zela por nós, os teus olhos sempre atentos permanecem sobre nós e nada foge ao teu controle. Quero colocar a minha vida diante de Ti para viver este dia para a glória e o louvor do teu santo nome. Quero fazer-Te feliz, Pai, trazer alegria ao teu coração neste dia. Não permitas que eu venha macular a relação que tenho Contigo. Por causa do amor que tens por nós e por quem Tu és, quero agradar-Te e Te reverenciar com todo o meu ser. Quero, todos os dias, prestar a Ti o culto que Te é devido através das minhas ações, dos meus pensamentos e das minhas palavras. Que a tua palavra continue me direcionando, me edificando e ensinando-me o caminho da santidade. Que todos os dias eu possa entrar em teus átrios com adoração, louvor e o coração cheio de alegria, apaixonada por estar Contigo. Dá-me a tua mão, Pai, e conduz-me conforme o teu querer.

Em nome de Jesus,

Amém!

"FAZ-SE NECESSÁRIA UMA BUSCA DIÁRIA PELA SANTIDADE, PELA PURIFICAÇÃO CONSTANTE DO NOSSO CORAÇÃO. AGRADAR O CORAÇÃO DE DEUS REQUER DE NÓS DEDICAÇÃO." (LUCIANO SUBIRÁ)

28 de Agosto

"Levantai, ó portas, as vossas cabeças, levantai-vos, ó entradas eternas, e entrará o Rei da Glória. Quem é este Rei da Glória? O Senhor dos Exércitos, ele é o Rei da Glória." (Sl 24:9-10)

Ó Jesus, meu Senhor, Rei da Glória; prostrada estou, com todo o meu ser, aos teus pés, para derramar todo o meu coração em adoração a Ti. Tu és majestoso, glorioso, cheio de poder. A tua glória é imutável, eterna, única, e está presente em todo o Universo. Céus e Terra Te pertencem, o Senhor criou todas as coisas e tudo está sob o teu domínio, tudo está debaixo da tua autoridade. Meu Deus forte e poderoso, Senhor dos Exércitos que triunfa nas batalhas, seremos sempre vitoriosos com o Senhor; venceremos, Contigo, as lutas e as dificuldades, pois o Senhor peleja por nós, vai à nossa frente e guerreia a nosso favor. Aleluia! Se o Senhor é por nós, quem será contra nós? Obrigada, Senhor, como Deus forte, venceste a morte e vem resgatar e salvar todo aquele que crê em Ti, trazendo da tua glória a nossa maior vitória, que é a vida eterna. Assim como o salmista Davi diz esperar todos os dias pelo Deus de sua salvação, eu declaro este mesmo anseio em meu coração: aguardar pela tua volta gloriosa com todo o meu amor. Ora vem, Senhor Jesus! Maranata.

ABRA A PORTA DO SEU CORAÇÃO, DEIXA O REI DA GLÓRIA ENTRAR. ELE QUER FAZER MORADA EM VOCÊ, TRANSFORMAR A SUA VIDA E TE DAR A MAIOR VITÓRIA, A VIDA ETERNA.

29 de Agosto

"Ensinando-os a guardar todas as coisas que eu vos tenho mandado; e eis que eu estou convosco todos os dias, até a consumação dos séculos. Amém." (Mt 28:20)

Santo e poderoso Deus meu; santa é a tua presença na minha vida. Obrigada por tua presença forte e poderosa que nos guarda dos nossos inimigos. Foi a presença do Senhor que abriu o mar, que fez água fluir da rocha, que fez descerem do Céu o maná e as codornizes. Foi a tua presença que tirou Paulo e Silas da cadeia, que trouxe Lázaro de volta à vida, que fez os muros de Jericó caírem. É a tua presença que fez e faz milagres em nossa vida todos os dias. Nesta manhã eu clamo para que a tua presença venha me cobrir neste dia, me guiando, removendo os obstáculos, me guardando como a menina dos teus olhos. Assim como Moisés, eu quero também declarar que sem a tua presença não irei a lugar algum. Há várias passagens na tua palavra em que o Senhor declara a promessa de estar conosco todos os dias. Isto é maravilhoso, é tremendo! Me sinto forte, segura e encontro descanso nesta verdade. Quando o teu Espírito é presente conosco, nada poderá nos abater. Eu confio que estás comigo, Senhor. Não me deixes afastar da tua presença, ensina-me cada dia mais a Te buscar de todo o meu coração e a me voltar inteiramente para Ti.

BUSQUE O SENHOR DE TODO O SEU CORAÇÃO E DESEJE, FERVOROSAMENTE, A SUA PRESENÇA EM SUA VIDA DIÁRIA. COM ELE TUDO SERÁ DIFERENTE.

30 de Agosto

*"Porque fostes comprados por um bom preço;
glorificai, pois, a Deus no vosso corpo, e no espírito,
os quais pertencem a Deus." (1 Co 6:20)*

Quão grande és Tu, amado e querido Deus! Quão magnífico és! Diante do teu trono glorioso eu me rendo em adoração, em reverência à tua soberania, em reverência a quem Tu és. Tu és cheio de graça, misericordioso, longânimo, abundante em bondade e em verdade. Por meio da tua aliança conosco, faz-nos contemplar as tuas maravilhas. Nos criaste e nos compraste com o teu amor. Que alegria sentir o quanto somos valorosos para Ti, Senhor! Nos compraste com a tua própria vida. Nunca vamos entender tamanho amor. Por causa do teu sangue fomos selados pelo Espírito Santo e podemos ter comunhão com o Pai, ter acesso ao trono da graça de Deus. Pelo teu sangue fomos salvos para a vida eterna, somos mais que vencedores. Com o teu sangue, alcançamos a vitória da salvação. Pelo Cordeiro imolado passamos da morte à vida. Começamos a experimentar, aqui na Terra, a eternidade da vida que o Senhor nos dá; começamos a viver, aqui, o teu reino, a vida para a qual fomos criados. Aleluia! Por isto eu Te louvo, Senhor, com o coração sincero, cheio de gratidão e alegria. Nada poderá me separar do teu amor.

Em nome de Jesus,

Amém!

NUNCA ESQUEÇA O ALTO PREÇO QUE JESUS PAGOU POR VOCÊ, HONRE-O. ELE TE AMA MAIS QUE TUDO.

31 de Agosto

setembro

"Eu Te amarei, ó Senhor, fortaleza minha. O Senhor é o meu rochedo, e o meu lugar forte, e o meu libertador; o meu Deus, a minha fortaleza, em quem confio; o meu escudo, a força da minha salvação, e o meu alto refúgio." (Sl 18:1-2)

Pai Santo, no alvorecer deste dia, eu Te louvo, ansiando pela tua mão me conduzindo e orientando onde eu possa colocar a planta dos meus pés. Preciso ardentemente da tua presença em todo o tempo; a tua palavra fala que o Senhor estaria conosco todos os dias até a consumação dos séculos, não nos deixaria e jamais nos abandonaria. Eu acordo com esta promessa no meu coração e é ela que me sustenta, que me enche de confiança para enfrentar os desafios dos meus dias. Como é bom me sentir segura em teus braços. És o meu porto seguro, Senhor, o meu abrigo, o meu refúgio fiel. Em tempos de tantas incertezas, só encontramos segurança em Ti. Tudo pode mudar à nossa volta, mas o Senhor nunca muda; és o mesmo ontem, hoje e para sempre. O Senhor é o meu pastor e nada me faltará, e saber que estás comigo é muito bom; sei que não me faltará proteção nem nenhuma provisão. O Senhor é a fonte de tudo o que eu preciso. Como o salmista Davi, uma coisa peço ao Senhor e a buscarei: que eu possa morar na Casa do Senhor todos os dias da minha vida.

Em nome de Jesus,

Amém!

NUNCA ESTAREMOS EM SEGURANÇA LONGE DA PRESENÇA DE DEUS. ENTREGUE TUDO A ELE, FAÇA DELE O SEU REFÚGIO.

1º de Setembro

"Eu sou o Alfa e o Ômega, o Princípio e o Fim, diz o Senhor, que é, e que era, e que há de vir, o Todo-Poderoso." (Ap 1:8)

Pai amado, Deus meu, grandioso és, Senhor. Tu dominas toda a Terra e Céus em poder, majestade e glória. Tu revelaste, na tua palavra, o teu sublime nome. Nome poderoso que está sobre todo nome. Revelaste que és Deus de justiça, excelso e santo. Tua é a glória, Deus forte, teu é o poder, Senhor dos Exércitos. Tu és o Senhor de tudo e de todos. Tu és soberano, fiel e justo em todos os teus caminhos. Recebe a minha adoração diante de tua grandeza. Em devoção eu me prostro diante do teu domínio e da tua autoridade. Tu reinas com poder e glória. Eu amo o teu poder, eu amo a tua glória e jamais a darei a outro, porque somente o Senhor é Deus, somente o Senhor é digno de ser adorado, de ser exaltado e glorificado. Toda honra é devida somente a Ti, Deus meu. Tu és sublime, Tu és único, Tu és magnífico, és o grande Eu Sou. Tu és antes de todas as coisas, em Ti tudo subsiste. És o Alfa e o Ômega, o Princípio e o Fim. Tu és o Deus Altíssimo. Com tudo o que tenho, com tudo o que sou, eu Te adoro, Senhor. És a razão do meu viver, a razão do meu louvor, o motivo da minha adoração eterna.

Em nome de Jesus,

Amém!

QUANDO ADORAMOS A DEUS, ESTAMOS
RECONHECENDO A SUA GRANDEZA E
QUE ELE É O NOSSO ÚNICO DEUS.

2 de Setembro

"Com todo o meu coração Te busquei, não deixes que eu me desvie dos teus mandamentos." (Sl 119:10)

Ao Rei Eterno, Jesus Cristo, único digno de receber honra e glória, consagro todo o meu ser nesta manhã. Ao único justo e verdadeiro, Deus Todo-Poderoso, que ressuscitou e assentado no trono está, seja todo o meu louvor. Como não Te adorar, Senhor? Tu és um Deus santo. Como não adorar Aquele que me amou antes de tudo? Tudo o que há em mim quer Te louvar. Tudo o que há em mim quero Te ofertar. Como é precioso viver o teu amor. Meu coração é todo teu. Quero ser totalmente tua. Por amor a Ti, quero Te servir, com tua mão me guiando para onde devo ir. Não permitas que meus pés vacilem e andem por caminhos que não sejam alicerçados nos teus mandamentos; mantém a minha mente limpa, orientada para os princípios da tua vontade para minha vida. A tua palavra fala que, se nossos olhos estão apenas nas coisas desta Terra, somos os mais infelizes dos homens. Meus olhos precisam estar voltados para Ti, Senhor, para o alto. Ajuda-me a contemplar somente a Ti e a entender que o Senhor sempre está no mesmo lugar. Em Ti não há mudança nem sombra de variação. Aleluia!

Em nome de Jesus,

Amém!

VOLTE SEUS OLHOS PARA O ALTO. VIVER OS MANDAMENTOS DE DEUS NOS FAZ VERDADEIRAMENTE LIVRES E PLENOS DE VIDA.

3 de Setembro

"Deixo-vos a paz, a minha paz vos dou; não vo-la dou como a dá o mundo. Não se turbe o vosso coração, nem se atemorize." (Jo 14:27)

Ó Deus meu, enalteço tão somente a Ti nesta manhã, Senhor. Só Tu és digno de honra e de ser glorificado. Visita-me neste dia com a tua paz. Quero Te entregar as aflições do meu coração, toda a minha ansiedade e as minhas angústias. Tu és mais do que o meu Criador e Senhor, Tu és o meu Pai Celestial, o amado da minh'alma, o Deus da minha paz. Nenhum de nós pode promover a paz por nós mesmos. Continuaríamos perdidos, desesperados, não fosse o Senhor derramar sobre nós a tua perfeita paz. Não importam os problemas que estamos enfrentando, mas a certeza da tua presença conosco, Pai, nos dá a segurança de que a tua paz nos consolará e nos fortalecerá. A Paz, que é fruto do teu amor, é um presente maravilhoso que só podemos receber pela fé em Jesus Cristo. O mundo nos dá uma paz falsa, mentirosa, passageira, mas a paz que recebemos de Ti é única, verdadeira, guarda nossa mente e nosso coração, excede a nossa compreensão humana e nos traz plenitude de vida; é o fruto do Espírito Santo em nós. Feliz é aquele que tem paz e compartilha desta paz. Te adorarei eternamente, Príncipe da Paz!

VIVER COM JESUS É TER PAZ MESMO
EM MEIO ÀS AFLIÇÕES. SÓ NELE VOCÊ
ENCONTRA A VERDADEIRA PAZ.

4 de Setembro

"Portanto, irmãos, temos plena confiança para entrar no Santo dos Santos, pelo sangue de Jesus, por um novo e vivo caminho, que ele nos abriu por meio do véu, isto é, do seu corpo." (Hb 10:19-20)

A Ti, Rei da glória, Deus de todo louvor, a minha adoração nesta manhã. Ensina-me a ouvir o teu coração, Senhor; que tudo o que eu fizer neste dia seja agradável aos teus olhos e aos teus ouvidos. De corpo e alma quero me entregar a Ti e contemplar a beleza da tua glória. No santíssimo lugar eu quero entrar, me prostrar e Te adorar. O lugar santíssimo era fechado para nós, pecadores que somos, mas Jesus veio e, através do seu sacrifício, o acesso a Ti foi restaurado, Pai. Aleluia! O véu se rasgou de alto a baixo e hoje estamos autorizados a chegar em tua presença, a chegar com confiança à sala do trono da graça. Como não Te adorar, meu Senhor? Como não viver uma vida de louvores a Ti e engrandecer o teu nome? Os nossos lábios foram feitos para Te glorificar. Encha a minha boca do teu louvor e da tua glória todos os dias. A tua benignidade é melhor do que a vida. Tu és o meu Deus e eu Te louvarei. Que a minha vida Te enalteça, que eu seja testemunha do teu amor e de todas as tuas maravilhas. Todos os dias viverei para a glória e o louvor do teu nome.

Em nome de Jesus,

Amém!

ABRA O TEU CORAÇÃO E DEIXE A PRESENÇA DE DEUS ENTRAR, JESUS NOS DEU ESTE PRESENTE.

5 de Setembro

"Jesus olhou para eles e respondeu: 'Para o homem é impossível, mas para Deus todas as coisas são possíveis'." (Mt 19:26)

Glórias ao teu santo nome, Pai amado, Jesus querido, Espírito Santo, meu doce intercessor. Muito obrigada por mais este dia, ó Trindade bendita, majestosa! Eu me alegro na tua presença nesta manhã, Senhor, e lhe rendo graças, clamando para que eu diminua e o Senhor cresça em mim, fazendo-me refletir a tua glória, a tua luz. Ouve a minha oração, esconde-me à sombra de tuas asas, estende o teu manto sobre a minha vida, sobre a minha casa, sobre a minha família, sobre aqueles que estão passando por aflições e clamando a Ti. Inclina teus ouvidos aos corações aflitos, pois o Senhor pode mudar as circunstâncias. O Senhor é um Deus de poder e tudo está sob o teu governo. Não há nada que nos aconteça que não tenha a tua permissão. Tudo e todos estão sob o teu domínio. Basta uma palavra tua, uma ordem tua, Senhor, para que tudo seja transformado. Eu creio na tua magnificência, eu creio na tua grandeza, Deus Todo-Poderoso, e sei que nada falta àqueles que Te temem. Sem a tua bondade estaríamos totalmente condenados diante de Ti. Por isto Te bendirei em todo o tempo, Senhor Deus, amado meu.

Em nome de Jesus,

Amém!

"O PRIMEIRO PASSO É CONFIAR EM DEUS, O SEGUNDO VEM DE DEUS." (SILVIO LASMANI)

6 de Setembro

"E, se sabemos que nos ouve em tudo o que pedimos, sabemos que alcançamos as petições que lhe fizemos." (1 Jo 5:15)

Pai nosso que estás nos Céus, santificado seja o vosso nome. Ó Deus amado, Pai Celeste, que no Céu estabeleceu o teu trono eterno, santificado seja o teu nome através da minha vida. Que meus lábios Te louvem em todo o tempo, que meus ouvidos busquem ouvir apenas a tua voz, que os meus olhos se voltem somente para Ti, que minhas mãos Te santifiquem com operosidade do chamado que tens para mim, que meus pés estejam firmes nos teus caminhos, o meu corpo entregue como sacrifício vivo diante de Ti; que todo o meu ser, que todo o meu viver santifiquem a Ti e honrem o teu nome, Senhor. Venha o teu reino sobre a Terra, Pai, reino de paz, de poder, de alegria, reino de bondade, de amor, de misericórdia. Seja feita aqui na Terra a tua vontade, como é feita no Céu; que ela prevaleça sobre a minha própria vontade. Aumenta a tua justiça neste mundo. E o pão nosso de cada dia, dai-nos hoje, não só o pão que alimenta o nosso corpo físico, mas também a tua palavra, que é o pão que sustenta o nosso espírito e fortalece a nossa alma. Para sempre Te exaltarei, Jesus, e bendirei o teu santo nome, porque só Tu és Deus absoluto e santo.

Em nome de Jesus,

Amém!

PROCURE FAZER O QUE É CERTO, BUSQUE A SANTIDADE PARA GLORIFICAR O NOME DO SENHOR ONDE ESTIVER.

7 de Setembro

"Bendirei o Senhor o tempo todo! Os meus lábios sempre o louvarão. Minha alma se gloriará no Senhor; ouçam os oprimidos e se alegrem. Proclamem a grandeza do Senhor comigo; juntos exaltemos o seu nome." (Sl 34:1-3)

Senhor Deus, Pai querido e amado, quero Te agradecer nesta manhã, bendizer o Senhor, dizer o quão maravilhoso és! Agradecer tua infinita graça e misericórdia que me permitem sentir o teu imensurável amor todos os dias; agradecer porque, em qualquer momento, em qualquer lugar, o Senhor nos ouve e responde às nossas orações; agradecer porque, na sua mesa, o Senhor já tem preparado um lugar para mim. Que o olhar de todos os teus filhos seja para a alegria eterna que nos é proposta, quando nos reuniremos como a tua grande família, em torno do trono do nosso Rei Jesus. Obrigada, Pai, tenho visto manifestações poderosas do Espírito Santo em minha vida. O Senhor tem me guardado, tem me dado entendimento e discernimento das coisas do alto, tem me poupado e operado maravilhas em mim. Ó Pai, tamanhas e insondáveis são as tuas bênçãos; faltam palavras para expressar a minha gratidão a Ti. Não há outra riqueza para mim além de Ti. Seja entronizado na minha vida, seja entronizado no Céu e na Terra, seja entronizado no meio do teu povo. Bendito seja, ó Senhor, Deus de toda glória e poder. Para sempre eu Te amarei.

Em nome de Jesus,

Amém!

DEIXE O SENHOR TOMAR O LUGAR DE HONRA EM SUA VIDA, LUGAR QUE LHE É DEVIDO.

8 de Setembro

"Graças ao grande amor do Senhor é que não somos consumidos, pois as suas misericórdias são inesgotáveis." (Lm 3:22)

Rendei graças ao Senhor porque Ele é bom e a sua misericórdia dura para sempre. Aleluia! Senhor, entro na tua presença com ações de graças pela tua bondade e pelas tuas misericórdias, que não têm fim, que se renovam a cada manhã sobre a nossa vida. Teus rios de misericórdia nunca secam, Tu és fonte inesgotável de misericórdia, Pai. O Senhor não destruiu Adão e Eva quando pecaram no Éden, poupaste a vida de Caim quando matou seu irmão, na destruição de Sodoma e Gomorra, preservaste Ló e sua família, o Senhor foi misericordioso com o povo no deserto, fornecendo-lhe água e alimento do Céu durante a peregrinação, foste benevolente com Davi, que adulterou com Batseba... Quantos exemplos, Senhor, podemos ver, na tua palavra, que falam da tua bondade. És Pai de Misericórdias, Deus clemente e piedoso. Ao invés de sermos consumidos pelos nossos pecados, todos os dias o Senhor nos cobre com o seu perdão, amor, compaixão, bondade, cuidado. Ensina-me a responder à tua misericórdia com fé e arrependimento dos meus pecados. Obrigada, Senhor, pela tua misericórdia, que é eterna. Para sempre viverei para Te louvar.

Em nome de Jesus,

Amém!

AI DE NÓS SE NÃO FOSSE A MISERICÓRDIA DE DEUS! QUE ELA NOS ALCANCE TODOS OS DIAS.

9 de Setembro

"Se guardardes os meus mandamentos, permanecereis no meu amor; do mesmo modo que eu tenho guardado os mandamentos de meu Pai, e permaneço no seu amor." (Jo 15:10)

Te adoro, ó Cordeiro Santo de Deus, e declaro as tuas maravilhas neste dia. Santo, Santo, Santo és. Adoro a Ti, Jesus, pelo teu amor fiel e presente. A tua palavra fala que, com amor eterno, o Senhor nos amou, e que, com benignidade, nos atraiu; nos seduziu para Si, abrindo o nosso coração e o nosso entendimento. O Senhor nos ama como somos. Não espera que sejamos perfeitos para nos amar. O teu amor é incondicional, pessoal e transformador, é verdadeiro e eterno, é restaurador. Nada se compara ao amor do Senhor por nós, ele é sem limites. Nada poderá nos separar deste amor tão maravilhoso. O Senhor nos diz em tua palavra: "Como o Pai me amou, assim eu os amei; permaneçam no meu amor". Ó Deus, perdoa os meus pecados, para que eu possa estar na tua presença. Me ensina a Te amar para que eu possa Te honrar, me instrui na tua palavra, para que eu aprenda a Te obedecer, a me submeter aos teus mandamentos. Tenha misericórdia de mim, Senhor, que a tua graça me aperfeiçoe, me faça testemunho fiel de Ti, me faça permanecer no teu amor.

Em nome de Jesus,

Amém!

VOCÊ ESTÁ DISPOSTO A OBEDECER AOS MANDAMENTOS DE JESUS E PERMANECER NO SEU AMOR? SEPARE UM TEMPO DIÁRIO COM A PALAVRA DE DEUS E APRENDA MAIS SOBRE ESTE AMOR.

10 de Setembro

"Não me lances fora da tua presença, e não retires de mim o teu Espírito Santo." (Sl 51:11)

Deus santo, compassivo e fiel, a tua misericórdia me permite entrar na tua presença e Te adorar por tudo o que Tu és. Vem me abraçar neste dia, Senhor, e, com a tua bondade, perdoar todos os meus pecados. Perdoa tudo de mau que tenho feito por pensamentos, atitudes e palavras que feriram a tua santidade e o teu coração. Não deixes que meus erros me afastem de Ti. Anseio, de toda a minha alma, viver na tua presença. Almejo uma intimidade profunda com o Senhor, como Moisés que falava face a face Contigo e valorizava a tua presença. Não me deixes deleitar nos banquetes que este mundo oferece, mas que cada vez mais eu me regozije na busca do conhecimento do Senhor. Quanto mais Te conheço, Deus glorioso, mais Te adoro, mais quero Te servir, mais quero viver para Ti. Enche a minha vida com a tua presença, enche a minha casa com a tua presença, enche a tua Igreja com o teu Espírito Santo. Só somos restaurados quando há revelação da tua presença sobre nós. Cobre-me, Senhor, com a tua divina presença, com a manifestação da tua glória.

Em nome de Jesus,

Amém!

QUE A PRESENÇA DE DEUS SEJA A LUZ QUE TE ILUMINA EM TODOS OS SEUS DIAS.

11 de Setembro

"O Senhor, pois, é aquele que vai adiante de ti; ele será contigo, não te deixará, nem te desamparará; não temas, nem te espantes." (Dt 31:8)

Ó Deus querido e santo, amado do meu coração, quero Te agradecer, esta manhã, porque hoje tenho uma vida significativa na tua presença. Antes de Te conhecer, existia um vazio no meu peito que nada conseguia preencher. Todos nós temos um anseio profundo para que nossas vidas tenham sentido. Saímos buscando no mundo aquilo que só o Senhor pode nos dar. Só Tu, ó Senhor Jesus, podes preencher o vazio do nosso coração. A alegria do mundo não nos satisfaz, a paz que o mundo dá, não nos consola, a verdade que buscamos não está no mundo. Só num relacionamento íntimo e contínuo com o Senhor encontraremos o verdadeiro amor, a verdadeira paz, a verdadeira alegria, o perdão, a verdade. Tudo o que o nosso coração deseja está em Ti. O Senhor nos apresenta o nosso propósito de vida que transforma todo o nosso viver. O maior bem que podemos ter é a presença do teu Espírito Santo em nós, guiando a nossa vida, nos convencendo de todo pecado, nos aproximando de Ti. Como o teu servo Davi, humildemente eu clamo que nunca me afastes do teu Espírito, Deus meu. Para sempre quero estar Contigo.

Em nome de Jesus,

Amém!

"HÁ UM VAZIO NO CORAÇÃO DO HOMEM QUE SÓ DEUS PODE PREENCHER." (FRANKLIN GRAHAM)

12 de Setembro

"Não há absolutamente ninguém comparável a Ti, ó Senhor;
Tu és grande, e grande é o poder do teu nome." (Jr 10:6)

Ó Deus meu, cria em mim um coração puro e renova em mim um espírito reto. Neste dia, não me lances fora da tua presença, não retires de mim o teu Espírito Santo. É Ele quem me guia a toda a verdade, quem me faz discernir os teus caminhos. Necessito da tua graça, Senhor, do teu perdão, da tua direção. Distante de Ti, Senhor, não posso viver. Quero ver a tua glória, viver a tua glória. Leva-me aos teus átrios, Deus, onde eu encontro vida, onde eu encontro paz, onde eu encontro descanso em teus braços de amor e bálsamo para a minha dor. Te entrego todo o meu ser para o teu louvor. Grandioso és Tu, Senhor, tua grandeza é insondável. Por todos os cantos do Universo, podemos vê-la manifestada em toda a tua maravilhosa criação. Gloriosa é a tua majestade, poderosa é a tua palavra, magnífico é o teu nome em toda a Terra. Bendito sejas, Deus Todo-Poderoso. Todo o joelho se dobrará e confessará que Jesus Cristo é o Senhor, o Deus de toda Terra e Céus. Todos se prostrarão diante do Rei dos reis, as nações se renderão a Ti, Senhor. Aleluia! Enquanto eu viver, cantarei louvores ao Senhor, incomparável Deus.

Em nome de Jesus,

Amém!

A GRANDEZA DE DEUS É REVELADA
PARA VOCÊ PORQUE ELE TE AMA E
QUER GANHAR O SEU CORAÇÃO.

13 de Setembro

"Cada um exerça o dom que recebeu para servir aos outros, administrando fielmente a graça de Deus em suas múltiplas formas." (1 Pe 4:10)

Ó Deus do Universo, do Senhor são a Terra e a sua plenitude, o mundo e todos os que nele habitam. Grande é o Senhor, soberano Deus, que está acima de todas as suas criaturas, de toda a sua criação. Tens o direito absoluto sobre todos e tudo, nos Céus e na Terra. Tu és o dono da nossa vida. Nós, os teus filhos, somos apenas teus mordomos, povo teu, ovelhas do teu pasto, totalmente dependentes de Ti. Me prostro, nesta manhã, aos teus pés, para render-Te graças, reconhecendo a minha pequenez diante de tão grande Deus! Não temos nada e nada somos; tudo pertence a Ti; somos apenas administradores dos bens que confiaste a nós, tudo é teu, Senhor. Me ensina a cuidar bem de tudo o que o Senhor me entregou: minha família, meu casamento, minha casa, meu trabalho, meu ministério... até de mim mesma, pois somos templo do teu Espírito Santo e ninguém é senhor de si mesmo. Todo o nosso ser, espírito, alma e corpo pertencem a Ti. Me capacita a cuidar bem das coisas do Senhor, pois prestaremos contas daquilo que colocaste em nossas mãos. Quero ser fiel a Ti, meu Senhor, ser aprovada por Ti.

Em nome de Jesus,
Amém!

"OS MELHORES DONS RECEBIDOS SE TORNAM AINDA MELHORES QUANDO OFERECIDOS E DOADOS." (DOM ALBERTO TAVEIRA CORRÊA)

14 de Setembro

"O povo que andava nas trevas viu uma grande luz; e para os que viviam na região escura da morte brilhou uma luz" (Mt 4:16)

Ó meu Deus, Jesus, meu Senhor, elevo a minha alma, nas primeiras horas deste dia, clamando a Ti que me ensines o que é reto, que me faças conhecer os teus caminhos e que me mostres as tuas veredas. Concedeste-me o livre arbítrio, mas quero ser levada pelas tuas mãos. O Senhor é a minha luz, o teu brilho me ilumina e me conduz; a tua luz extingue as trevas, me traz vida. A escuridão deste mundo tem tentado nos cegar, nos enganar, nos confundir, mas a tua luz está em nós, Senhor. Só se perdem na escuridão aqueles que não se deixam iluminar pela tua luz. Tu és a luz do mundo, Jesus, a luz da minha vida. Lâmpada para os nossos pés é a tua palavra, que torna nossos passos mais firmes e nos impede de tropeçar. Ela é a fonte de orientação e discernimento para a nossa caminhada neste mundo tão sombrio, Senhor! Como preciso da tua luz! A minha casa, a minha família, toda a Terra precisam tanto da tua luz! Na tua luz veremos a luz. Na tua luz, as portas do Inferno não prevalecerão sobre a nossa vida, não dominarão sobre a Igreja do Senhor. Que a minha vida resplandeça a tua luz, Jesus, atraindo as pessoas pelo amor que vem de Ti e está em mim.

Em nome de Jesus,

Amém!

JESUS QUER TE ALCANÇAR COM A SUA LUZ. AQUELES QUE NÃO ANDAM NA LUZ NÃO TÊM COMUNHÃO COM ELE.

15 de Setembro

*"O justo passa por muitas adversidades, mas o
Senhor o livra de todas" (Sl 34:19)*

Pai querido, meu amado, quero Te louvar, nesta hora, pela tua palavra, que é escudo para nós que confiamos em Ti. Ela é a verdade que sempre permanecerá e prevalecerá contra tudo. Conhecê-la cada dia mais é o desejo do meu coração, porque quero mais e mais fortalecer a minha fé em Ti. Em meio às lutas, Tu és a nossa esperança inabalável. Eu Te louvo, Pai, pelos dias bons, pelos dias maus, pelos dias em que ficamos alegres, pelos dias de aflição. Graças eu Te dou, porque o Senhor tem um recurso para cada situação. Quando estamos felizes, nós louvamos, cantamos e Te adoramos; nos dias tristes, nós clamamos a Ti. Na sua palavra, o Senhor nos diz: "Na tua angústia, você clamou a mim, eu ouvi o teu clamor e te livrei daquilo que te era mortal." Muitas vezes o Senhor permite uma tribulação, mas, por mais difícil que seja, nos livra nela, como fez com Daniel na cova dos leões, como fez com Sadraque, Mesaque e Abednego, os livrando no fogo. Eles passaram pela tribulação confiantes na vitória, porque conheciam o Deus que serviam. Como meus irmãos eu creio em Ti, Senhor, para sempre confiarei.

Em nome de Jesus,

Amém!

PONHA A SUA CONFIANÇA EM DEUS, ELE É O NOSSO SOCORRO, SEMPRE PRESENTE NAS TRIBULAÇÕES.

16 de Setembro

"Pois vocês são povo consagrado ao Senhor, o seu Deus. Dentre todos os povos da face da Terra, o Senhor os escolheu para serem o seu tesouro pessoal." (Dt 14:2)

Eu me rendo, nesta manhã, para exaltar o santo nome do único que é digno de receber toda a honra e toda a glória. Jesus, Tu és santo, Tu és o Cristo, Filho do Deus vivo. Em temor e reverência eu me prostro diante do teu trono, Te louvando porque só Tu és digno de ser adorado. Tu criaste todas as coisas, teu é o domínio sobre tudo e sobre todos. O Senhor é o desejável do meu coração, mais do que qualquer riqueza. Quando colocamos nossos olhos em Ti, entendemos que és a fonte de onde fluem todas as boas dádivas. És o nosso maior tesouro. Nada é tão maravilhoso quanto a grandeza da tua glória. Nada se compara a Ti. Tu nos tiraste das trevas para a tua maravilhosa luz, nos fazendo uma raça eleita, sacerdotes do Senhor. Aleluia! Somos um povo escolhido, consagrado ao nosso Deus. Fomos lavados e transformados pelo teu sacrifício na cruz, Jesus, que nos fazes amados até a eternidade. O Senhor nos conectou à vida, glórias eu Te dou por isto. Que haja hoje, em meu coração, o desejo e a decisão de sempre Te obedecer, de cumprir a minha aliança Contigo, de sempre me submeter à tua vontade. Te amo, amado do meu coração.

Em nome de Jesus,

Amém!

O CÉU É PARA OS ESCOLHIDOS DE DEUS. "MUITOS SÃO CHAMADOS, MAS POUCOS SÃO OS ESCOLHIDOS." (MT 2:14)

17 de Setembro

"Prepare-te, ó Israel, para te encontrares com o teu Deus" (Am 4:12)

Jesus, meu Rei glorioso, meu Mestre e Senhor, bendito sejas por tudo o que Tu és. Estás assentado à direita de Deus Pai, onde reinas com Ele e tens todas as coisas debaixo dos teus pés. Exaltado sejas neste dia, ó Rei dos reis. Teu nome está acima de todo nome, todo joelho se dobrará diante de Ti e confessará que Tu és o Senhor. Teu poder está acima de todas as hostes celestes. Fortalece-me, Senhor, na força do teu poder. És o Rei de toda a Terra, és o nosso advogado, o nosso intercessor diante do Pai. O teu reino não é deste mundo, é um reino celestial que está preparado para nós, para quando nos encontrarmos Contigo na glória eterna. Aleluia! A tua volta, Senhor, produz em nosso coração uma alegria tão grande! Viver com a expectativa de encontrar-Te face a face nos faz transbordar de felicidade. Prepara-me para este dia, Jesus. Ajuda-me a viver uma vida íntegra, firmada no amor a Ti e ao próximo. Que eu caminhe na luz, em obediência aos teus preceitos divinos, e viva uma vida que Te agrade. Sempre quero estar junto aos teus pés, submissa à tua vontade, obediente às tuas leis. Sempre quero Te honrar como és merecedor. Te amo, Senhor!

Em nome de Jesus,

Amém!

JESUS ESTÁ VOLTANDO. NÃO SABEMOS O DIA NEM A HORA DO SEU RETORNO. VOCÊ ESTÁ PREPARADO PARA ESTE ENCONTRO?

18 de Setembro

"Se vocês obedecerem aos meus mandamentos, permanecerão no meu amor, assim como tenho obedecido aos mandamentos de meu Pai, e em seu amor permaneço." (Jo 15:10)

Ó Deus maravilhoso e santo, Deus bendito; o Senhor reina e vive para sempre. O teu reino de amor se estende sobre toda a Terra. Por causa deste amor a tua misericórdia se renova todos os dias na nossa vida e nos permite viver a plenitude de vida que o Senhor tem para nós. Vivendo a lei do Senhor todos os dias, obedecendo aos teus mandamentos, podemos experimentar a lei do teu amor que é Cristo. Aleluia! O Senhor Jesus é a revelação deste amor tão grandioso e perfeito. Obrigada, Jesus, pela nova aliança que fizeste na cruz, pela esperança que ela traduz, pelo brilho que emana da tua luz. Obrigada pela tua paz, pelas bênçãos que me trazes. O teu amor me abraçou e a minha vida transformou. Obrigada por estar aqui, por estar entre nós, por cumprir a promessa de permanecer conosco todos os dias, por isto nada temeremos. O Senhor nos livra de todo mal, da angústia e das aflições. Até mesmo a morte não tem mais poder sobre nós. Vieste ao mundo para nos salvar e nos resgataste da morte e do inferno. O Senhor nos trouxe vida, vida eterna com o Pai. Te amo, Jesus. Em todo o tempo o seu louvor estará continuamente na minha boca.

O NOSSO AMOR POR JESUS NÃO É DEMONSTRADO SÓ COM PALAVRAS, MAS COM OBEDIÊNCIA AOS SEUS MANDAMENTOS.

19 de Setembro

"Então me falou o anjo: Escreve: Bem-aventurados os que são chamados à ceia das bodas do Cordeiro. E acrescentou: Estas são as verdadeiras palavras de Deus." (Ap 19:9)

Senhor Deus, graças Te dou neste dia. O Senhor é meu pastor e nada me faltará. O Senhor me conduz num caminho bom, onde não há escassez, mas vida abundante, são pastos verdejantes. Tua direção para a minha vida me leva a andar em retidão e justiça. Contigo estou segura, em Ti confio, Deus meu. Nem a morte temerei, meus inimigos não me assustam, porque sei que sempre estás comigo. A tua bondade, o teu amor e a tua misericórdia me cobrem. Meu coração anseia pelo teu retorno, Jesus, porque sei que a grande mesa do Senhor, nos Céus, já está pronta para aqueles que em Ti confiam, que seguem os teus preceitos. Cearemos triunfantes com o Senhor no grande banquete das bodas do Cordeiro. Que dia maravilhoso será, que dia festivo nos aguarda, Senhor! Meu coração bate forte por saber que irei encontrá-Lo, que irei abraçá-Lo, que conhecerei os irmãos do Antigo Testamento e reencontrarei os meus pais, que partiram no Senhor. Ó Senhor, quero me santificar dia após dia para estar nesta maravilhosa festa celestial. Dançarei e cearei Contigo. Aleluia!

Em nome de Jesus,

Amém!

SOMENTE AQUELES QUE ENTREGARAM A VIDA PARA JESUS, OS FILHOS DE DEUS, PARTICIPARÃO DO GRANDE BANQUETE DAS BODAS DO CORDEIRO.

20 de Setembro

"Clame a mim e eu responderei e direi a você coisas grandiosas e insondáveis que você não conhece." (Jr 33:3)

Deus majestoso, maravilhoso e santo, meu Senhor, dono de toda ciência, sabedoria e poder, teus são o tempo e o controle de tudo. Criaste todas as coisas, as visíveis e as invisíveis. És o nosso Senhor, nosso Criador, nosso Grande Salvador, que nos prepara uma eternidade em glória. Tua vontade é perfeita, boa, agradável e revela teus propósitos para a nossa vida. Que eu possa, cada vez mais, contemplar a tua presença; cada dia mais, estar cheia do conhecimento do Senhor, mais desejosa de fazer a tua vontade. Ensina-me a ouvir a tua voz para entender o que desejas de mim, o que queres que eu faça para que o teu nome seja glorificado na Terra. Santifica-me, Senhor, purifica o meu ouvir, o meu falar, meu meditar. Quero Te servir e Te adorar. Consagro toda a minha vida a Ti, para que o teu nome seja exaltado através de mim. O meu desejo é que todos sintam a tua fragrância por onde eu passar, que possam ver a tua glória em mim, brilhar. Santifica-me no dia de hoje para Ti, Senhor. Cantarei o teu amor e tudo o que és enquanto eu viver. A Ti, Senhor, sejam sempre o meu louvor e a minha gratidão.

Em nome de Jesus,

Amém!

"AQUIETE A SUA ALMA PARA OUVIR A VOZ DE DEUS E ESCUTE ELE FALAR. APRENDA O QUE ELE FALA NO SILÊNCIO, NO MAIS PROFUNDO DO SEU CORAÇÃO." (PAPA JOÃO PAULO II)

21 de Setembro

"Mas, quando vier aquele Espírito de verdade, ele vos guiará em toda a verdade; porque não falará de si mesmo, mas dirá tudo o que tiver ouvido, e vos anunciará o que há de vir." (Jo 16:13)

Deus Todo-Poderoso, Pai nosso que estais nos Céus, santificado sejas no dia de hoje. Venha a nós o teu reino, e seja feita a tua vontade que é boa, perfeita e agradável. Pai, eu clamo a Ti que avives a tua obra aqui na Terra, que nos convenças do juízo e do pecado, que nos livres de andar por nossos pensamentos, nossos conceitos e sentimentos. Mas dá-nos a convicção de que toda a obra que vem do teu Espírito Santo prevalecerá. Que possamos entender que as obras que vêm do conhecimento humano, além de não terem valor, podem nos levar a tantas perdas e ao afastamento da tua presença. Ó Pai celeste, a tua Igreja, a tua noiva precisa, cada vez mais, da tua condução. Vivemos dias tão difíceis, Senhor, tão manipulados pelo homem, nos quais muitos têm crido em heresias e se afastado dos teus caminhos. Não me permitas tirar os olhos das tuas Escrituras, andar por caminhos que não sejam os teus, mas que eu possa permanecer no centro da tua vontade. Que o Senhor reavives a minha intimidade Contigo, a ação do teu Espírito sobre mim, fazendo-me triunfar numa vida reta diante de Ti. O que eu mais quero é Te alegrar com o meu viver, porque Te amo mais do que tudo.

Em nome de Jesus,

Amém!

"O SENHOR É O NOSSO DEUS QUE NOS ENSINA O QUE É ÚTIL E NOS GUIA PELOS CAMINHOS QUE DEVEMOS ANDAR." (ANTONIO SOUZA)

22 de Setembro

"E o que estava assentado sobre o trono disse: Eis que faço novas todas as coisas. E disse-me: porque estas palavras são verdadeiras e fiéis." (Ap 21:5)

Pai amado, querido e santo, eu me achego mais uma vez a Ti para Te louvar, para Te adorar, para bendizer o teu nome, para declarar que não há outro Deus além de Ti. Quão perfeita é a tua glória, Senhor! Obrigada por me permitir abrir os meus olhos em mais este dia, no qual tudo novo se faz, porque o Senhor é aquele que renova todas as coisas. A cada manhã há um novo amanhecer, um novo nascer do sol, um novo florescer da tua Criação, novas oportunidades que o Senhor nos oferece... As coisas velhas se passaram e eis que tudo o Senhor faz novo, para nós, a cada dia. Dá-me olhos bem abertos para enxergar as novidades que o Senhor me traz. Ah, como eu Te amo, Senhor! Como não Te adorar diante de tudo o que Tu és? Quando, pela fé, nos unimos a Ti, Jesus, tudo muda, radicalmente, em nossa vida, tudo se faz novo e somos constrangidos pelo teu amor sacrificial, amor que nos foi dado sem esperar nada em troca. Trabalha em mim este amor, Pai, ensina-me este exercício de fé, para eu colocá-lo em prática e servir ao Senhor na implantação do teu reino aqui na Terra. Faça-me canal do teu amor.

Em nome de Jesus,

Amém!

NÃO SE PRENDA AO PASSADO, CONFIE EM DEUS PORQUE ELE TEM NOVIDADE DE VIDA PARA NÓS TODOS OS DIAS.

23 de Setembro

*"Porque sou eu que conheço os planos que tenho para vocês',
diz o Senhor, planos de fazê-los prosperar e não de causar dano,
planos de dar a vocês esperança e um futuro." (Jr 29:11)*

Pai santo, louvado seja o Senhor. As obras das tuas mãos celebram a tua grandeza. Tu és perfeito e santo, és soberano, governas todas as coisas de acordo com tua infinita sabedoria, poder e justiça. Nada foge ao teu controle. És um Deus intimamente pessoal, próximo, que se relaciona conosco, que nos chama pelo nome. O Senhor nos conhece e, além de nos conhecer, tem um proposito para cada um de nós, teus filhos. Somente o Senhor sabe o que é melhor para nós. Teus planos a nosso respeito são bons, teus propósitos são de nos fazer crescer, prosperar. Aleluia! Ó Senhor, meu coração é totalmente grato a Ti, que nos concedeu o alto privilégio de ter comunhão Contigo. A intimidade com o Senhor nos sustenta. É esta proximidade que nos faz permanecer na fé, reconhecer a tua santidade, a tua majestade, a tua justiça. Nos deleitar na tua presença é uma alegria indescritível, não existe nada mais glorioso. Que nada tome o teu lugar em meu coração. Tudo o que há em mim bendiga ao Deus Altíssimo, o Deus Excelso, Todo-Poderoso. Te amo eternamente, Senhor.

Em nome de Jesus,

Amém!

OS PLANOS DE DEUS SÃO PERFEITOS, NÃO
TENHA MEDO DO AMANHÃ. ELE TEM O MELHOR
PARA AQUELES QUE PERMANECEM FIÉIS A ELE.

24 de Setembro

"Bendize, ó minha alma, ao Senhor, e tudo o que há em mim bendiga o seu santo nome. Bendize, ó minha alma, ao Senhor, e não Te esqueças de nenhum de seus benefícios." (Sl 103:1-2)

Amado Deus, Rei meu, venho Te render graças, nesta manhã, pelo teu imenso amor, porque é por causa dele que não somos consumidos. As tuas misericórdias são inesgotáveis e se renovam a cada manhã sobre a nossa vida. Grande é a tua fidelidade. Entrego o meu dia nas tuas mãos para que me capacites a vencer o hoje, cumprindo o propósito que tens para mim. A minha alma bendiz ao Senhor por tudo o que o Senhor vai fazer, porque sei que tens o melhor para mim. Te agradeço por todos os teus benefícios, que o teu Espírito venha avivar a minha alegria e a minha coragem para vencer os desafios no meu caminho. A mão do Senhor está sobre mim e os meus passos estarão firmados por onde me levares. Não me deixes olhar para as dificuldades que encontrar, mas que meus olhos estejam fitos em Ti, Jesus, autor e consumador da minha fé. Quero terminar o meu dia e ouvir a tua voz me dizendo: "Muito bem, serva boa e fiel. Você foi fiel no pouco, eu a porei sobre o muito. Venha e participe da alegria do seu Senhor." A alegria do teu coração, meu Senhor, é a minha alegria.

Em nome de Jesus,

Amém!

ENTREGUE O COMANDO DO SEU DIA PARA O SENHOR E RECEBERÁ OS SEUS BENEFÍCIOS.

25 de Setembro

"Tenham o cuidado de fazer tudo o que ordenei a vocês. Não invoquem o nome de outros deuses; não se ouçam tais nomes dos seus lábios." (Ex 23:13)

Deus do meu coração, tua presença preciosa, valiosa e majestosa inunda o meu ser nesta manhã, trazendo paz e regozijo ao meu coração. Acordar e sentir o toque do Espírito Santo em mim é maravilhoso. Sou atraída por tua infinita bondade e misericórdia. Experimentar esta comunhão em cada momento é a certeza do cumprimento da tua promessa de que estarias conosco todos os dias até a consumação dos séculos. Aleluia! Estás ao nosso lado, continuamente, Senhor, em todos os passos que damos. Tu és um Pai zeloso, cuidadoso e amoroso. Ensina-nos a cuidar com amor do relacionamento que temos Contigo, a crescer em intimidade com o Senhor, a ter dedicação e afeição com o que é eterno. Só Tu és merecedor do nosso louvor e da nossa adoração. Que não existam outros deuses na nossa vida: o poder, o dinheiro, o trabalho, a riqueza… Nada pode tomar o teu lugar em nossas vidas, és o centro de todas as coisas. A tua palavra fala que só a Ti devemos prestar culto. Toma o teu lugar de honra em tudo o que faço, pois por Ti e para Ti são todas as coisas.

Em nome de Jesus,

Amém!

DEUS É PRIORIDADE EM SUA VIDA? DÊ A
ELE TODA A HONRA QUE MERECE.

26 de Setembro

*"Mas o que se gloriar, glorie-se nisto: em me conhecer
e saber que eu sou o Senhor..." (Jr 9:24)*

Amado e querido Deus, grande e magnífico Tu és. Teu poder não tem limite, não tem fim. Tua soberania excede o nosso entendimento. Tu conheces do nosso levantar até o nosso deitar, conheces o nosso pensamento. Não há nada que possa ser comparado a Ti, és único e absoluto. És o Deus eterno, Criador e Senhor de todo o Universo. És o Deus da vida, Deus que está em tudo, és superior a tudo e independente de tudo. És o nosso Rei, o nosso Senhor, somos o teu povo, os teus servos. E, como serva do meu Senhor, me esvazio de mim e me prostro aos teus pés para Te render graças, Te glorificar, Te exaltar. Tu és digno de receber toda honra, toda glória, todo domínio e todo poder. Ó Deus, quantas pessoas Te invocam, mas não Te conhecem! A tua palavra fala que devemos nos gloriar em Te conhecer. Como adorar sem conhecer o Deus verdadeiro? Não nos é possível servir nem adorar a um Deus desconhecido, nem depositar nele a nossa confiança. Meu coração anseia, ardentemente, conhecer mais de Ti, Senhor, porque, quanto mais Te conheço, mais desejo Te adorar, mais almejo tocar a tua glória. Por onde me levares, proclamarei este Deus Todo-Poderoso, Jesus Cristo. Que todo joelho se dobre diante de Ti, Senhor.

Em nome de Jesus,

Amém!

NÃO EXISTE EXPERIÊNCIA MAIS VALIOSA DO QUE CONHECER A DEUS E ENCONTRAR-SE COM ELE E SER ÍNTIMO DELE.

27 de Setembro

*"Busquem, pois, em primeiro lugar o Reino de Deus e a sua justiça,
e todas essas coisas serão acrescentadas a vocês." (Mt 6:33)*

Deus meu e Senhor, sabemos que para tudo há um tempo determinado; a tua palavra nos fala isto em Eclesiastes. Mas vivemos correndo atrás do vento, buscando nossos próprios interesses, nos esquecendo de que o Senhor e o teu reino devem ter sempre o primeiro lugar em nossa vida. A vontade do Senhor deve ser a nossa prioridade. Quando confiamos em Ti e buscamos o teu reino acima de tudo, o Senhor cuida de todas as nossas necessidades e supre todas elas. Perdoa-me, Senhor, por, muitas vezes, negligenciar as coisas do Senhor, por deixar os desejos deste mundo se sobreporem ao desejo de fazer parte do teu reino. Que o teu Espírito Santo me conduza a uma vida de consagração, me ensine a priorizar os momentos com o Senhor, lendo a tua palavra e o buscando em oração. Que, como cidadã do Céu e, principalmente, como tua filha, que quer viver no centro da tua vontade, cumprindo o teu propósito, meu coração não anseie mais experimentar os prazeres deste mundo. Só Tu mereces toda a adoração. Toda honra e toda glória sejam dadas a Ti, Deus meu.

Em nome de Jesus,

Amém!

SUA VIDA SÓ VAI VALER A PENA SE ESTIVER
ALINHADA AOS PROPÓSITOS DE DEUS,
TRILHADA EM DIREÇÃO AO SEU REINO.

28 de Setembro

"Deus é espírito, e é necessário que seus adoradores o adorem em espírito e em verdade." (Jo 4:24)

Glórias a Ti, Senhor, Deus Todo-Poderoso, Senhor e Criador de todo o Universo. Dono de toda sabedoria e poder, Senhor da história, és o dono de tudo. Os Céus e a Terra proclamam a tua glória. Quanto mais aprendemos sobre o Universo, mais claramente podemos ver a tua obra, a tua assinatura em toda a criação. Tua perfeição, o teu poder, a tua divindade podem ser reconhecidos em tudo o que criaste desde o princípio do mundo. Como não render graças e cultuar este Deus magnífico, excelso e tão poderoso! Como não Te adorar, Senhor! Sê exaltado, ó Deus, acima dos Céus e em toda a Terra. Os meus lábios sempre Te louvarão, por onde me levares eu sempre proclamarei o teu amor e anunciarei os teus grandes feitos. Faz de mim uma verdadeira adoradora, Senhor, que Te adore em espírito e em verdade, que glorifique o teu santo nome. Uma adoradora que Te louve com pureza de coração, não só com palavras, mas com uma vida íntegra, santa, que se dedica à prática da tua Palavra. Te amo, Senhor, a minha vida entrego a Ti; todos os dias quero Te dar o melhor de mim.

Em nome de Jesus,

Amém!

GLORIFIQUE AO SENHOR EM TODO O TEMPO E O ADORE DE TODO O SEU CORAÇÃO, ENTREGANDO A SUA VIDA EM SEU ALTAR TODOS OS DIAS.

29 de Setembro

"Não que sejamos capazes, por nós, de pensar alguma coisa, como de nós mesmos: Mas a nossa capacidade vem de Deus." (2 Co 3:5)

Eu me entrego a Ti neste dia, Senhor; quero ser o teu louvor e um instrumento nas tuas mãos. Sei que não precisas de ninguém para fazer a tua obra, muito menos de mim, tão pecadora que sou, mas o Senhor deu ao teu povo a autoridade de usar o poder que está em teu nome para fazer obras maiores que as tuas, conforme está escrito na tua Palavra. Jesus, teu nome é poderoso, nome que está sobre todo nome. O Senhor é quem faz, a nossa capacidade vem de Ti. Precisamos entender o quanto somos limitados, o quanto precisamos ser transformados, diariamente, para cumprir a tua obra. Que o teu Espírito nos ensine a esvaziar o nosso coração de toda vaidade, de toda soberba, para que possamos nos diminuir e nos enchermos da tua glória. Conforme o teu poder que opera em nós, podemos fazer maravilhas em teu nome, Senhor, e nos engajar na tua missão de transformar vidas. Faz-me um instrumento teu para propagar o teu amor e levar o Evangelho a todas as criaturas, para glorificar o nome do Pai no poder do Espírito Santo. O que mais quero é Te servir, Senhor. Com alegria e de todo o meu coração, quero servir o meu próximo, amar o meu irmão.

Em nome de Jesus,

Amém!

NÃO SOMOS NADA SEM DEUS, MAS COM ELE PODEMOS TUDO, NÃO HÁ IMPOSSÍVEL, SOMOS MAIS QUE VENCEDORES.

30 de Setembro

outubro

*"Bom e justo é o Senhor; por isto mostra o
caminho aos pecadores." (Sl 25:8)*

Ó Deus meu, amado do meu coração, este é o dia que o Senhor
fez, por isto me alegrarei. Como é bom acordar e me refugiar
em teus braços, nos quais encontro prazer e descanso, nos quais,
continuamente, experimento que o Senhor é bom o tempo todo,
não importam as circunstâncias. Mesmo passando por grandes
provações, sei que elas estão baseadas no teu amor e que, no final, algo de bom nos trarão. Ser fiel a Ti traz recompensa, tenho
vivido esta verdade. Os desafios na nossa vida são grandes, mas,
Deus meu, Tu és maior. Não há nada que foge do teu controle,
nada que não possas resolver. Muitas vezes não é fácil esperar
a solução, mas o caminho que tens para nós é perfeito. Com
o Senhor somos mais que vencedores. És maravilhoso, não há
mal que nos possa vencer. Teu amor é infinito e nos fortalece na
fraqueza. Quero viver na tua total dependência, Pai, na dependência da tua graça, da tua misericórdia. Quero entregar meu
caminho ao Senhor e confiar, porque sei que tudo farás para me
abençoar. Teu amor permanece para sempre. Serei eternamente
fiel à aliança que fizeste comigo e eu Contigo, Senhor.

Em nome de Jesus,

Amém!

O SENHOR É BOM. LANCE TODA A SUA
ANSIEDADE SOBRE ELE, PORQUE ELE SE
IMPORTA COM VOCÊ; ELE TE AMA.

1º de Outubro

"Porei dentro de vós o meu Espírito e farei que andeis nos meus estatutos, guardeis os meus juízos e os observeis." (Ez 36:26-2)

Ó meu Deus e Pai, como és magnífico, grandioso! Bendito és, Deus Emanuel! Me guardaste durante o sono, e agora me abençoas com este novo amanhecer, cheio do teu resplendor. Já acordo com o coração repleto de alegria, dando-Te glórias e louvores, levantando as minhas mãos aos Céus para Te agradecer. Exalto o único que é digno de ser adorado, o verdadeiro Deus, cujo Espírito Santo é o selo da nossa redenção. És Tu, Espírito Santo, quem nos dirige, orienta e intercede por nós junto ao coração do nosso Pai; és tu quem nos revela quem é o nosso Deus e nos torna obedientes à sua Palavra. És tu quem nos ensina a orar como convém, traduzindo o que não conseguimos exprimir com a nossa boca. És Tu quem nos examina, quem nos admoesta, quem nos encoraja, quem nos conduz à santificação. Ó Espírito Santo, muda o meu coração para que meus desejos sejam segundo a vontade do Pai, leva-me a uma comunhão íntima com ele. Move em mim a tua presença, sustenta-me na prática da obediência, de produzir o fruto do Espírito, de glorificar o Senhor Jesus. Vem, amado meu, com a tua unção, regenerar todo o meu ser para honra e glória do Senhor.

Em nome de Jesus,

Amém!

SER CHEIO DO ESPÍRITO SANTO É TER A NATUREZA DE DEUS EM NÓS E NÃO VIVER NAS NOSSAS FRAQUEZAS.

2 de Outubro

"E os teus ouvidos ouvirão a palavra do que está por detrás de ti, dizendo: Este é o caminho, andai nele, sem vos desviardes nem para a direita nem para a esquerda." (Is 30:21)

Pai glorioso, fiel e santo, eu me curvo aos teus pés para Te adorar e Te exaltar. Tu és Deus, o único e verdadeiro. Não há outro como Tu. Tu és o Criador de todas as coisas e, por tua vontade, tudo o que há foi criado e veio a existir. Santo, Santo, Santo é o Senhor, digno de receber glória e honra. O teu poder está sobre toda a Terra e sobre o Céu. O Senhor é o Rei dos reis. Vem reinar com tua presença sobre mim e encher-me do teu poder e da tua graça. Reina sobre o meu coração e faz com que transborde do teu amor, da tua essência, da tua unção. Concede-me ter, com o Senhor, comunhão todos os dias. Quero falar Contigo, ouvir a tua voz e receber de Ti a direção para os meus dias. Mesmo que eu não conheça os caminhos por onde me levas, Te agradeço por me guiares à verdade que transforma a minha mente e o meu coração. A tua Palavra é a verdade que nos santifica. O apóstolo Paulo diz que toda a Palavra é útil para nos orientar a viver segundo a tua vontade, Senhor. Que eu possa meditar nela dia e noite e me tornar praticante de tudo o que o nos ensina. Para todo o sempre, vou Te adorar e viver para o teu coração alegrar.

Em nome de Jesus,

Amém!

CONFIE NO SENHOR; BUSQUE DELE A DIREÇÃO PARA OS SEUS DIAS. ELE TEM O MELHOR PARA VOCÊ.

3 de Outubro

"O meu Deus suprirá todas as necessidades de vocês, de acordo com as suas gloriosas riquezas em Cristo Jesus." (Fp 4:19)

Pai, Filho e Espírito Santo, me rendo diante do vosso poder, da vossa santa majestade e da vossa glória! Ó Trindade soberana, Deus triúno que, por sua infinita graça, de forma suprema, operou em favor da nossa salvação. Me prostro diante da tua grandeza para proclamar as tuas maravilhas e Te adorar. Tu és maravilhoso em todos os teus caminhos e santo em todas as tuas obras. Em Ti estão escondidos todos os tesouros do conhecimento e da sabedoria. Louvado seja o Senhor, ó Deus glorioso! Te adoro porque, verdadeiramente, Tu és o meu Deus. Sem Ti nada sou, nada posso fazer. Em Ti encontro supridas as minhas forças, minhas carências e necessidades. Só em Ti encontro vida. Tu és o amor de que eu preciso, o meu rochedo no qual encontro descanso e proteção, o alimento que me sustenta. Eu não sou merecedora, mas Tu és fiel comigo em todo o tempo. Fica comigo, Pai, enche-me do teu amor. Restaura o meu coração, transforma-me conforme o teu querer. Tu és grandioso, nada está fora da tua soberania, faz vir sobre mim a tua vontade. Quero, para sempre, perto de Ti ficar, Deus meu, amado da minha vida, e todos os dias Te adorar contemplando a beleza da tua santidade e da tua autoridade.

Em nome de Jesus,

Amém!

EM DEUS ENCONTRAMOS TUDO DO QUE PRECISAMOS. ELE É A NOSSA FONTE DE VIDA.

4 de Outubro

> *"Buscai o Senhor e a sua força; buscai sua face, continuamente."* (1 Cr 16:11)

Pai glorioso, fiel e verdadeiro, me coloco diante de Ti nesta manhã para Te exaltar e Te adorar, para agradecer o conforto que encontramos quando abrimos a nossa boca para falar Contigo o que está no nosso coração. O Senhor é Deus de perto e Deus de longe, ouve o nosso clamor e nos responde. Quero Te agradecer porque até aqui o Senhor tem me ajudado, estando sempre comigo nos dias bons e maus. Em todo o tempo podemos ver a tua misericórdia e graça, tua longanimidade, tua proteção e zelo. O que seria de mim sem a tua Palavra, ela é o nosso escudo invisível. Meus inimigos já teriam me destruído, o mal que me desejam já teria me atingido, mas Tu, meu Deus, és aquele que me guarda. Me separaste para Ti e me fizeste propriedade exclusiva tua. Aleluia! A certeza de que estás comigo todos os dias enche-me de paz e gratidão. Ó Pai, leva-me à tua presença, ao lugar secreto da adoração, leva-me além!... Quero ir além do véu, viver o que tens para mim. Quero Te sentir, quero Te tocar, mergulhar nas águas do teu Espírito, me entregar a Ti e Te abraçar, abraçar, abraçar...

Em nome de Jesus,

Amém!

VIVA UMA VIDA DIÁRIA NA PRESENÇA DE DEUS, BUSQUE POR INTIMIDADE COM ELE. QUANDO BUSCAMOS A PRESENÇA DE DEUS, ELE SE REVELA A NÓS.

5 de Outubro

"Ensina-me a fazer a tua vontade, pois és o meu Deus; guie-me o teu bom Espírito por Terra plana." (Sl 143:10)

Pai Santo, Deus do meu coração, eu Te louvo e Te glorifico neste dia. As minhas mãos vou levantar e, na tua presença, Te adorar. Tu és bom, em todo o tempo Tu és bom. Quero a plenitude do teu Espírito em mim, para me levar além dos meus limites. Se eu viver na dependência do teu Espírito Santo, tudo me é possível. Quero me entregar sem reservas a Ti, ó Espírito Santo de Deus. Quero Te dar o meu louvor, com meu coração cheio de amor. Tu és a minha inspiração, a minha paz, a minha canção. Desce sobre mim e derrama a tua unção, recria o meu coração. Encha-o de paixão e amor pelo meu irmão. Dá-me um coração igual ao teu, um coração contrito, um coração servidor, que ama, que perdoa, cheio de fervor. Vem, Espírito Santo, enche a minha vida, cura a minha alma abatida e ferida, a tua presença a faz fortalecida. Vem, Espírito de Deus, o meu ser é todo teu, vem com teu fogo eterno de amor, fogo consumidor para me purificar e meu espírito vivificar. Vem, Espírito Santo, me abraçar, nos teus braços me entrelaçar, com o teu amor me abençoar. Vem, Espírito Santo, para Ti eu quero cantar e todos os dias da minha vida Te aclamar, Te exaltar, Te amar…

Em nome de Jesus,

Amém!

É A NOSSA FÉ QUE NOS APROXIMA DO ESPÍRITO SANTO E NOS FAZ SENTIR A SUA DOCE PRESENÇA. QUE ELE ABENÇOE O SEU DIA!

6 de Outubro

*"Bendito seja o Deus e Pai de nosso Senhor Jesus Cristo,
que nos abençoou com todas as bênçãos espirituais
nas regiões celestiais em Cristo." (Ef 1:3)*

Grande e Eterno Deus, eis-me aqui para Te adorar, nesta manhã linda, onde posso contemplar as maravilhas da tua criação. Quão grande és Tu, Pai. Sê exaltado, ó Deus, sobre a Terra e acima dos Céus. Glórias eu Te dou porque diriges a nossa vida. O Senhor vê o nosso amanhã antes que se torne o nosso hoje; o Senhor nos promete um futuro de esperança. Sabemos que o Senhor age em nosso favor em todas as circunstâncias, que sempre tem o melhor para aqueles que Te amam. Em tua Palavra, Jeremias diz que o Senhor tem planos de paz para nós, e não de mal, para nos dar um futuro e uma esperança. Como meu coração se alegra com esta promessa, amado Deus, porque sei que tenho um futuro na eternidade Contigo. Em Ti está a esperança da vida eterna, da verdadeira glória. Aleluia! As tuas promessas me enchem de confiança, porque o Senhor é um Deus fiel, o Senhor não é homem para que minta, nem filho do homem para que se arrependa, o Senhor nunca falha. Obrigada, porque tenho experimentado da tua fidelidade no cumprimento das tuas promessas todos os dias na minha vida. A Ti toda a minha gratidão, todo o meu amor.

Em nome de Jesus,

Amém!

CONFIE, ENTREGUE, ESPERE EM DEUS,
PORQUE O FUTURO, ASSIM COMO A
NOSSA VIDA, A ELE PERTENCEM.

7 de Outubro

"Por meio de Jesus, portanto, ofereçamos continuamente a Deus um sacrifício de louvor, que é fruto de lábios que confessam o seu nome." (Hb 13:15)

Em adoração, eu me rendo a Ti, Senhor. É desejo do meu coração ser inundada pela tua glória nesta manhã. Não há bem maior, não há bem melhor que a tua presença. Posso sentir o teu perfume; o teu amor me envolve, ele traz vida ao meu coração. Majestade Santa, eu me prostro diante de Ti para Te dizer que Te amo, ó Senhor. Ao teu lado eu quero ficar, porque este é o meu lugar. Quero Te abraçar, quero Te tocar, quero sentir as batidas do teu coração. Não há lugar melhor para estar, na tua presença quero sempre ficar. Minha vida coloco em teu altar, todo o meu ser quero Te ofertar, os meus planos Te entregar. O mundo não é o meu lugar, de Ti ele quer me afastar, mas jamais irei Te abandonar, no teu amor vou sempre me amparar. O teu amor me alcançou, ele me conquistou, como não Te adorar? Tu conheces o meu viver, sabes tudo o que eu sou, nada de Ti posso esconder. Faz em mim o teu querer, Senhor, ensina-me a Te obedecer. Como oferta de amor e sacrifício, todos os dias a minha vida vou Te oferecer. Recebe, nesta manhã, Senhor, meu Deus, meu Criador, todo o meu ser, todo o meu louvor.

Em nome de Jesus,

Amém!

A ADORAÇÃO É FUNDAMENTAL PARA ESTABELECER O NOSSO RELACIONAMENTO COM DEUS. QUE ELE ENCONTRE EM VOCÊ UM VERDADEIRO ADORADOR.

8 de Outubro

"Bendiga o Senhor a minha alma! Não esqueças nenhuma de suas bênçãos." (Sl 103:2)

Querido Pai, Deus do meu coração, nesta manhã quero trazer à memória os feitos do Senhor em minha vida. Bendizer ao Senhor, dar graças por tudo o que Tu és e pelas tuas maravilhas deve ser um hábito diário nosso, mas muitas vezes só sabemos murmurar e reclamar por pequenas coisas. Só temos a agradecer-Te, Pai; perdoa-me pelo pecado da murmuração. Até aqui o Senhor me ajudou. Em tudo tenho o teu favor, em tudo vivo o teu amor. Desde o ar que eu respiro até o descanso de uma noite de sono, os benefícios que recebo do Senhor são infinitos. Tudo o que tenho, tudo o que sou vem de Ti. Tenho o teu Espírito Santo que me guia e me consola, a tua Palavra que me ensina e me ilumina, a alegria da salvação, do que mais eu preciso, Senhor? Não há nada em mim que possa retribuir tamanhas riquezas, recompensar o teu imensurável amor. O meu amor nunca estará à altura do teu amor perfeito, Pai. Ó Espírito Santo, vem com a tua presença me transformar dia após dia. Ilumina-me para que eu busque sempre retribuir o bem que o Senhor me faz. O Senhor é bom o tempo todo e me faz provar da tua bondade todos os dias. Te amo, Pai!

Em nome de Jesus,

Amém!

NÃO COMECE O SEU DIA SEM ANTES AGRADECER A DEUS POR TUDO O QUE ELE É, POR TUDO O QUE ELE TE PROPORCIONA.

9 de Outubro

"O qual recompensará cada um segundo as suas obras; a saber: A vida eterna aos que, com perseverança em fazer bem, procuram glória, honra e incorrupção." (Rm 2:6-7)

Dou glórias a Ti nesta manhã, ó Deus da eternidade. O Senhor não tem começo nem fim, já existia antes da formação do mundo, antes da tua criação. És infinito, Deus, és eterno, és o Alfa, o Ômega, o princípio e o fim. És eterno em Ti mesmo, maravilhoso Deus. Porque tens a eternidade em tuas mãos, temos a segurança da vida eterna que prometes a todos que se arrependem dos seus pecados e creem em Cristo Jesus. Sem a comunhão com o Senhor, não conquistaremos esta dádiva. É necessário que sejamos fiéis a Ti, que sejamos conduzidos na tua Palavra pelo Espírito Santo para sermos moldados segundo o teu caráter. Vivemos movidos por esta esperança, Senhor, de um dia nos encontrarmos, face a face, Contigo. Que possamos, neste tempo aqui na Terra, ser capacitados pelo teu Espírito a viver uma vida fundamentada nos teus princípios e mandamentos; a viver uma vida de obediência e santidade ao Senhor. Nossa preparação é diária para buscarmos o nosso destino final, o novo Céu onde reinaremos Contigo. Vem reinar em mim, Senhor, para que eu possa reinar Contigo na eternidade.

Em nome de Jesus,

Amém!

O NOVO CÉU É UMA PROMESSA DE DEUS PARA NÓS. PARA ONDE A TUA VIDA AQUI NA TERRA TE LEVARÁ NA ETERNIDADE?

10 de Outubro

"O teu amor é melhor do que a vida! Por isso os meus lábios Te exaltarão. Eu Te bendirei enquanto viver, e em teu nome levantarei as minhas mãos." (Sl 63:3-4)

Como é maravilhoso iniciar o dia Te adorando, Senhor! Te louvar é o meu prazer. Tudo o que há em mim bendiz ao Senhor. Tu és o Bom Pastor, a Rocha Eterna, o Sustentador da vida, pois em Ti está o manancial da vida. Nova vida encontro em Ti, Jesus. No Santo dos santos eu posso adorar, abriste o caminho para eu entrar. Teu poder é soberano. Pelo teu poder podemos conhecer o Pai e ter o Espírito Santo em nosso coração, guiando nossos passos. Pelo teu poder, vencemos nossos inimigos. Pelo teu poder, somos fortalecidos em Ti. Ó Senhor, teus caminhos são insondáveis, tuas bênçãos são incontáveis, tuas misericórdias infindáveis, teu amor inesgotável. Nunca me deixes esquecer de como sou abençoada, não porque eu mereça, mas por causa da tua graça e misericórdia que me acompanham; porque o Senhor me ama. Teu amor é incondicional, nada o Senhor quer em troca, a não ser o meu coração. O meu coração é todo teu, Senhor. Amo os teus caminhos, amo a tua presença, és tudo para mim. Para sempre Te amarei e com os meus lábios, para sempre, proclamarei quem Tu és, ó Deus amado do meu coração.

Em nome de Jesus,

Amém!

QUE O NOSSO CORAÇÃO SEJA GRATO
A DEUS POR TUDO O QUE ELE É.

11 de Outubro

"Respondeu Jesus: Digo-lhe a verdade: Ninguém pode entrar no Reino de Deus, se não nascer da água e do Espírito." (Jo 3:5)

Pai Santo, Deus da minha vida, no amanhecer deste dia eu me ajoelho e me curvo, diante do teu trono glorioso, para abrir o meu coração a Ti e ouvir a tua voz. Preciso que reveles a mim a tua vontade; mais que do ar que eu respiro, preciso de Ti, Senhor. Alinha meus passos aos teus propósitos, a minha vontade ao que desejas de mim. Quero estar em submissão e rendição ao teu chamado. Ó Senhor, ter nascido de novo fez-me despojar do velho homem, trouxe-me a natureza divina, fez-me morada do teu Espírito Santo. Aleluia! Obrigada, Espírito Santo, por participar ativamente na minha vida, por fazer-me olhar para Cristo, arrepender-me dos meus pecados e ter meu caráter aperfeiçoado nele. Cada dia mais quero me parecer com Jesus, ser sua imagem e semelhança. Faz tuas águas em mim fluírem, Espírito Santo, para a minha alma nutrirem. Com a tua luz, vem todo o meu ser revestir. Ensina-me a diminuir para que Tu cresças em mim. O Evangelho eu quero proferir, o amor de Deus exprimir e, com todos, repartir um pouco do que de graça, do Pai, recebi. Espírito Santo, amigo fiel, para sempre sejas adorado, a Ti todo o meu louvor.

Em nome de Jesus,

Amém!

"O ESPÍRITO SANTO HABITA EM NÓS PARA COMPLETAR A TRANSFORMAÇÃO QUE INICIOU NO MOMENTO DE NOSSA SALVAÇÃO." (HUMBERTO ALBUQUERQUE)

12 de Outubro

*"E estará o arco nas nuvens, e eu o verei, para me lembrar
da aliança eterna entre Deus e toda a alma vivente de
toda a carne, que está sobre a Terra." (Gn 9:16)*

Senhor amado, quero Te louvar neste dia pela aliança que fizeste conosco. Em meio a tantas tribulações, olhando para o alto, me lembrei da tua Palavra, no livro de Gênesis, sobre o arco do Senhor, a marca que tens posto nas nuvens como sinal do teu juízo sobre o mundo, por seus pecados, mas também do teu conserto com os homens da Terra. Ó Pai, amo olhar para o Céu e ver um arco-íris, ele tem um significado tão tremendo! Ele retrata a tua aliança conosco, o teu povo, feita desde a eternidade. O Senhor não nos deixa esquecer desta maravilhosa expressão do teu amor. Está sempre nos lembrando, fazendo surgir no Céu, após um dia de chuva, um lindo arco-íris, o arco da aliança. Quando isto acontece, podemos declarar essa maravilhosa aliança que não depende de nós, do que somos, do que falamos, do que fazemos. É o testemunho do teu amor por nós no Céu nos dizendo: nunca Te deixarei, jamais Te abandonarei e estou Contigo todos os dias até a consumação dos séculos. Sentir este amor mantém o meu coração cheio de esperança, a minha fé inabalável diante de Ti, Senhor. Obrigada por tão grande amor, Deus meu. És o adorado do meu coração.

Em nome de Jesus,

Amém.

QUANDO VIR UM ARCO-ÍRIS NO CÉU,
AGRADEÇA ESTA ALIANÇA TÃO LINDA QUE
DEUS FEZ CONOSCO DESDE A ETERNIDADE,
PROVANDO O SEU AMOR PELO SEU POVO.

13 de Outubro

"Levante-se, refulja! Porque chegou a sua luz, e a glória do Senhor raia sobre você." (Is 60:1)

Grande e Eterno Deus, quero, neste dia, tributar a Ti toda honra que Te é devida, e adorar o Senhor na beleza da tua santidade. O Senhor se despiu de sua glória e veio habitar em nós, humilhou-se a si mesmo nos dando o exemplo de que é necessário nos esvaziarmos do nosso "eu". Precisamos combater o nosso ego e voltar os nossos olhos para Ti, Senhor. Não somos nada de nós mesmos, precisamos do Senhor para tudo. A Bíblia nos diz que somos incapazes até de pensar por nós mesmos, que a nossa capacidade vem do Senhor. Sem Ti nada somos. Vem sobre nós com as tuas misericórdias e nos enche com o teu Espírito Santo. Manifesta o teu poder em nós e nos transforma segundo a tua imagem. Que possamos refletir a tua luz através de nós. Enquanto caminhamos, precisamos ser o espelho da tua glória para o mundo. Perdoa os meus pecados, Senhor, és fiel e justo para me perdoar de todas as minhas faltas. Purifica-me para que meu coração se torne limpo diante de Ti. Santifica-me para que eu seja o reflexo da tua glória e possa transmitir todo o teu brilho, a tua luz, a tua imagem.

Em nome de Jesus,

Amém!

NÓS NÃO MUDAMOS A NÓS MESMOS – A REVELAÇÃO DE CRISTO PELO ESPÍRITO SANTO A NÓS É QUE NOS TRANSFORMA PARA REFLETIR A GLÓRIA DE DEUS. QUE VOCÊ SEJA ESTA LUZ NO MUNDO.

14 de Outubro

"Ó profundidade da riqueza da sabedoria e do conhecimento de Deus! Quão insondáveis sãos os seus juízos e inescrutáveis os seus caminhos!" (Rm 11:33)

Ó Senhor, meu Deus, com meus lábios quero declarar toda a minha a adoração a Ti nesta manhã. Como é bom receber o Espírito Santo e Nele encontrar a revelação de que sou filha amada, de que nada pode me separar do amor do Pai, este amor que me envolve e me protege todos os dias. Fizeste o mundo e tudo o que nele há. És Senhor dos Céus e da Terra. Tu vives e reina para sempre, Senhor. Teus grandiosos feitos Te louvam. Sendo verdade e luz, vieste para nos dar vida. Com teu plano de amor, nos salvaste, derrotaste a morte e vida eterna nos deste. Aleluia! Todo o poder Te pertence, ó Rei dos reis, Senhor dos senhores. Eu Te louvo por tudo o que Tu és em si mesmo. És Deus santo, o Todo-Poderoso, Deus Eterno e Soberano, Deus de amor, de bondade e misericórdia. Tua sabedoria é inescrutável. Ela é mais do que suficiente para sustentar o Universo e para governar a história. És Deus que não muda e nunca falha. Estende-me a tua mão, Senhor, dá-me a tua proteção e apascenta o meu coração. Ensina-me a orar e meditar na tua Palavra. Dá-me entendimento de tudo o que vem de Ti e, com todo o meu louvor, recebe a minha eterna afeição e toda a minha gratidão.

Em nome de Jesus,

Amém!

A SABEDORIA QUE VEM DE DEUS NOS CAPACITA A VIVER OS NOSSOS DIAS. BUSQUE ANDAR COM ELE.

15 de Outubro

"Foi assim que Deus manifestou o Seu amor entre nós: Enviou o Seu Filho Unigênito ao mundo, para que pudéssemos viver por meio Dele. Nisto consiste o amor: Não em que nós tenhamos amado a Deus, mas em que Ele nos amou e enviou o Seu filho como propiciação pelos nossos pecados." (1 Jo 4:9-10)

Pai amado, eu me entrego a Ti, nesta manhã, Te agradecendo por tudo o que Tu és, pela tua presença manifesta em minha vida, acompanhada do teu amor profundo que me cerca por trás e por diante. Mesmo com toda a grandeza que tens, o Senhor nos vê individualmente e cuida de nós como se fôssemos únicos. O que fizeste por nós, ao enviar Jesus, foi a maior prova de amor que alguém poderia nos dar, Senhor. Enviaste teu único Filho, Jesus, para vir à Terra e morrer em nosso lugar, levando nossas dores e enfermidades, nossos pecados, nossas falhas, nossa solidão. Ó Pai, glorificado sejas em todo o meu viver. Eu anseio por um relacionamento cada vez mais íntimo Contigo, para que a tua essência seja aperfeiçoada em mim. Ninguém é o mesmo quando conhece o teu amor, quando é envolvido por ele. Ele nos liberta, nos cura, nos restaura, restitui as nossas perdas, gera em nós uma vida abundante, nos fazendo viver a cada dia em novidade de vida e experimentar o sobrenatural do Senhor. Quando somos abraçados por este amor, tudo muda dentro de nós. Por isto, Pai, somente Tu és digno da minha adoração. Para sempre Te amarei.

Em nome de Jesus,

Amém!

O AMOR DE JESUS É INCONDICIONAL E CHEGA A TODOS QUE O QUEIRAM RECEBER E TER SUAS VIDAS TRANSFORMADAS.

16 de Outubro

"O temor do Senhor é o princípio da sabedoria, e o conhecimento do Santo a prudência." (Pv 9:10)

Ó Deus do meu coração, como é maravilhoso dormir e acordar na presença do Senhor. Acordar e falar Contigo, acordar e ouvir a tua voz, acordar e poder contemplar a beleza da tua criação. Toda a tua obra revela a tua soberania e a tua grandeza. O Senhor criou todas as coisas com tanto amor porque queria nos alegrar com tudo o que fez. És o nosso Pai, Deus de Amor, que nos ama com um amor imensurável, que nos trata como filhos, que nos disciplina, pois o Senhor corrige a quem ama. Te amo, meu Senhor. Meu coração é o teu altar. Quero sempre a Ti obedecer e a tua Palavra, com alegria, testemunhar. Ela nos guia no caminho certo e me motiva a me submeter à verdade. Dá-me sabedoria, Pai, permite-me conhecer a tua vontade, conhecer o caminho do temor ao Senhor, que traz propósito e significado à minha vida. O temor do Senhor abre o nosso coração e nos faz entender o quanto somos pequenos, fracos e dependentes de Ti! Quem teme ao Senhor recebe, de Ti, sabedoria, prudência e proteção. Meu coração é todo teu, Senhor. Que nele se encontre para sempre o temor do Senhor.

Em nome de Jesus,

Amém!

O TEMOR DO SENHOR É O PRINCÍPIO DA SABEDORIA, PORQUE AQUELES QUE POSSUEM ESSE TEMOR RECONHECEM SUA TOTAL MISÉRIA E DEPENDÊNCIA DE DEUS.

17 de Outubro

"Portanto, todos nós, com o rosto descoberto, refletimos a glória que vem do Senhor. Essa glória vai ficando cada vez mais brilhante e vai nos tornando cada vez mais parecidos com o Senhor, que é o Espírito" (2 Co 3:18)

Quero Te adorar nesta manhã, Jesus, nosso Sumo Sacerdote. És o resplendor da glória, o que está assentado à direita de Deus Pai e nos aguarda para reinar com a sua Igreja. Que os olhos do meu coração sejam iluminados para perceber a grandeza da glória que tens para mim. O Senhor projetou e planejou uma nova vida para mim antes mesmo que eu estivesse no ventre de minha mãe. O Senhor me separou para a sua glória antes da fundação do mundo. Ensina-me a refletir a tua glória. Quero ser reflexo do grandioso Deus que me criou. Transforma-me, de glória em glória, na tua própria imagem. Em tudo o que há em mim, em tudo o que sou, em tudo o que eu fizer, que seja para a tua glória, Jesus. Quero ser o teu espelho para todas as pessoas, refletir a tua luz, o teu brilho, o teu amor libertador. Como Moisés, que desceu do Monte Sinai carregando as duas placas da aliança, com o rosto revestido da glória de Deus, quero também este brilho e cumprir o teu propósito de ser luz neste mundo. Eu não tenho luz própria, mas posso refletir o Glorioso Deus em mim e, com o brilho do teu amor, ser luz na vida das pessoas que me cercam. Aleluia!

Em nome de Jesus,

Amém!

BUSQUE UM RELACIONAMENTO DIÁRIO COM DEUS, ELE QUER TE USAR COMO ESPELHO DA SUA LUZ.

18 de Outubro

"Desde o início faço conhecido o fim, desde os tempos remotos, o que ainda virá. Digo: Meu propósito permanecerá em pé, e farei tudo o que me agrada." (Is 46:10)

Deus Todo-Poderoso, Santo de Israel, Te louvo e Te glorifico, neste dia, com o coração grato pelas bênçãos recebidas. Te louvo e Te glorifico por tudo o que Tu és. És o Deus glorioso, dono de toda a Terra e de sua plenitude, dono do tempo e da eternidade. Sabes do nosso passado, do nosso presente e futuro. Quanta dificuldade temos em confiar em Ti, Senhor! Sabemos que és o Deus Soberano que tens o controle de todas as coisas, que o hoje e o amanhã Te pertencem e, mesmo assim, ficamos ansiosos com o que está por vir. Sabemos que teu poder transcende a nossa realidade e as nossas necessidades, mas mesmo assim ficamos inseguros diante das tempestades que nos sucedem. Ó Deus, perdoa as nossas fraquezas, perdoa a nossa pouca fé. Somos tão limitados, dependemos totalmente de Ti. Só o Senhor sabe o que é melhor para nós. O nosso futuro está em tuas mãos, só em Ti, Jesus, está a esperança da vida eterna, da verdadeira glória. És o único caminho para a vida eterna, és a porta que se abrirá para nos encontrarmos com o Pai. Aleluia! A Ti toda honra, toda glória, todo o meu amor.

Em nome de Jesus,

Amém

DEUS NÃO AGE NA NOSSA ANSIEDADE, ELE É O DONO DO TEMPO E TEM O TEMPO DETERMINADO PARA TODAS AS COISAS.

19 de Outubro

"A paz de Deus, que excede todo o entendimento, guardará os vossos corações e mentes, por meio de Cristo Jesus." (Fp 4:7)

Todo louvor, toda adoração sejam dados a Ti, Jesus. És o meu Senhor, fogo abrasador, que me aquece com teu calor, me inundando com o teu amor. Por mim, morreste na cruz, à minha vida trouxeste luz. Hoje vivo livre do pecado, o Espírito Santo em mim está selado. Meu coração e minha mente sejam guardados na tua paz, Jesus. Restaura em mim um coração puro, igual ao teu, cheio de amor, cheio de Ti. Olha para dentro de mim, Senhor, meu coração anseia por Ti. Renova-me, transforma-me, aperfeiçoa-me para o dia em que irei Te encontrar. Transborda em mim a tua essência, leva-me aos teus átrios de amor, quero entrar em um nível mais profundo na tua presença. Quero ser cheia do teu Espírito, mergulhar no teu rio de glória. Quero estar sempre Contigo. Faz de mim uma verdadeira adoradora, que eu Te adore em todos os momentos, em todas as circunstâncias, que Te adore em Espírito e em verdade. Quero viver uma entrega diária em teu altar, servi-Lo não só com palavras, mas de todo o meu coração. Te amo, Te amo, Te amo, Jesus; para sempre Te amarei, amado meu.

VOCÊ TEM GUARDADO SUA MENTE E SEU CORAÇÃO EM CRISTO JESUS? OS MAUS PENSAMENTOS TE AFLIGIRÃO, MAS JESUS TE TRARÁ PAZ E UMA VIDA DE ALEGRIA.

20 de Outubro

"Quem me serve precisa seguir-me; e, onde estou, o meu servo também estará. Aquele que me serve, meu Pai o honrará." (Jo 12:26)

Meu coração é todo teu, meu Senhor, ó Altíssimo Deus! Eu o entrego em teu altar nesta manhã e me rendo aos teus pés para declarar todo o meu amor a Ti. Em tua presença eu me encontro com meu coração totalmente grato a Ti, assim como Davi, que sabia reconhecer o teu favor e a tua soberania sobre a sua vida. Não somos dignos de nos enaltecermos em nada, porque o menor conhecimento que temos foi-nos dado pelo Senhor. Toda a nossa capacidade, todos os nossos dons vieram de Ti, Senhor. Que usemos tudo o que nos foi dado para o Senhor, em favor do teu reino, porque para Ti são todas as coisas. Que eu seja cheia do Espírito Santo para ser usada como instrumento teu, que meus dons sejam aperfeiçoados para Te servir, pois é por isto que eu existo, quero cumprir o teu querer. Que o amor que o Senhor tem por mim inunde o meu coração e transborde para outras vidas de forma verdadeira. Sacia-me com o pão do Céu para que eu possa alimentar os famintos que ainda não conhecem a tua Palavra, que ainda não tiveram um encontro Contigo. Que a tua glória resplandeça sobre mim para a glória do teu nome.

Em nome de Jesus,

Amém!

NÃO SE CONTENTE APENAS EM SERVIR A DEUS, É NECESSÁRIO ANDAR COM ELE.

21 de Outubro

*"Mas as vossas iniquidades fazem separação entre vós
e o vosso Deus; e os vossos pecados encobrem o seu
rosto de vós, para que não vos ouça." (Is 59:2)*

Aleluia! Eu me prostro, neste dia, diante Daquele que tudo vê, que tudo pode, que tudo sabe; do Deus Onipotente, Onisciente, Onipresente, Jesus Cristo, meu Rei e Salvador. Eu me humilho diante de Ti, Senhor, reconhecendo as minhas fraquezas, os meus pecados, os meus erros, abrindo o meu coração contrito para receber o teu perdão. Sei que nada fica oculto a Ti, perdoa-me, Senhor. Me rendo aos teus propósitos e submeto-me à tua vontade, pois quero permanecer na tua presença. É nela que me encontro, que reconheço a minha pequenez diante de Ti, diante da tua grandeza e majestade. Somos limitados, mas o Senhor é maior que tudo. És um Deus ilimitado, infinito, o Deus que tem na mão toda a eternidade. A nossa vida e tudo o que estamos vivendo o Senhor conhece. Tudo precisamos entregar nas tuas mãos, pois governas todas as coisas e tens o controle de tudo. Precisamos confiar em Ti, porque o nosso auxílio está no Senhor. Só o Senhor faz. Por isto todo o meu caminho eu entrego a Ti, pois só em Ti confio. Sei que me preservas e me proteges de todos os meus inimigos, nenhum mal me sucederá. Farei da minha vida, até a eternidade, uma canção de louvor a Ti, por tudo o que Tu és, meu Senhor.

Em nome de Jesus,

Amém!

QUANDO DEUS ENCONTRA UM CORAÇÃO
RETO E ARREPENDIDO, ELE SEMPRE
PERDOA E GRANDES COISAS ELE FAZ.

22 de Outubro

"Fizeste-me conhecer os caminhos da vida; encher-me-ás de alegria na tua presença." (At 2:28)

Meu Senhor, Deus amado, o meu coração eu venho Te render nesta manhã, quero me entregar totalmente a Ti em adoração. Sei que não há nada que possamos fazer para que o Senhor nos ame mais ou menos, mas quero viver uma vida de quebrantamento, experimentando o teu perdão, o teu querer e o teu amor, sendo reparada a cada dia pelo Espírito Santo. Viver segundo a tua vontade é viver por propósitos maiores do que nós mesmos. Como é bom viver Contigo, Pai! A alegria de viver na tua presença produz em mim força e disposição, me traz um novo ânimo a cada amanhecer. Como bem diz a tua Palavra, a alegria do Senhor é a nossa força. Ela diz, ainda, que o coração alegre é como o bom remédio. Em tua presença, Senhor, há plenitude de alegria, plenitude de vida. Obrigada, Senhor, porque Jesus é o caminho para chegarmos a esta vida plena. Andávamos desgarrados como ovelhas, separados de Ti pelos nossos pecados, mas, na cruz, Jesus levou sobre si todos eles e nos conectou à vida. Para sempre Te amarei, Jesus! Para sempre meu coração será grato a Ti, por me permitires desfrutar a alegria de contemplar em mim a presença do Pai. Aleluia!

A ALEGRIA DO SENHOR NOS FORTALECE E NOS RENOVA ATRAVÉS DO QUE NOS ENSINAM AS ESCRITURAS. A ALEGRIA QUE O MUNDO OFERECE É PASSAGEIRA.

23 de Outubro

"Louvarei ao Senhor em todo o tempo; o seu louvor estará continuamente na minha boca." (Sl 34:1)

Recebe neste dia, Senhor Jesus, a minha vida em teu altar, como prova viva de amor. Vem meus pecados dissipar, deixa a tua luz em meu coração entrar. Tira toda a escuridão que invade o meu coração. Sou uma pecadora no meio da multidão, mas o que mais desejo é receber o teu perdão. A todo o momento escuto a tua voz que me chama, porque, mesmo não tendo valor, sei que Tu me amas. A tua bondade e a tua fidelidade sempre me abraçarão; o meu caminho a tua mão conduzirá e, como resposta de oração, sempre me trazes uma revelação. Cumpre em mim o teu querer, Senhor, vem envolver todo o meu ser, toca-me com o teu poder. Tu és o meu verdadeiro e único Deus, és a minha canção, motivo da minha adoração. Encontra em teu trono o meu louvor, que brota do meu interior. Recebe-o como aroma suave em tuas narinas, meu bom Pastor. Toda honra, toda glória, sejam dadas a Ti, ó Altíssimo, Deus que vive e reina para sempre. Que as palavras da minha boca e a meditação do meu coração sejam, para sempre, agradáveis diante de Ti.

Em nome de Jesus,

Amém!

QUE AS PALAVRAS DA SUA BOCA E TODO O SEU PROCEDER SEJAM CONSTANTE MANIFESTAÇÃO DE LOUVOR E ADORAÇÃO A DEUS.

24 de Outubro

"Quão grande és Tu, ó Soberano Senhor! Não há ninguém como Tu nem há outro Deus além de Ti, conforme tudo o que sabemos." (2 Sm 7:22)

Eu Te dou graças, nesta manhã, Senhor, por esta brisa que se movimenta com o vento, pela luz do sol que começa a brilhar, pelo ar que eu respiro, pelo canto dos pássaros que ecoa no Céu, pela tua maravilhosa criação, na qual deixaste tua digital, assinatura do teu nome em toda obra do Universo. Tu és magnífico, Deus, Tu és maravilhoso e excelso. Tua grandeza é ilimitada. Teu é tudo o que há nos Céus e na Terra, és o poder supremo que guia a nossa vida. És o Deus Vivo, rei Eterno, o nosso Criador. Tudo o que temos e o que somos vem de Ti. És a nossa única fonte, na qual encontramos tudo de que precisamos. És um Deus de perto, que nos conhece, que sonda o nosso coração. Nada fica oculto diante dos teus olhos. Sabes os nossos pensamentos e, antes mesmo que a palavra saia de nossa boca, já conheces o que vamos dizer. És o Deus Emanuel, que estás conosco em todo o tempo. És o leão da tribo de Judá, cujo governo jamais terá fim. Tua luz nos ilumina e nos tira da escuridão, tua presença nos fortalece e tua graça nos leva ao arrependimento para a vida eterna. O Senhor é bom, bendito sejas para todo o sempre.

Em nome de Jesus,

Amém!

UM CORAÇÃO RETO E QUEBRANTADO
TRAZ DEUS PARA PERTO DE NÓS.

25 de Outubro

"Louvai ao Senhor, invocai o seu nome, fazei conhecidas as suas obras entre os povos." (1 Cr 16:8)

Pai amado, querido do meu coração. Quero neste dia Te oferecer um sacrifício de louvor e gratidão pelos teus feitos; quero invocar o teu santo e poderoso nome, Senhor, e declarar que és Deus, o Deus da minha vida. Que teu reino venha sobre mim, que ele seja estabelecido na minha vida, na minha casa, na minha família. Que a tua glória venha sobre nós, todos os teus filhos. Que toda a Terra obedeça a tua voz. Que haja arrependimento em meu coração pelos meus pecados. Perdoa os meus erros, Pai, que eles não venham me tirar da tua presença, que não venham impedir as minhas orações de chegarem até Ti. Perdoa as minhas faltas, Senhor, para que eu possa proclamar a tua justiça, o teu louvor, testemunhar do Senhor não só com palavras, mas com as minhas atitudes, o dia inteiro. Onde eu estiver, que teu reinado esteja comigo, sobre mim, norteando o meu caminho. Que eu seja uma agente da tua vontade e da tua luz neste mundo. Enquanto eu viver vou cantar do teu amor, vou falar do Senhor, ofertar o meu louvor. Que a minha vida seja a prova da tua existência.

Em nome de Jesus,

Amém!

"A SUA VIDA É A ÚNICA BÍBLIA QUE MUITA GENTE ESTÁ LENDO FORA DAS IGREJAS." (DR. RODRIGO SILVA)

26 de Outubro

*"Ao vencedor, Eu lhe concederei que se assente comigo
no meu trono, assim como Eu venci e me assentei
com meu Pai no seu trono." (Ap 3:21)*

Bendito seja o Senhor, nesta manhã, neste dia e por toda a eternidade. Bendito seja o Senhor, porque o Senhor é bom e o seu amor dura para sempre. Bendito seja o Senhor, porque o Senhor é rico em misericórdia e sua natureza contém longanimidade. Bendito seja o Senhor, porque o Senhor é capaz de fazer infinitamente mais do que tudo o que pedimos ou pensamos, de acordo com o seu poder que atua em nós. Bendito seja o Senhor, porque o Senhor é santo e a Terra está cheia da sua glória. Bendito seja o Senhor, porque me ensina seus estatutos, revelando-me os seus caminhos. Bendito seja o Senhor, que em Cristo Jesus consumou o seu plano perfeito para resgatar o homem que havia se perdido no pecado. Bendito seja o Senhor, porque fez de Jesus o cabeça da Igreja e hoje fazemos parte do seu Corpo que está sobre a Terra. Bendito sejas, Senhor, porque temos a promessa de que vamos reinar Contigo, futuramente, porque nos deste o presente da vida eterna. Durante toda a eternidade, viveremos na presença visível do nosso Deus. Bendito sejas, ó meu Senhor, por tudo o que Tu és! Para sempre Te bendirei, magnífico Deus.

Em nome de Jesus,

Amém!

SE CRERES EM JESUS, DEUS PERDOARÁ TEUS
PECADOS E TERÁS UMA VIDA NOVA EM CRISTO.
REINARÁS COM ELE ETERNAMENTE.

27 de Outubro

"Como a corça anseia por águas correntes, a minha alma anseia por ti, ó Deus. A minha alma tem sede de Deus, do Deus vivo." (Sl 42:1-2)

Eu Te exalto neste dia, meu Deus e meu Rei, bendigo o teu nome e me prostro diante do glorioso esplendor de tua majestade. Tu és transbordante de amor, mostre-me a tua misericórdia. Em tudo o que fazes podemos ver a tua bondade, és justo e fiel em todas as tuas promessas, és tremendo em teu poder. És, para mim, a perfeição absoluta, o meu alicerce. Em Ti coloco a minha confiança, és a minha esperança, o aconchego dos meus dias. Para onde eu irei, se o que eu preciso só encontro em Ti, Senhor? És fonte de vida, manancial de águas vivas. Tenho fome da tua presença, a minha alma anseia por Ti. Como oferta de amor, eu Te ofereço todo o meu ser; a minha vida eu entrego a Ti. A tua vontade eu quero viver, o que Te agrada eu quero fazer. Permite que eu esteja mais perto de Ti; o teu amor eu quero sentir, quero me perder no teu abraço, vencer todo o meu cansaço. És o meu respirar, Senhor. Preciso sentir a tua essência em mim. Tudo o que há em meu ser, quero Te ofertar; coloco em teu altar para Te servir, para Te louvar, para Te adorar.

Em nome de Jesus,

Amém!

SOMENTE OS QUE ESTÃO SEDENTOS DA PRESENÇA DO SENHOR E O BUSCAM DE TODO O CORAÇÃO SERÃO RICAMENTE SACIADOS PELO DEUS VIVO.

28 de Outubro

"Porquanto há um só Deus e um só Mediador entre Deus e os homens, Jesus Cristo, homem, o qual a si mesmo se deu em resgate por todos." (1 Tm 2: 5-6)

Jesus, amado do meu coração, meu tudo, quero Te adorar nesta manhã e me entregar, no teu altar, com um coração quebrantado, totalmente convertido a Ti e transformado. És o verbo eterno e divino, Criador de todas as coisas, mas não foste criado, não tens começo e não tens fim. És o Deus que se fez homem, Senhor de todo o Universo, que se fez servo, o Cordeiro de Deus que tira o pecado do mundo. Foste o sacrifício perfeito oferecido como propiciação pelos nossos pecados. Sendo bendito se fez maldição, sendo santo se fez pecado para nos salvar e nos reconciliar com o Pai, morrendo naquela cruz, sendo irrepreensível, puro, sem pecado. És o nosso Redentor, meu Senhor; estás assentado à direita do Pai, de onde intercedes por nós. És o único mediador entre Deus e os homens. És o Príncipe da Paz, onde reinas prevalece a paz. És o justo Juiz e julgarás a todos segundo as suas obras. Como não render o nosso coração a Ti, como não Te adorar, Senhor? Quero ser achada por Ti como uma verdadeira adoradora, que Te adora em todo o tempo, em espírito e em verdade, Te honrando com todo o meu viver.

Em nome de Jesus,

Amém.

SOMENTE JESUS CRISTO PODE NOS LEVAR À PRESENÇA DO PAI, NÃO HÁ OUTRO CAMINHO, NÃO HÁ OUTRO INTERCESSOR QUE SE APRESENTE DIANTE DO PAI EM NOSSO FAVOR.

29 de Outubro

"Tendo, pois, ó amados, tais promessas, purifiquemonos de toda impureza, tanto da carne como do espírito, aperfeiçoando a nossa santidade no temor de Deus." (2 Co 7:1)

Pai santo, amado Deus, santo, santo, santo és tu, Senhor dos Exércitos. Os serafins Te louvam pela tua perfeita santidade, proclamando que Tu és santo, santo, santo. Tu és puro, Senhor, não tens mancha alguma de pecado. Amas a justiça e o que é certo, tua palavra é reta e Tu és fiel. Tua santidade é revelada na tua palavra. Quanto mais lemos as Escrituras, mais aprendemos, através da revelação do Espírito Santo, a discernir entre o bem e o mal, entre o que é certo e o que é errado, e que o pecado é a desobediência à tua vontade. Sem santificação ninguém verá o Senhor, sem santidade é impossível agradar o teu coração. Não permitas que meu coração se volte para o mal e desvie meus pés dos teus caminhos. Cria em mim a tua natureza divina, Senhor, através de um viver de fé, de obediência, quebrantamento e santidade. Quero viver o verdadeiro evangelho das Escrituras, praticar e cumprir os teus mandamentos. Imprime em mim o teu caráter, Senhor, para que eu possa manifestar a tua glória. És o meu Senhor, meu grande amor! Que todo o meu ser mostre quem Tu és, para tua glória e louvor.

Em nome de Jesus,

Amém!

SANTIDADE É FRUTO DE UMA VIDA DE COMUNHÃO DIÁRIA COM DEUS.

30 de Outubro

"Assim o nome do Senhor seja glorificado em vocês, e vocês Nele, segundo a graça de nosso Deus e do nosso Senhor Jesus Cristo." (2 Ts 1:12)

Ó Deus, no amanhecer deste dia quero celebrar e glorificar o teu nome, nome santo e poderoso, nome que está acima de todo nome; nome que é infalível, nome que é imutável. Bendito seja o teu nome agora e para sempre. Santificado seja o teu nome, assim na Terra como no Céu, nome que será lembrado de geração a geração. Seja o Senhor reverenciado acima de todos e de todas as coisas, Pai. Quanto mais Te conheço, mais eu quero honrar-Te, mais eu quero Te adorar. Eu Te exalto pela tua grandeza, pela tua divindade, majestade e poder. O direito de ser glorificado só pertence a Ti, Senhor, porque só Tu és digno de toda honra, de toda glória e de todo poder. Só Tu és digno de ser adorado. Faz de mim um santuário de adoração a Ti, Senhor, pois me criaste para Te adorar. Enche-me do teu Espírito, faz de mim um instrumento de louvor ao teu nome. A cada passo que eu der, a cada palavra que pronunciar, quero Te honrar, Deus meu. És a ressureição que me concede vida, que me faz suportar os sofrimentos sem desfalecer; és a graça que em triunfo me conduz. Reinarei Contigo em teu reino de glória para todo o sempre. Te amo, Senhor.

Em nome de Jesus,

Amém!

ATRAVÉS DAS SUAS ATITUDES E PALAVRAS, DÊ AO SENHOR A GLÓRIA DEVIDA AO SEU NOME. SEJA UM INSTRUMENTO DE LOUVOR A ELE.

31 de Outubro

novembro

"Mas eis aqui uma prova brilhante de amor de Deus por nós: quando éramos ainda pecadores, Cristo morreu por nós." (Rm 5:8)

Senhor Deus de glória e amor, Excelso Senhor que estás acima de todos os povos e nações, eu me dobro aos teus pés, deixando toda a ansiedade, todos os meus planos, meus projetos e sonhos no teu altar, sabendo que, verdadeiramente, tens cuidado de mim. O Senhor governa a todos e provê para todos. O Senhor é meu Pastor e nada me falta. Em Ti encontro descanso, paz e toda a minha provisão. A minha segurança está em Ti, Senhor, na minha vida só Tu reinas. Tu és o Rei dos reis, Senhor dos senhores, Deus magnífico em poder. Teu amor é ilimitado, excede todo o entendimento. É um amor de tanta profundidade, tão único que não conseguimos descrevê-lo. É um amor que nos fez uma família, que nos levará para o Céu e que nos convida a participar do banquete da salvação. Aleluia! Te amo tanto, Jesus! Meu coração é cheio de uma gratidão adoradora que me faz Te amar cada dia mais. Que ela me conduza sempre aos teus braços, que me faça sensível à tua voz, que me conceda, do teu Espírito, a capacitação para testemunhar do Senhor hoje e em todos os dias da minha vida.

Em nome de Jesus,

Amém!

COLOQUE TODA A SUA VIDA NO ALTAR DO SENHOR, DEIXE DEUS AGIR E TESTEMUNHE DAS SUAS MARAVILHAS.

1º de Novembro

"Rogo-vos, pois, irmãos, pela compaixão de Deus, que apresenteis os vossos corpos em sacrifício vivo, santo e agradável a Deus, que é o vosso culto racional". (Rm 12:1)

Ó Pai querido, amado Deus, como é precioso ser despertada pelo teu amor, ouvir a tua voz falando comigo, acalmando a minha alma, enchendo de vida o meu coração! Como é maravilhoso acordar contemplando a tua face, respirar o teu bom perfume, ser inundada pela tua graça! Posso experimentar o teu toque, sentir o teu abraço e me deliciar em teus braços de amor. És o meu bem supremo, Senhor, és o que eu tenho de mais valioso, magnífico Deus. Tu és justo e fiel, soberano em bondade e misericórdia, és a minha força em dias de tribulação. Nesta manhã, quero celebrar com júbilo o Senhor, apresentar-me a Ti com cânticos de louvor e Te glorificar. Cada dia mais e mais eu quero caminhar Contigo e me oferecer como oferta viva em teu altar, em espírito e em verdade Te adorar com tudo o que há de bom em mim. para Ti é o meu coração, para Ti é a minha canção. Todo o meu ser Te adora, Senhor, transborda em graça o meu viver. Meu corpo, alma e espírito Te pertencem. Tudo o que tenho, tudo o que sou é teu. Os meus planos, os meus sonhos, entrego a Ti. A minha vida é tua, Pai, e Tu és meu.

Em nome de Jesus,

Amém!

QUE TIPO DE ADORAÇÃO VOCÊ TEM OFERECIDO AO PAI? ELE MERECE O NOSSO TUDO COMO OFERTA DE AMOR E GRATIDÃO.

2 de Novembro

"Tão-somente temei ao Senhor e servi-o fielmente com todo o vosso coração, porque vede quão grandiosas coisas vos fez." (1 Sm 12:24)

Rendei graças ao Senhor porque Ele é bom, porque Dele é o poder, Dele são a grandeza e a honra. Tenho provado todos os dias e visto que o Senhor é bom. Eu me prostro glorificando o teu santo nome, Senhor, e Te exaltando por tudo o que Tu és. És o meu bom pastor, o meu refúgio, o meu protetor; a tua mão poderosa está sobre mim. O conhecimento do Senhor e a revelação do teu amor têm me levado à sala do trono, onde tens derramado sobre mim deste amor perfeito. O Senhor me satisfaz em todo o tempo. A tua graça me alcança todos os dias, suprindo todas as minhas necessidades. Eu me fortaleço nela e sou totalmente dependente dela. Ó Deus do meu coração, como Te adoro, como me sinto grata e maravilhada com o teu amor, com o teu cuidado comigo! Tu és fiel. Ainda que falhemos, Tu permaneces fiel a nós. Ainda que pequemos, o Senhor está pronto a nos perdoar. Em tudo reconheço a tua bondade, ó meu Deus de amor. Vem, Senhor, e completa a tua obra em mim. Com meu coração grato eu me curvo ante a tua majestade para adorar-Te e declarar o meu amor a Ti até a eternidade.

Em nome de Jesus,

Amém!

O SENHOR É FIEL À SUA PALAVRA, ELE VAI CUMPRIR TODAS AS PROMESSAS QUE TEM PARA A SUA VIDA. PODE CONFIAR E ESPERAR NELE.

3 de Novembro

*"Eu me deito e durmo, e torno a acordar, porque
é o Senhor que me sustém." (Sl 3:5)*

Com Deus eu me deito, com Deus me levanto, com Jesus Cristo e o Espírito Santo! Aleluia! Me deitar e me levantar com a Trindade Santa, Pai, Filho e o Espírito Santo, que privilégio é, que regozijo isto me traz! Como é bom saber que sou cuidada e tão amada! O teu poder, Pai, é demonstrado na nossa vida e acompanhado de teu grande e profundo amor. Desde que nos levantamos, podemos experimentar da sua bondade, do seu cuidado, da sua proteção, e, ao deitar, podemos dormir descansados, porque o Senhor nunca dorme, está sempre alerta, continua cuidando de nós, seus olhos tudo veem. Obrigada, Senhor! Tu entendes todas as nossas necessidades, sabes do que precisamos no nosso dia, caminhas ao nosso lado, conheces tudo o que cultivamos em nossos pensamentos e no nosso coração. Nas adversidades, Tu és aquele que vai à nossa frente, que nos guarda nas batalhas, que nunca nos abandona. Que o Senhor me conduza conforme o seu querer. O comando da minha vida é teu. A minha vida é tua. Contigo eternamente vou viver. A Ti, Deus meu, toda a minha gratidão e o meu amor.

Em nome de Jesus,

Amém!

DEUS É CONTIGO SEMPRE, CONFIE
E SEJA GRATO A ELE.

4 de Novembro

"Buscai o Senhor e a sua força; buscai a sua face continuamente." (1 Cr 16:11)

Deus santo e bendito, como Davi, com o coração confiante em Ti, uma coisa eu Te peço nesta manhã, uma coisa eu buscarei: que eu possa morar na casa do Senhor, todos os meus dias, para contemplar-Te na beleza de tua santidade, na beleza da tua pessoa, na beleza de tudo o que és. Pai, quero renunciar a tudo o que me impede de estar perto de Ti. Faz-me ver, neste dia, a tua graça, mostra-me o caminho por onde devo andar. Quero me arrepender dos meus pecados, confessar todos os meus erros, pois jamais pretendo entristecer teu coração. Anseio estar dentro do teu esconderijo, ó Altíssimo, e aprender de Ti, ser renovada pelo teu Espírito. Leva-me ao teu alto e sublime monte da revelação. Revela-Te a mim, Senhor. Há um desejo enorme em minh'alma de Te conhecer cada dia mais, de crescer em intimidade Contigo, de ver a tua face e poder abraçar-Te. Purifica meu coração para estar na tua presença todos os dias. Eleva-me ao Santo lugar, a um nível mais profundo Contigo. A todo momento espero em Ti, nada vai me impedir de teu amor sentir. Tributo ao Senhor toda a minha adoração, meu louvor e minha gratidão.

Em nome de Jesus,

Amém!

O HOMEM TEM SE AFASTADO DE DEUS; ESCOLHA ANDAR COM ELE E SUA VIDA SERÁ CONSTANTEMENTE RENOVADA, TRANSFORMADA, ABENÇOADA.

"O Senhor se torna íntimo dos que o temem, e lhes manifesta a sua aliança." (Sl 25:14)

Deus de Israel, Senhor dos exércitos, Rei dos reis, a Ti toda honra, glória e louvor. O Senhor reina sobre todas as coisas, tudo está sob o teu domínio. Assentado estás no trono de glória, cheio de força e majestade. A minha alma anseia por Ti, pela tua presença; ela tem sede do Deus vivo. Tu és o meu Deus Forte; quero santificar-me, dia após dia, para ver a tua glória, adorar-Te em Espírito e em verdade. Quero depender da tua graça, porque o mundo não pode me dar o que encontro em Ti. Quero ter um relacionamento íntimo e profundo com o Senhor, a tua presença é que nos transforma. Converte-me a Ti todos os dias, restaura-me, faz tudo novo em mim, Senhor. Cria em mim um coração sincero, um coração limpo, livre das paixões impuras que me afastam de Ti; dá-me um espírito inabalável. Faz-me reconhecer-Te em todos os meus caminhos, endireita as minhas veredas e aperfeiçoa-me para Te servir. Que as obras de minhas mãos sejam abençoadas por Ti. Como é bom Te buscar, Senhor, como é bom Te servir. Quero viver por fé, no centro da tua vontade, servindo-Te com toda a dedicação, retribuindo-Te com todo o meu amor.

Em nome de Jesus,

Amém!

O SENHOR ANSEIA POR UM RELACIONAMENTO SINCERO CONOSCO. BUSQUE INTIMIDADE COM ELE E ELE TE SURPREENDERÁ.

6 de Novembro

"Mas graças a Deus que nos dá a vitória por intermédio de nosso Senhor Jesus Cristo." (1 Co 15:57)

Ó Senhor de toda glória, Deus poderoso e santo, Senhor dos Exércitos, louvado sejas Tu, nosso Grande General de Guerra. Tu és aquele que vai à nossa frente e vence todas as batalhas. Tu és aquele que derruba todas as muralhas que nos impedem de prosseguir. O brilho da tua luz faz as trevas fugirem; tua autoridade e domínio prevalecem sobre o mal; nada pode Te deter, Senhor. Não há outro como Tu, foste exaltado por Deus. Toda autoridade Te foi dada no Céu e a Terra. Tu reinas sobre as nações, teu domínio subsiste por todas as gerações. Tu és Rei sobre todos os reis. Teu poder é fonte inesgotável de força e proteção. Com tua morte e ressureição, venceste o poder das trevas e nos deste a vitória de habitar eternamente na presença do Pai. Se morremos Contigo, Jesus, também Contigo seremos ressuscitados. Aleluia! Que teu nome seja glorificado através da minha vida, Senhor. Que a tua verdade, o teu amor e a tua misericórdia sejam revelados através das minhas ações e dos meus passos em teus caminhos. Engrandecido seja o teu santo nome e para sempre adorado.

Em nome de Jesus,

Amém!

NA PRESENÇA DE DEUS NADA PODE TE ABATER, POR ISSO NADA TENS A TEMER. ELE É A NOSSA PROTEÇÃO ABSOLUTA.

7 de Novembro

"Na casa de meu Pai há muitas moradas; se não fosse assim, eu vo-lo teria dito. Vou preparar-vos lugar. E quando eu for, e vos preparar lugar, virei outra vez, e vos levarei para mim mesmo, para que onde eu estiver estejais vós também." (Jo 14:2-3)

Pai, eu abro os meus olhos, nesta manhã, com o coração cheio de gratidão pelo privilégio de acordar na tua presença gloriosa, como filha tua; por saber que o Senhor virá buscar a tua Igreja, todos nós, o teu povo. Jesus, fizeste esta promessa aos teus discípulos antes de subir aos Céus. Não deixarás nenhum dos seus para trás. Andávamos sem rumo, perdidos em nós mesmos, até o dia em que o Senhor nos encontrou e nos chamou. A partir deste encontro, nunca mais fomos os mesmos. Às vezes tropeçamos e caímos, mas o Senhor sempre busca a sua ovelha e a traz em segurança para o seu aprisco. Nada que fizermos poderá retribuir este amor tão grande e maravilhoso. O amor nunca se dá por recompensado, a não ser por um outro amor. Por isto, faz-me, Pai, ser a resposta do teu amor. Ensina-me a amar o meu irmão, a amar o perdido, a ser um instrumento da tua bondade e da tua salvação. Quero ser digna do amor com o qual o Senhor me ama, mas de mim mesma nada tenho a Te oferecer. Sou totalmente tua, dependente da tua graça. Sê comigo, Pai, transforma-me, faz de mim um cântico para o teu louvor.

Em nome de Jesus,

Amém!

"VIVA HOJE O SEU MELHOR PARA JESUS, CONFIANTE DE QUE AMANHÃ ELE VOLTARÁ." (JÉSSICA DE LIMA)

8 de Novembro

"Mas tu, Senhor, estás entronizado para sempre, e o teu nome será lembrado por todas as gerações." (Sl 102:12)

Deus santo, Pai de toda a eternidade, quero adorar-Te neste dia pelos teus gloriosos feitos, pelas manifestações da tua presença e do teu agir na minha vida. Quero louvar-Te, Espírito Santo, porque me ensinas todas as coisas, me capacitas, me edificas e me guias num caminho de crescimento na tua presença. Quero render-Te graças, Jesus, porque me escolheste antes da fundação do mundo, pecadora que sou, para ser adotada como filha de Deus, me tornando membro de tua família. Aleluia! Pai, o Senhor tem me concedido mais do que mereço, o seu amor me constrange. Diante de tua glória, me prostro aos teus pés e Te agradeço por este amor tão extraordinário. O teu amor me arrebatou e para sempre Contigo estou. Contigo fiz uma aliança que me trouxe confiança, segurança e um coração cheio de esperança. Que meus dias, através da minha vida, expressem a revelação do teu amor. Sejas exaltado e glorificado aonde quer que eu vá. Sejas entronizado entre as nações e adorado por todos os povos; toda a Terra confessará a tua majestade e o teu poder. A Ti elevo a minha alma e Te glorifico para todo o sempre.

Em nome de Jesus,

Amém!

GLORIFIQUE A DEUS ATRAVÉS DA SUA VIDA, PARA QUE SEJA RECONHECIDO AONDE QUER QUE VOCÊ VÁ. AS PESSOAS RECONHECEM JESUS EM VIDA?

9 de Novembro

"Pois eu desci do Céu não para fazer a minha vontade, mas a vontade daquele que me enviou." (Jo 6:38)

Ó Deus meu e Senhor, Te adoro extravagantemente, com todas as minhas forças, de todo o meu coração. Me rendo diante da majestade de teu ser, exaltando e glorificando o teu santo nome. Quem pode ser comparado a Ti, Senhor? Não há outro Deus como Tu. És único, és a verdade que nos liberta, que nos transforma, nos santifica e nos guia a uma vida de luz, livre de engano e castigo. Tu és a verdade revelada aos homens, Jesus; és o nosso libertador, o nosso redentor. Vieste para manifestar a vontade do Pai. Hoje estamos livres de toda condenação, pois tomaste o nosso lugar naquela cruz. Nascemos de novo, porque recebemos o teu perdão; por causa do teu amor temos uma nova identidade, pertencemos à tua família, à família de Deus. Sei que tens o melhor para mim, Senhor, e para todos aqueles que Te buscam, que confiam em Ti. Toda graça está em Ti, tudo o que preciso encontro em Ti. Quero sempre estar ao teu lado, viver em intimidade Contigo, Senhor. Sempre renderei louvores a Ti, meu precioso amigo, amado do meu coração. Sempre Te amarei e viverei eternamente para Te adorar.

Em nome de Jesus,

Amém!

NUNCA SE ESQUEÇA QUE UM JUSTO MORREU EM SEU LUGAR, EM MEU LUGAR, EM LUGAR DE TODOS NÓS, PARA NOS DAR VIDA. ONDE ESTARÍAMOS SE NÃO FOSSE JESUS? CONDENADOS, LONGE DA PRESENÇA DE DEUS.

10 de Novembro

"Deleite-se no Senhor, e ele atenderá aos desejos do seu coração." (Sl 37:4)

Pai Celestial, somente a Ti seja dada toda a adoração, nos Céus, na Terra, no Universo. Todo o ser que vive, que louve ao Senhor. Com o coração contrito e quebrantado, eu me prostro diante de Ti, Senhor, e clamo que venhas reinar em mim. Tu és o Senhor de tudo o que sou. Tu és Deus bendito, meu Salvador. Vem e sopra sobre mim o teu sopro, o sopro de Deus, o sopro de vida, que faz ressuscitar o que está morto dentro do meu coração. Vem me dar o teu renovo, revive o que há de bom em mim. Que meus olhos não percam a beleza de contemplar o teu rosto, não ignorem o brilho que vem de Ti. Que meus ouvidos estejam atentos à tua voz e meus lábios manifestem, continuamente, palavras de louvor a Ti. Não permitas que meu coração se incline para a maldade, mas que seja sempre puro e fiel a Ti. Invocar o teu nome é o meu maior prazer, Jesus. Te buscar é o meu deleite, já não vivo mais sem Ti. Tu és totalmente digno, não somente por causa do que és para mim, do que tens feito por mim, mas por aquilo que és em Ti mesmo. Meu coração, para sempre, Te reconhecerá e Te adorará por quem Tu és.

Em nome de Jesus,

Amém.

O SEGREDO DE UMA VIDA FELIZ E DE PAZ ESTÁ EM VIVER UMA VIDA COM JESUS. CAMINHAR COM ELE FAZ TODA A DIFERENÇA NA NOSSA VIDA.

11 de Novembro

"Nisto sabemos que nele habitamos, e ele em nós, porque nos deu do seu Espírito." (1 Jo 4:13)

Deus excelso, supremo e soberano, Deus fiel, sejas louvado neste dia, porque és digno de toda honra. Gloriosa é esta condição de ser uma adoradora, de entrar na tua presença com louvores e cânticos de adoração. Como é maravilhoso poder Te adorar, Pai! Tua graça inclui tua bondade, tua misericórdia e teu amor; se não fosse pela graça do Senhor, tua santidade nos excluiria de tua presença. Nesta manhã, diante do teu trono, me encontro face a face Contigo. Perante a tua glória, frente à tua majestade, eu me curvo para Te contemplar e render-Te graças. Como é bom sentir a presença do teu Espírito Santo, como é bom saber que moras em nós. A tua presença não vem nos visitar, ela está, permanentemente, dentro de nós. Eu pertenço a Ti, Pai. O conforto de ter o Senhor comigo me traz segurança, me faz sentir amada, protegida, cuidada, amparada. Não há o que temer quando temos o Senhor. Debaixo desta proteção divina, encontro paz, enfrento adversidades, tenho esperança de um futuro, pois, em tua palavra, o Senhor me assegura a vida eterna. Obrigada, Pai, porque o amanhã o Senhor já preparou, para mim e para todos os que a Ti se entregaram. Te amo, Eterno Deus!

Em nome de Jesus,

Amém!

"O ESPÍRITO SANTO FAZ-NOS HABITAR EM DEUS E DEUS EM NÓS." (SANTO AGOSTINHO)

12 de Novembro

"Antes, ele dá maior graça. Portanto diz: Deus resiste aos soberbos, mas dá graça aos humildes." (Tg 4:6)

Deus do meu coração, bendito e santo, a quem eu tributo toda honra, toda glória, todo louvor, toda soberania, reconhecendo que Tu és o Senhor da minha vida, da minha família, desta cidade, desta nação, de todo o Universo. Tu és o Senhor de tudo e de todos, és o grande Eu Sou. Antes da criação, já era o Verbo de Deus, a palavra que trouxe à existência todas as coisas. És eterno, Deus meu. Que eu possa oferecer-Te uma adoração especial no dia de hoje, glorificando o teu nome em tudo o que eu fizer. Caminhar com o Senhor alegra meu coração, fazer a tua vontade é o meu maior prazer; submeter-me a tua autoridade é o meu compromisso Contigo; obedecer a tua palavra é meu pacto de honra aos teus mandamentos. Renuncio a mim mesma para Te servir, Senhor. Ensina-me a tomar a minha cruz, a viver uma vida de negação diariamente, de auto renúncia, e Te seguir. A tua palavra nos diz que resistes aos soberbos, por isto escolho andar em humildade, com um coração grato e submisso a Ti, até o dia em que virás nos buscar. Escolho estar Contigo até a eternidade.

Em nome de Jesus,

Amém!

SEMPRE COMECE SEU DIA AGRADECENDO A DEUS E ESCOLHA SEGUIR O CAMINHO DA HUMILDADE. ELE TE LEVARÁ A LUGARES ALTOS, DE NÍVEIS MAIS PROFUNDOS DE INTIMIDADE COM O SENHOR.

13 de Novembro

"Andem sempre pelo caminho que o Senhor, o seu Deus, ordenou a vocês, para que tenham vida, tudo vá bem com vocês e os seus dias se prolonguem na Terra da qual tomarão posse." (Dt 5:33)

Deus Eterno, justo Juiz de toda a Terra, és o Senhor da eternidade, o Senhor que guarda a aliança com o teu povo. Céus e Terra proclamam a tua glória. Não existe outro além de Ti, Senhor. Tu és o Deus verdadeiro, criaste todas as coisas e tens o domínio sobre tudo. Com hinos de louvor, todas as nações celebrarão o teu nome e todos os povos Te renderão graças. Tu és o Altíssimo, ó Rei dos reis, digno de toda honra e de receber toda a adoração. És magnífico em santidade, merecedor de toda a glória. Tu és o Deus Forte que realiza maravilhas. Tu amas a justiça, tua palavra é reta e o teu proceder é fiel. Em Ti não subsiste o mal, mas a verdade, o amor, a fidelidade. Fomos criados à tua imagem e semelhança, desafiados a ser Teus imitadores. Que meu alvo seja buscar a santidade, Senhor, a obediência à tua palavra, o cumprimento das tuas leis. Livra-me de todo pecado, mostra-me o caminho certo e guia-me na tua justiça. Que meu coração seja moldado com o teu amor e que, como filha, eu receba o teu perdão. Pela fé eu me rendo aos teus pés e me entrego totalmente a Ti. Te adoro, meu Senhor!

Em nome de Jesus,

Amém!

MAIS DO QUE NUNCA, É TEMPO DE BUSCAR A DEUS. ELE SE REVELA E MOSTRA OS SEUS CAMINHOS ÀQUELES QUE O PROCURAM DE TODO CORAÇÃO.

14 de Novembro

"Nisto é glorificado meu Pai: que deis muito fruto; e assim sereis meus discípulos." (Jo 15:8)

Ó Deus meu, amado do meu coração, que bom acordar e sentir a tua presença me envolver! Enquanto eu respirar, cantarei a Ti, exaltarei o teu nome e proclamarei os teus grandes feitos. Enquanto eu viver, o teu amor será anunciado e propagado por meio da minha vida. Fazer discípulos é um mandamento que o Senhor deste aos teus filhos, por isto, meu coração anseia em Te servir. O Senhor me escolheu desde a fundação do mundo, antes mesmo de ser formada no ventre de minha mãe, para ser santa e irrepreensível diante de Ti. O Senhor nos designou para irmos e darmos frutos. Vem, Espírito Santo, e capacita-me para esta obra, para dar frutos para o teu reino, servindo ao Senhor com diligência. Faz-me digna do teu chamado para mim. Unge-me, Espírito Santo, para pregar o Evangelho, anunciar as boas novas, apresentar-Te às pessoas que não Te conhecem, que não conhecem o Deus que nos redimiu de todo pecado e nos deu a salvação, no qual somos transformados de glória em glória. Aleluia! Quero permanecer em Ti, ser um canal da tua paz, Senhor, do teu amor, da tua salvação, completando a jornada que me confiaste. Conduz-me neste dia para cumprir a tua vontade.

Em nome de Jesus,

Amém!

SERVIR A DEUS É UMA FORMA DE HONRÁ-LO POR TUDO O QUE ELE É, POR TUDO O QUE ELE FEZ POR NÓS.

15 de Novembro

"Porque sou eu que conheço os planos que tenho para vocês', diz o Senhor, 'planos de fazê-los prosperar e não de causar dano, planos de dar a vocês esperança e um futuro." (Jr 29:11)

Ó meu Jesus, Deus de amor, Senhor da eternidade, começo este dia clamando a Ti, que me capacites a vivê-lo na tua graça e verdade. Tu conheces o início e o fim de todas as coisas. Teu é o domínio de tudo o que há, és o dono de tudo, inclusive do amanhã. Teu é o governo de todo o Universo. Te entrego todo o meu ser e todas as minhas necessidades, pois és um Deus excelso, magnífico, infinito em poder. Estás assentado no trono celestial, sempre reinando soberano. Ajuda-me a exercitar a minha fé; em Ti está a minha esperança. A tua graça sobre mim me faz melhor do que ontem e me fará uma pessoa melhor amanhã, porque tens me firmado nos teus caminhos. Aleluia! Aperfeiçoa-me para entregar-me inteiramente a Ti, Senhor, e depender cada vez mais do teu Espírito. Em Ti está o manancial de vida. Regozijo-me no teu amor que me transforma, me restaura e me renova. A tua presença, Jesus, flui em todo o meu ser; ela me concede paz abundante e todos os meus temores desfaz. Na minha vida Tu és o meu Rei. És totalmente justo e perfeito, és o adorado do meu coração. És a minha vida até a eternidade.

Em nome de Jesus,

Amém!

"DEUS É O DONO DO TEMPO, E COMO TAL DETERMINA O NOSSO HOJE E ESCREVE O NOSSO AMANHÃ." (YLA FERNANDES)

16 de Novembro

"E a cada um de nós foi concedida a graça, conforme a medida repartida por Cristo." (Ef 4:7)

Glórias, glórias, glórias a Ti, Senhor. Bendito sejas, meu Deus, meu Salvador. És a minha força, a minha rocha, és o meu refúgio, o meu esconderijo. És magnífico, eterno, único; és tudo de que eu preciso. Tu és perfeito em todos os teus atributos, Senhor. És um Deus excelso; és riquíssimo em misericórdia pelo teu muito amor, com o qual nos amou. És digno de receber honra, glória e louvor. Por tua vontade, do nada todas as coisas foram criadas; pela tua palavra, todo o Universo se fez. Todo o poder no Céu e na Terra Te pertence. Governas sobre tudo e sobre todos. Toda a criação depende de Ti para a sua existência. Tu és o sustentador de tudo o que existe, mas não dependes de nada e de ninguém para existir. O Senhor é satisfeito em si mesmo. Aleluia! Estás reinando em teu trono de graça e fazendo as coisas conforme lhe apraz, segundo a tua vontade, que é boa, perfeita e agradável. Que meu coração nunca pare de vibrar por Ti, os meus lábios nunca parem de Te adorar, os meus gestos sempre traduzam louvores a Ti e os meus passos nunca deixem de Te seguir. Tu és eternamente o meu amado e serei eternamente tua.

Em nome de Jesus,

Amém!

"A GRAÇA DE DEUS É UM PRESENTE PARA A VIDA DO HOMEM. NÃO A REJEITE SE ELA TE ALCANÇOU, PORQUE NADA A SUBSTITUIRÁ NA SUA VIDA." (DANIEL VIEIRA)

17 de Novembro

"E acontecerá que todo aquele que invocar o nome do Senhor será salvo." (At 2:21)

Deus eterno, Deus que habita em nós e que está em nós, Tu reinas com poder e glória. Não há outro Deus que se compare a Ti, ao grande Eu Sou. Tu és desde a eternidade; criaste os tempos, as eras e tudo o que há no Universo. Todo o ser que vive, que louve ao teu nome; nome glorioso, supremo, cheio de justiça. Glorificado ele seja por todos os povos, por todas as nações. Ó nome que é cheio de força e autoridade!

Diante dele, que todo joelho se dobre nos Céus e na Terra.

Diante dele eu me curvo e me rendo ao teu domínio.

Diante dele, eu reconheço a minha pequenez.

Diante dele, eu declaro vitória sobre meus inimigos.

Diante dele, eu me derramo em amor.

Ó nome soberano que é sobre todo o nome, que faz tremer Céu, Terra e mar. Nome mais sublime, mais lindo, mais santo. Nome bendito e de poder, ao qual até os demônios se sujeitam; não há o que possa derrotá-Lo. Nenhum mal pode prevalecer contra o poder do nome do Filho de Deus. Aleluia! para sempre honrarei o teu nome, Jesus, nome que declara a grandeza de Deus, o resplendor do Pai, nome que refez a minha história.

Em nome de Jesus,

Amém!

JESUS: ESTE NOME TEM PODER DE MUDAR A SUA HISTÓRIA.

18 de Novembro

"Ensina-me, Senhor, o teu caminho, e andarei na tua verdade; une o meu coração ao temor do teu nome". (Sl 86:11)

Graças eu Te dou, Pai da Eternidade, ó Santo de Israel. Diante do teu altar e da tua presença, eu me prostro para receber, de Ti, a tua vontade para mim neste dia. Ninguém pode parar ou alterar os teus planos, pois tua é a autoridade, tua é a soberania sobre todas as coisas. Nada acontece sem o teu conhecimento e a tua permissão, Senhor. Tu és eterno, o tempo não é suficiente para medi-lo. És o mesmo ontem, hoje e sempre. Como Te amo, Pai! Tua mão de amor estendida sobre mim me encoraja e me levanta quando estou fraca. É na minha fraqueza que o Senhor me revela o teu poder e me faz vencer as minhas lutas. Um dia todos se renderão a Ti e reconhecerão o teu governo sobre as nações. Todos se refugiarão em Ti e saberão que Tu és Deus. Só o reconhecendo em nossos caminhos poderás endireitar as nossas veredas e nos mostrar a tua vontade. Que meu coração esteja conectado ao teu, Pai, alinhado à tua palavra; não o deixe corromper, veda-o para tudo o que não vem de Ti. Que a maldade deste mundo não encontre lugar nele, para que eu viva uma vida de propósitos, cumprindo o teu querer.
Em nome de Jesus,
Amém!

A PALAVRA DE DEUS ALINHA O NOSSO
CORAÇÃO AO DELE E NOS ENCHE DE FÉ
PARA VIVER OS SEUS PROPÓSITOS.

19 de Novembro

"Em Deus está a minha salvação e a minha glória; a rocha da minha fortaleza, e o meu refúgio estão em Deus." (Sl 62:7)

Ó Deus, amado da minh'alma, no amanhecer deste dia eu entro no Santo lugar e prostro-me em adoração a Ti. Glorificar-Te-ei e cantarei louvores ao teu nome. Quero me perder em teu abraço, ser conectada ao teu amor. Debaixo da tua mão de poder, quero sentir a tua presença me envolver cobrindo todo o meu ser. Desfrutar da tua companhia é maravilhoso, ó Deus da minha salvação! És infinitamente santo, infinitamente perfeito, infinitamente lindo. Entraste na minha história me trazendo vitória. Meus pecados sobre Ti levaste e, hoje, bem-aventurada sei que sou. Aleluia! Ó Senhor, me esvazio completamente para que me enchas do teu Espírito. Em tuas asas voarei, face a face Te verei. Ao teu lado é meu lugar, junto a Ti sempre hei de estar e no fluir da tua graça meu desejo é para sempre Te adorar. Que meu coração vibre todos os dias, celebrando ao Senhor, e que meus lábios Te rendam louvor. Dá-me um coração igual ao teu, um coração puro, cheio de amor e de fervor a Ti. Ensina-me a amar o meu irmão, a estender-lhe a minha mão. Entrego-me a Ti, meu Redentor, que carregaste a minha cruz e arrebataste-me com teu amor. para sempre Te amarei, meu amado Salvador!

Em nome de Jesus,

Amém!

AQUELE QUE, EM NOSSO LUGAR, FOI PARA A CRUZ, NA QUAL CONCLUIU TODO O SEU PROPÓSITO, MERECE SER ADORADO, HONRADO E EXALTADO NA NOSSA VIDA TODOS OS DIAS.

20 de Novembro

"Santifica-os na verdade; a tua palavra é a verdade." (Jo 17:17)

Pai querido, obrigada por este dia maravilhoso em que podemos contemplar a tua presença e teus grandes feitos; obrigada pelo dom da vida, obrigada por estarmos em Cristo Jesus e termos a nossa vida guardada e escondida Nele. Obrigada pelo Espírito Santo, nos enviado como um presente para transformar a nossa vida e nos aproximar cada dia mais de Ti. Obrigada pela tua palavra que nos revela quem és e nos faz conhecer a tua vontade e propósitos. É através dela que podemos aprender mais de Ti e dos teus ensinamentos, que nos instruem em todas as coisas. A tua palavra, Senhor, nos guia a toda verdade, ela é a verdade absoluta que firma nossos pés na Rocha e nos faz descansar e confiar na tua presença conosco, mesmo diante das adversidades deste mundo tão turbulento! A tua palavra é amor, é pura, Senhor, é divina, é inspiração que muda o nosso coração, é o alimento, nosso real sustento. A tua palavra é vida, nela hei de meditar dia e noite e, por onde me levares, irei proclamá-la, obedecendo aos teus mandamentos e fazendo cumprir a tua vontade. Eu viverei o teu querer.

Em nome de Jesus,

Amém!

A ÚNICA VERDADE ABSOLUTA É A PALAVRA DE DEUS. NÃO SE DEIXE DESVIAR DELA. FORA DA PALAVRA DE DEUS SÓ HÁ ENGANO.

21 de Novembro

"Quão maravilhosas são as tuas obras, ó Eterno, e insondáveis os teus desígnios," (Sl 92:5)

Pai, meu Deus e Senhor, quero me entregar a Ti nesta manhã, entrar no mais profundo da tua presença, contemplar a tua grandeza e, em espírito e em verdade, me prostrar aos teus pés. Quero louvar as maravilhas do teu amor, dar-Te honras e louvores, contemplando a beleza da tua santidade. Magnífico és em conselhos e em sabedoria. Grandes e maravilhosas são as tuas obras, elas manifestam o teu poder e perfeição. Não há outro como Tu, Senhor! Tu és digno, digno, digno de toda honra e de toda glória. Ó Majestade Santa, derrama a tua glória sobre mim, vem com teu azeite me purificar e a minha vida santificar. Que eu nunca desista de Te buscar, da tua presença nunca vou me afastar. Recebe o melhor de mim em teu altar, Senhor; ensina-me a Te obedecer, o que tenho de melhor quero Te oferecer como oferta de amor e sacrifício vivo. A minha vida é tua, tudo o que tenho é teu, és a razão do meu viver e da minha esperança; o teu amor é tudo para mim. Sem ele, sem o teu perdão, o que seria de mim? Recebe toda a gratidão do meu coração, ó Deus da minha salvação. Recebe todo o meu louvor, meu amor e devoção.

Em nome de Jesus,

Amém!

GRATIDÃO É UMA ATITUDE DE RECONHECIMENTO DE QUE TUDO O QUE SOMOS E O QUE TEMOS VEM DE DEUS. NADA VEM DE NÓS MESMOS.

22 de Novembro

"Esforcem-se para viver em paz com todos e para serem santos; sem santidade ninguém verá o Senhor." (Hb 12:14)

Ó Deus de Israel, Deus santo e excelso, Deus fiel; me prostro em reverência a tua majestade santa e perfeita. Santo é o teu nome, santo é o teu amor, o teu poder e a tua misericórdia; santa é a tua sabedoria, santos são todos os teus atributos. És verdadeiramente digno de toda honra, de glória. Ó Jesus, a tua santidade é o resplendor da tua glória, ela manifesta o teu caráter verdadeiro. Tu és totalmente santo; te fizeste pecado por nós, nos salvaste por amor ao teu nome, para sermos santos como Tu és. Ensina-me a tua santidade e nela me guarda para que eu possa viver conforme o teu querer. Faz-me conhecer a sala do trono, leva-me a ver a tua face. Envolve-me na tua glória, enche-me da tua santidade para que eu possa Te ver. Sem santidade, a tua face jamais vou conhecer. Dá-me ouvidos para ouvir o teu Espírito, escutar a tua voz é tudo de que necessito. Firme meus pés no caminho da verdade para eu viver Contigo em unidade, honrando eternamente a tua santidade. Guia-me pela tua palavra e jamais serei confundida. Ela jamais passará e para sempre me conduzirá. Aleluia!

Em nome de Jesus,

Amém!

TODOS SOMOS CHAMADOS A VIVER EM SANTIDADE, LONGE DO PECADO E PRÓXIMOS DE DEUS.

23 de Novembro

*"Perto está o Senhor dos que têm o coração quebrantado,
e salva os contritos de espírito. Muitas são as aflições do
justo, mas o Senhor o livra de todas." (Sl 34:18-19)*

Ó meu Deus e Pai, Deus de toda a consolação e amor, glorificada seja a tua maravilhosa presença neste dia; presença que me envolve com o teu Espírito. "Perto está o Senhor de todos que Te invocam", assim disse Davi. Eu posso sentir esta presença também, Senhor. Ela é real, teu Espírito vive dentro de mim. Ó Deus Majestoso, és um Deus de longe e de perto, presente conosco em todo o tempo. Nunca estarás longe demais, nunca estarás distante; por todos os lados nos cercas e nos abraças com a tua presença. Onde estivermos, Tu estarás com os teus olhos sempre atentos sobre nós. Por onde andarmos jamais seremos esquecidos, em tempo algum estaremos sozinhos; esta é uma promessa da tua palavra; eu experimento o seu cumprimento todos os dias na minha vida. Em meio às adversidades, a tua mão sempre está a nos guiar e os teus braços a nos proteger. Em qualquer circunstância, o Senhor é conosco, o Senhor nos salva, nos socorre. És o meu ajudador, és o meu guardador, Jesus. Fundamenta meus pés no caminho da tua palavra e não permitas que nada os faça fugir Dele. Faz-me olhar para o Céu nos momentos difíceis e buscar em Ti o meu socorro, pois Tu és a minha esperança.

Em nome de Jesus,

Amém!

NÃO TEMAS, NÃO EXISTE LIMITAÇÃO
PARA O AGIR DE DEUS EM NOSSA VIDA.
ELE TEM O CONTROLE DE TUDO.

24 de Novembro

"Portanto, grandioso és, ó Senhor Deus, porque não há semelhante a Ti, e não há outro Deus senão Tu só, segundo tudo o que temos ouvido com os nossos ouvidos." (2 Sm.7:22)

Pai Santo, quero exaltar o Senhor, nesta manhã, com os meus louvores. Quando Te adoro, sinto-me mais próxima de Ti, a minha fé é renovada. Tributo a Ti louvores e ações de graças neste dia, pois somente o Senhor é digno. O Senhor é bom e tudo o que fazes é bom. O Senhor é Grandioso, ilimitado é o teu amor. A retidão e a justiça são os alicerces do teu trono, a tua santidade, a tua bondade, o teu amor e todos os teus demais atributos são perfeitos. Imenso é o teu poder; o poder que criou Céus e Terra, que criou a minha nova vida, que me regenerou e me fez nova criatura, o poder que me fez filha de Deus. Aleluia! Santo, santo, santo é o Senhor, Deus Altíssimo. Santo, santo, santo é o Senhor, o Poderoso de Israel, o que vive assentado no grande trono branco, que reina eternamente. O meu coração enche de alegria ao Te adorar, ao mergulhar na tua presença. Tu és a minha riqueza e o meu prazer. Desejo mais de Ti, Senhor; mais e mais da tua palavra viva, da tua unção, do teu amor. Confio só em Ti, ó Senhor da Glória! Em todos os dias da minha vida, quero caminhar em retidão com a tua luz e cantar louvores a Ti.

Em nome de Jesus,

Amém!

NO MEIO DOS LOUVORES DEUS HABITA E NOS REVELA MAIS DELE. VIVA UMA VIDA DE ADORAÇÃO AO SENHOR E SEJA AGRACIADO COM UM NOVO CORAÇÃO.

25 de Novembro

"Ensina-me a fazer a tua vontade, pois és o meu Deus; guie-me o teu bom Espírito por Terra plana." (Sl 143:10)

Mais perto eu quero estar de Ti, Senhor, e Te adorar com tudo o que sou nesta manhã. Muito obrigada pelo privilégio desta alegria bendita de falar Contigo e de ouvir a tua voz. Venha sobre mim o teu reino e faça a tua vontade na minha vida neste dia. Muita gratidão, Senhor, pela tua fidelidade, que me faz conhecer a forma como me revelas a tua vontade, que é boa, perfeita e agradável. Todos os teus planos a respeito de nós são planos de paz e não de mal, para nos dar um futuro e esperança. Tens um plano especial para todos nós, teus filhos, tens um propósito para cumprir em nossa vida, o propósito de nos transformar e forjar nosso caráter conforme a imagem do teu filho, para o louvor da tua glória. Obrigada, Senhor, o teu Espírito se move em mim, me ensinando toda a verdade e alimentando a minha alma, me ajudando a não pecar contra Ti, e a ter a recompensa da vida eterna. Todos os dias quero me encher de Ti, ó Espírito Santo; estar sob o teu domínio, sob a tua graça soberana, me render a Ti e Te servir. Quero honrá-Lo por tudo o que és, Senhor, e Contigo caminhar, exaltar teu nome em meu viver. Sempre, sempre, vou Te amar!

Em nome de Jesus,

Amém!

O AMOR DE DEUS ESTÁ DERRAMADO EM NOSSOS CORAÇÕES, PELO ESPÍRITO SANTO QUE NOS FOI DADO.

26 de Novembro

"Aquele que tem os meus mandamentos e obedece a eles, esse é o que me ama; e aquele que me ama será amado por meu Pai, e Eu também o amarei e me revelarei a ele." (Jo 14:21)

Te adoro, Deus Pai, Filho e Espírito Santo, quero ser levada pelo vento do teu Espírito nesta manhã, Senhor, e ser conduzida pela tua vontade, segundo o teu propósito para mim, neste dia. Ilumina meu entendimento para que meus pés andem nos caminhos da justiça, por amor do teu nome. Sopra em meu coração a tua unção e faz-me viver algo novo, trilhar um caminho novo, experimentar coisas novas, encontrar os teus planos eternos. Ó Espírito Santo, mostra-me as minhas faltas, leva-me ao arrependimento e livra-me de todo pecado. Revela-me a verdade de Deus e ensina-me a aplicá-la em minha vida. Acaso há outro que possa nos alimentar do que verdadeiramente anseia nosso coração? Não, só tu, Senhor, nos completa; só em Ti encontramos a felicidade plena. Quero demonstrar o meu amor a Ti cumprindo todos os teus mandamentos, seguindo a tua palavra e Te servindo. Tu és a minha esperança, a minha paz, o meu refúgio. Quero sentir o teu abraço, só em Ti está a minha alegria; outro bem não possuo, Tu és o meu maior tesouro, o dono do meu coração. Todos os dias quero viver para Ti, para o teu louvor, guardada e cuidada pelo teu amor.

Em nome de Jesus,

Amém!

QUANTO MAIS PERTO DE DEUS ESTIVER, QUANTO MAIS BUSCÁ-LO, MAIS VIVERÁS EM NOVIDADE DE VIDA, NA PLENITUDE DO SEU AMOR.

27 de Novembro

*"Vós sois a nossa carta, escrita em nosso coração,
conhecida e lida por todos os homens" (2 Cr 3:2)*

Deus santo e poderoso, Deus zeloso que tudo vê, bendito seja o nome do Senhor, porque hoje começo mais este dia na tua presença, mais uma jornada que preciso completar fundamentada nos teus preceitos, em obediência às tuas leis, de forma que eu possa colocar em prática a tua palavra e viver o Evangelho de forma viva. A tua palavra diz que somos a Bíblia que o mundo está lendo, que somos cartas vivas lidas pelos homens. Pai, precisamos de Ti para nos guiar, não somos capazes de guiar a nós mesmos. Cada dia é um presente precioso do Senhor para nós. Capacita-me, Senhor; assim como Davi. O meu anseio, diante de todos os desafios que enfrentarei, é ser guiada pelo teu Espírito Santo. O Senhor prometeu a Davi, prometeu guiá-lo e ensinar-lhe o caminho que deveria seguir. Também a mim, guia-me com os teus olhos, cerca-me com a tua misericórdia e, ao findar da noite, que Tu possas se alegrar em mim. Este é o desejo mais profundo da minha alma, alegrar o teu coração Te servindo, fazendo a tua vontade, respondendo ao teu chamado de amor. Que em todos os dias da minha vida eu possa anunciar este amor.

"TENHA CUIDADO COM A SUA VIDA, TALVEZ ELA SEJA O ÚNICO EVANGELHO QUE ALGUMAS PESSOAS IRÃO LER." (SÃO FRANCISCO DE ASSIS)

28 de Novembro

"E nisto, todos conhecerão que sois meus discípulos, se vos amardes uns aos outros." (Jo 13:35)

Pai Santo, eu entro na tua presença, nesta manhã, com disposição de coração para ser ensinada, transformada, conduzida pelo teu Espírito Santo. Renova, Espírito Santo, a minha mente e o meu coração. Que o teu mover diário em mim me leve ao propósito eterno do Senhor para a minha vida. Tu és a fonte do amor plenamente justo, és Deus de justiça e juízo. Batiza-me com o teu amor e a tua justiça, Senhor. Imprime em mim a marca do teu amor, que é o selo dos que Te seguem. A tua palavra fala que todo aquele que não pratica a justiça não procede de Deus, nem aquele que não ama o próprio irmão. Ensina-me a amar, Senhor, me ensina o teu amor: este amor que não busca recompensa, que perdoa, que não faz acepção de pessoas, que é incondicional. É com este amor que eu quero olhar para as pessoas e acolhê-las na sua dor, é com este amor que eu quero levantar o abatido e aquecer o seu coração, pois é com a intensidade deste amor que o Senhor nos chamou a amar o nosso próximo. Também em sua palavra o Senhor nos diz que, sem Ti, nada podemos fazer. Até para amar dependemos de Ti, Senhor. Capacita-me primeiro a Te amar e depois a amar o meu irmão. Quero viver para Te servir e agradar o teu coração.

Em nome de Jesus,

Amém!

O VERDADEIRO AMOR AO PRÓXIMO SÓ VEM
DE UM CORAÇÃO CHEIO DE DEUS.

29 de Novembro

"O Senhor conduza os seus corações ao amor de Deus e à perseverança de Cristo." (2 Ts 3:5)

Ó Deus meu, Jesus meu Rei, o Santo de Israel, para quem iremos, se só Tu tens palavras de vida eterna? Não há nada melhor do que iniciar o dia desfrutando do teu amor, da tua presença, meu Deus! Dá-me a tua mão, Senhor. De mãos dadas Contigo, quero ser levada em lugares altos, num nível mais profundo de comunhão Contigo, de intimidade com o Senhor, para entender a revelação dos teus planos para os dias da minha vida. Ensina-me a permanecer neste lugar, Senhor, a preservar a minha vida em Ti; mais perto de Ti eu quero estar. A escuridão deste mundo quer me cegar, por caminhos tortuosos quer me levar. A prosperidade mundana quer me fazer desistir e me afastar de Ti, mas eu sou tua, Senhor. Nada poderá me separar do teu amor, este amor que nos molda, nos forma e nos transforma. Me consagro a Ti, neste dia, Senhor. Tu me revelaste teu amor em teu Filho Jesus Cristo e, pelo teu Espírito, me trouxeste o arrependimento dos meus pecados. Aleluia! Fomos resgatados pelo sangue do Senhor Jesus, que tem poder, que nos lava e que transforma a nossa vida unindo nosso coração ao teu. Obrigada, Deus Soberano, em Cristo eu nasci de novo e recebi o amor eterno do Senhor. Para sempre sejas louvado.

Em nome de Jesus,

Amém!

JESUS MORREU POR NÓS E ISSO DEVERIA NOS LEVAR A COLOCAR DEUS SEMPRE EM PRIMEIRO LUGAR EM NOSSA VIDA. É IMPORTANTE REFLETIR SOBRE ISTO. ELE É, DE VERDADE, A SUA PRIORIDADE?

30 de Novembro

dezembro

"O Senhor é justo em todos os seus caminhos e é bondoso em tudo o que faz." (Sl 145:17)

Deus meu, misericordioso, compassivo, benevolente e bondoso, o Senhor é o justo Juiz cujo trono está firmado sobre a justiça. Tu sondas o nosso coração, ouves a oração do injustiçado e ages com retidão. A tua palavra declara que o salário do pecado é a morte, mas o dom gratuito de Deus é a vida eterna, um presente que nos foi concedido sem merecermos. Louvado seja o Senhor por esta graça. Eu me prostro diante de Ti, Senhor, para clamar o teu perdão. Perdoa-me, Senhor, por transgredir as tuas leis. Limpa-me de tudo o que me afasta de Ti. Faz-me santa, separada para o Senhor, para que eu tenha a tua vida em mim e, todos os dias, provas do teu amor para comigo. Faz-me entender que a obediência à tua palavra é que me levará a ser aprovada por Ti, Senhor, é o que nos permite viver em novidade de vida Contigo. Me capacita, Espírito Santo, a vencer minhas fraquezas, a obedecer às leis do Senhor e a ser declarada justa aos teus olhos. Todos os dias eu escolho cultivar uma vida de justiça, de comunhão e de intimidade Contigo, Pai. Todos os dias eu escolho me consagrar a Ti e viver para Ti, escolho depositar em Ti a minha esperança.

Em nome de Jesus,

Amém!

SE VOCÊ DESEJA SER APROVADO POR DEUS, PRIMEIRO PRECISA APRENDER E PRATICAR A SUA JUSTIÇA, SENDO FIEL AOS SEUS MANDAMENTOS.

1º de Dezembro

"E o testemunho é este: que Deus nos deu a vida eterna; e esta vida está em seu Filho." (1 Jo 5:11)

Deus amado, prostrada em adoração diante dos teus pés, Te ofereço todo o meu louvor nesta manhã. Quero estar junto a Ti, sentir o teu amor perfeito. Só em Ti eu me encontro, Senhor. Indescritível é a tua presença. O Senhor é aquele que abençoa, que faz prosperar os que Te temem e buscam a Ti. És magnífico, foste à cruz em nosso lugar, Te fizeste pecado por nós, para que fôssemos feitos justiça de Deus. Cancelaste a nossa dívida para que pudéssemos habitar Contigo na cidade santa, a Jerusalém Celestial. Aleluia! Aquilo que nenhum ouvido ouviu, nem jamais olho viu, é o que experimentaremos, por toda a eternidade, ao teu lado. A tua luz iluminou as trevas para nos dar um futuro cheio de esperança; deste-nos a recompensa da vida eterna. Como não Te adorar, Senhor, como não oferecer a nossa vida como uma oferta agradável a Ti. Todos os dias, como um cheiro suave, quero queimar em tua presença. Nasci para Te glorificar, Senhor; Te bendizer é o meu prazer, Contigo está o meu coração; Contigo quero viver num nível mais profundo de intimidade, Contigo quero ir além, muito mais além.

Em nome de Jesus,

Amém!

A VIDA ETERNA É A MAIOR RECOMPENSA DOS FILHOS DE DEUS, A MAIOR PROMESSA QUE ELE TEM PARA NÓS, É O PRÊMIO DA NOSSA SALVAÇÃO.

2 de Dezembro

" E abençoarei os que Te abençoarem, e amaldiçoarei
os que Te amaldiçoarem; e em Ti serão benditas
todas as famílias da Terra." (Gn 12:3)

Ó Senhor Deus, me consagro a Ti neste dia e clamo que me reveles os teus caminhos. Tu és o meu rochedo, no qual encontro segurança e proteção, meu lugar forte, onde o inimigo não pode penetrar. É em Ti que consigo vencer todas as barreiras, todas as minhas dificuldades. Com teu amor, apagas nossas transgressões, nos livras de todo pecado, de toda maldição. Deus meu, Tu prometeste a Abraão que, nele, todas as famílias seriam abençoadas. Eu declaro que minha família é abençoada, que a minha vida é abençoada, que no Senhor somos mais que vencedores. Pelo poder do teu nome, Jesus, podemos cancelar maldições que nos acompanham há gerações, usufruindo de todas as bênçãos que já estão preparadas para nós nas regiões celestiais. Teu nome abre os tesouros dos Céus a nosso favor, Senhor, e impede que os poderes do inferno prevaleçam contra nós. Em Ti somos abençoados, Deus, e nada pode mudar isso em nossa vida. Aleluia! Te amo, Deus. Guarda-me como a menina dos teus olhos, refugia-me debaixo de tuas asas e faz-me desfrutar da verdadeira comunhão Contigo.

Em nome de Jesus,

Amém!

POR MAIS DIFÍCIL QUE SEJA A CIRCUNSTÂNCIA, FIRME-SE EM JESUS. ELE É O NOSSO PORTO SEGURO, A ROCHA NA QUAL DEVEMOS NOS AGARRAR QUANDO SURGEM AS MAIORES TEMPESTADES DA VIDA.

3 de Dezembro

"O Senhor é a minha luz e a minha salvação, a quem temerei? O Senhor é o meu forte refúgio, de quem terei medo?" (Sl 27:1)

Pai de amor e de misericórdia, Deus santo e bondoso, louvo a Ti com todo o meu coração e com toda a minha alma nesta manhã. Eu Te exalto porque os teus olhos me guiam e a tua mão me conduz nos teus caminhos. Tu és o meu farol, a minha luz; jamais andarei na escuridão. Tu és o meu escudo, a minha segurança, o lugar onde encontro amparo, mal nenhum temerei. Tu és um manancial de bênçãos. Tua santidade se revela na excelência de teu ser. És Senhor, o Deus Eterno. Eu me curvo ante a tua majestade; ensina-me a Te buscar e somente em Ti confiar. Minha vida deposito em tuas mãos. Renova as minhas forças, Deus meu, não me deixes desistir. Minha esperança, até o fim, é o Senhor, que morreu por mim e agora vive. Venceste a morte e o pecado para dar-me a verdadeira vida que há em Ti. A Ti, somente a Ti, Senhor, Deus meu, exaltarei com palavras de adoração e gratidão. Louvarei o teu nome em todo o tempo e proclamarei, todos os dias, a tua verdade, a tua misericórdia, que é sem fim, e a tua perfeição. Cantarei o teu amor para sempre e bendirei ao Senhor em todo tempo.

Em nome de Jesus,

Amém!

BEM-AVENTURADO AQUELE QUE NO SENHOR DEPOSITA A SUA CONFIANÇA E ESPERA NELE SEM TEMER.

4 de Dezembro

"Da mesma forma, como o homem está destinado a morrer uma só vez e depois disso enfrentar o juízo, assim também Cristo foi oferecido em sacrifício uma única vez, para tirar os pecados de muitos; e aparecerá segunda vez, não para tirar o pecado, mas para trazer salvação aos que o aguardam." (Hb 9:27-28)

Paizinho amado, Deus bendito, obrigada por mais este dia de vida, por sentir tua doce presença invadir todo o meu ser logo ao acordar. Ó Deus, existimos é para Te adorar, para declarar o teu amor e o teu poder. Somos o teu povo, a quem chamas de Israel, que conhece a tua grandeza e a tua glória. Teus sinais têm nos mostrado que somos a geração que antecede a tua vinda, Senhor. Existe uma promessa tua para estes dias, de que aquele que perseverar até o fim será salvo. Que possamos olhar para a alegria eterna que nos é proposta quando nos reuniremos como a tua grande família, em torno do teu trono, Rei meu. A tua palavra está se cumprindo, dia após dia. O Senhor está voltando. Prepara-me, Espírito Santo, para este dia. Quero me apresentar como uma noiva pura, santa, sem mácula, sem ruga, para me encontrar com o meu Senhor, o Noivo adorado. Não me deixes ser seduzida por este mundo, desvencilha-me de todo pecado que me assedia e ajuda-me a prosseguir no propósito da glória eterna em Cristo Jesus. O dia está próximo em que o Senhor revelará toda a sua Glória para nós. Meu coração anseia por este encontro, meu amado e adorado Deus.

Em nome de Jesus,

Amém!

JESUS PROMETEU VOLTAR UMA SEGUNDA VEZ, PARA LEVAR TODOS OS SALVOS PARA O CÉU E JULGAR TODOS OS POVOS. PREPARE-SE COMO SE ESSE DIA FOSSE HOJE.

5 de Dezembro

"Sabemos que Deus age em todas as coisas para o bem daqueles que o amam, dos que foram chamados segundo o seu propósito." (Rm 8:28)

Deus Todo-Poderoso, começo este dia declarando a beleza do Senhor, a maravilha do seu Ser, a grandeza do teu amor. Gratidão a Ti, Deus meu, pelo teu mover que me faz aquietar o coração, pela convicção que tenho de que somos guardados Naquele que é e que vive eternamente! Estamos tão focados em nós mesmos, em nossos problemas, que muitas vezes não percebemos as tuas bênçãos em nossas vidas. Nos pequenos detalhes que nos cercam, podemos ver a tua mão; nas coisas mais simples, o Senhor se revela a nós. Ignoramos tantas coisas que o Senhor nos mostra, que poderiam gerar tantas mudanças em nossas vidas! Abre os meus olhos, Deus, para que eu veja as tuas maravilhas. Que a agitação deste mundo não paralise o meu entendimento dos teus propósitos para mim; que as circunstâncias da minha vida não me ceguem para o teu amor. Sou tão feliz por ter a Ti, Senhor! Que não haja nenhuma prioridade em meu coração do que estar na tua presença. Tu és o que de mais importante possuo. Do que mais necessito, se tudo de que preciso só encontro em Ti? Te quero, meu Senhor! Te amo para sempre!

"QUE DEUS SEJA PRIORIDADE NA SUA VIDA, QUE SEJA SEU MELHOR AMIGO, MELHOR CONSELHEIRO." (ANDREIA GODOI)

6 de Dezembro

"Porque todo o que é nascido de Deus vence o mundo; e esta é a vitória que vence o mundo: a nossa fé." (1 Jo 5:4)

Ó Deus meu, Senhor da História, governante supremo, Rei do Universo, eu Te adoro! Quero ser como Abraão, uma verdadeira adoradora, ter o coração cheio de fé. Abraão não temeu em entregar seu filho porque sabia quem era o Deus em quem ele cria. Ele era um homem de fé, sabia que Isaque era o filho da promessa e não esmoreceu diante da prova, porque conhecia e confiava na grandeza do seu Deus. Aleluia! Aumente a minha fé em Ti, Senhor, pois o meu Deus é o mesmo Deus de Abraão, o Deus Todo-Poderoso, perante o qual eu me prostro, neste momento, para glorificar e declarar que és grandioso. Frente às provas pelas quais eu passar, que o meu coração continue Te adorando, Senhor. És Deus de Poder para mudar quaisquer circunstâncias. Nenhum obstáculo pode resistir à tua supremacia. Tua grandeza é infinita e teu controle sobre tudo é absoluto. O Senhor é perfeito, Pai, em Ti podemos descansar. Mantenho meus olhos voltados para Ti e nas tuas mãos entrego todos os meus anseios, todas as minhas preocupações, minha ansiedade, os meus temores. Tu és o Deus em quem confio e que amo de todo o meu coração.

Em nome de Jesus,

Amém!

COLOQUE A SUA FÉ EM DEUS, ELE TEM O PODER DE MUDAR TUDO NA SUA VIDA E DE TRANSFORMAR O SEU CORAÇÃO.

7 de Dezembro

*"Quando os justos clamam por ajuda, o Senhor os ouve
e os livra de todas as suas tribulações." (Sl 34:17)*

Ó Deus Poderoso, Santo e Majestoso, Pai nosso que estás no Céu. Santificado seja o teu nome, assim na Terra como no Céu; nome poderoso e bendito. O pão nosso de cada dia, sustento da nossa alma, dá-nos hoje. Nos ensina a perdoar quem nos tem ofendido. Não nos deixes cair em tentação e ceder às armadilhas deste mundo, mas livra-nos do mal. Livra-nos, Pai, de pecar contra Ti; livra-nos de ferir a tua santidade, de entristecer o teu coração, livra-nos de abandonar os teus caminhos. Dá-nos o teu favor de permanecer no teu amor, de vencer o mal, de amar o nosso próximo, e faz da minha vida, Senhor, o teu reflexo aqui na Terra, para que eu manifeste a tua glória e as tuas virtudes. Ó Deus, não deixes que meus pés vacilem, que andem por caminhos tortuosos que me afastem da tua presença. Cumpre o teu propósito para mim, que a tua vontade seja feita, assim na Terra, como no Céu, pois ela é perfeita em todo o tempo, manifestada através da tua graça, de tuas misericórdias e da tua justiça. Que as minhas ações sempre estejam integradas com os teus pensamentos, Senhor, porque meu coração é todo teu.

Em nome de Jesus,

Amém!

BUSQUE O SENHOR, É ELE, PELA SUA MISERICÓRDIA, QUEM TE GUARDA E TE PROTEGE DE TODO O MAL. É ELE O TEU SOCORRO PRESENTE EM TODO O TEMPO.

8 de Dezembro

"As coisas encobertas pertencem ao Senhor, ao nosso Deus, mas as reveladas pertencem a nós e aos nossos filhos para sempre, para que sigamos todas as palavras desta lei." (Dt 29:29)

Acordar para um novo dia, que dádiva, Senhor! O meu coração é totalmente grato a Ti por tudo o que tens feito, por tudo o que Tu és. És o Deus de Israel, o meu refúgio, és o Senhor dos Exércitos, o meu escudo poderoso nas batalhas, o Deus em quem confio. Olhando sempre para Ti, sei que posso prosseguir, Senhor. Tu me cercas por trás e pela frente e pões a tua mão sobre mim. Todos os meus caminhos Te são conhecidos. Teu agir destrói barreiras, quebra muralhas e me impede de tropeçar e de me desviar de Ti. Aleluia! Com a ajuda do Espírito Santo, posso declarar que tudo posso Naquele que me fortalece. Que a tua presença seja real em todos os dias da minha vida. Quero ser tocada, transformada, renovada, restaurada por Ti. Vem e alinha meus planos aos teus, inclina o meu coração aos teus propósitos. Tu és a minha fonte de vida, Senhor, és a luz que me ilumina, que me concede o entendimento de tuas revelações, a fim de me fazer crescer e amadurecer numa vida frutífera no Senhor, para que eu seja capaz de desfrutar da mesa de banquete que tens preparado para mim. Junto a Ti, para sempre quero estar, meu Senhor, e todos os dias Te adorar.

Em nome de Jesus,

Amém!

DEUS QUER SE REVELAR A VOCÊ TODOS OS DIAS. ELE SE FARÁ CONHECER ÀQUELES QUE BUSCAREM UM RELACIONAMENTO ÍNTIMO COM ELE.

9 de Dezembro

"Em amor nos predestinou para sermos adotados como filhos, por meio de Jesus Cristo, conforme o bom propósito da sua vontade" (Ef 1:5)

Senhor, meu Deus, eu entro na sala do trono para entregar-Te tudo o que tenho, tudo o que sou. Me prostro diante do teu altar para louvar-Te e render-Te glórias. O que não for para Te honrar, retira de mim, ó Pai. Leva-me a olhar para Ti neste dia, a aprender mais de Ti, a obedecer-Te como uma serva fiel. Existimos para adorar-Te, enaltecer-Te, para celebrar-Te e comunicar o teu amor. Este amor tão grande que nos alcançou, que cancelou a nossa dívida Contigo e nos deu uma nova natureza. Ao invés de nos condenar, na tua infinita misericórdia, nos enviaste o teu filho Jesus para que não sofrêssemos o castigo eterno. Obrigada, Pai! Por meio Dele podemos entrar no Santuário Celestial e desfrutar da verdadeira comunhão Contigo. Podemos usufruir, com liberdade, dos privilégios de filhos, porque, nós, que somos salvos, fomos adotados como teus filhos legítimos, nos tornamos parte de tua família. O Senhor é bom, Pai, tudo o que fazes é muito bom. Mais perto e íntima de Ti eu quero ficar. Eis-me aqui, Senhor. Encontra em mim uma verdadeira adoradora, que Te adore, além das palavras, em espírito e em verdade. Para todo o sempre Te glorificarei, meu Senhor, e encherei a minha boca do teu louvor.

Em nome de Jesus,

Amém!

TODOS SOMOS CRIATURAS DE DEUS, MAS FILHOS DE DEUS, SÓ AQUELES QUE CREEM EM JESUS E O RECONHECEM COMO SEU SENHOR E SALVADOR.

10 de Dezembro

"Porque derramarei água sobre o sedento e torrentes, sobre a Terra seca; derramarei o meu Espírito sobre a tua posteridade e minha bênção sobre os teus descendentes; e brotarão como a erva, como salgueiros junto às correntes das águas." (Is 44:3-4)

Ó Senhor Deus, nesta manhã eu me achego a Ti e, com os meus lábios, Te exalto, contemplando a tua preciosa presença. Doce Espírito de Deus, em adoração eu me rendo a Ti e me prostro diante do teu altar, com o meu coração arrependido, contrito por meus pecados. Preciso do teu perdão, meu Senhor. Em Ti está a direção para os meus pés, em Ti encontro segurança, pois o Senhor blinda-me contra as armadilhas dos meus adversários, daqueles que se levantam contra mim todos os dias. Tu és fonte inesgotável que traz vida ao meu coração, és um manancial de águas vivas que flui dentro de mim, que revive minha esperança e me dá confiança de olhar para o futuro e enxergar a vitória. Como viver sem Ti, Majestade Santa? Tu sabes todos os meus caminhos, a tua misericórdia sobre mim não tem fim, a tua presença é o meu sustento, colore meus dias cinzentos. A tua palavra é meu alimento, é nela que busco teu ensinamento, o meu aperfeiçoamento e crescimento. Ó Senhor, quero tocar teu coração com o meu louvor e agradecer-Te pelo que és. A Ti toda a reverência e o meu amor. A Ti toda a minha gratidão.

Em nome de Jesus,

Amém!

FAÇA DE DEUS A SUA FONTE INESGOTÁVEL DE VIDA.

11 de Dezembro

"Meu povo foi destruído por falta de conhecimento.
Uma vez que vocês rejeitaram o conhecimento, eu
também os rejeito como meus sacerdotes" (Os 4:6)

Eu derramo o meu coração aos teus pés nesta manhã, Deus meu, Te exaltando por toda a tua formosura. A minha alma engrandece o Senhor, neste dia, por tudo o que Tu és. Éramos como crianças abandonadas à própria sorte, não tínhamos identidade, mas, por meio de Jesus Cristo, fomos adotados como teus filhos legítimos, Pai. Jesus passou pela morte de cruz para que tivéssemos plena comunhão Contigo. O sangue do Cordeiro Santo nos permite entrar em um nível mais profundo de intimidade Contigo. Aleluia! Obrigada, Jesus, por ter morrido em meu lugar. Obrigada por ter redimido meus pecados. Hoje intercedes por mim na sala do trono de Deus. O teu amor transforma o nosso jeito de ser, a tua palavra endireita as nossas veredas. Ela é eficaz, transformadora, geradora de vida. Ela me ensina a olhar para o teu altar e a confiar somente em Ti. Leva-me aos famintos pela tua palavra, aos que perecem por ainda não Te conhecer, por não conhecerem o Deus vivo e verdadeiro. Ó Cordeiro santo e imolado, Jesus Cristo, és digno por tudo o que tens feito a nosso favor. para sempre, por mim, serás honrado, meu Senhor. Te amarei eternamente.

Em nome de Jesus,

Amém!

CONHECER AS ESCRITURAS NOS FARÁ ENTENDER QUEM DEUS É E DE QUAIS MANEIRAS ELE QUER SE EXPRESSAR EM NÓS, POR NÓS E ATRAVÉS DE NÓS.

12 de Dezembro

*"Porque somos criação de Deus realizada em Cristo
Jesus para fazermos boas obras, as quais Deus preparou
antes para nós as praticarmos." (Ef 2:10)*

Querido Deus, amado da minh'alma, me assento à tua mesa, junto a Ti, para ter comunhão Contigo, ouvir a tua voz e, de fé em fé, de graça em graça, ser transformada pelo teu Espírito, ter a minha mente renovada e meu coração fortalecido e cheio de paz, para entrar no teu Reino de Justiça. Obrigada pelas tuas virtudes, pelos favores e bênçãos concedidos a nós para enfrentarmos as lutas de hoje e sairmos vitoriosos das batalhas contra nossos inimigos. Somos sustentados, inspirados e mantidos pela tua fidelidade e misericórdia e, por isto, com ousadia, posso adentrar em intimidade com o Senhor, o Santo dos santos, para buscar a tua presença e conhecer os teus planos. Como filha, quero receber de Ti a tua palavra, a tua orientação, e ser transformada na perfeita imagem de quem Tu és. Nos predestinaste para atingirmos a estatura do Varão Perfeito e não para vivermos desregradamente, de forma pervertida, corrompida. Pelas tuas leis reges nosso proceder para que coloquemos em prática os teus mandamentos e, envoltos no teu amor, cumprir a missão de abençoar as pessoas da Terra. Que todos aqueles que se achegarem a mim possam ver as tuas obras através da minha vida, Senhor.

Em nome de Jesus,

Amém!

QUEM ANDA NA INTEGRIDADE, QUEM TEM
UMA VIDA FUNDAMENTADA NA VONTADE
DE DEUS E NA OBEDIÊNCIA À SUA PALAVRA
É UM SERVO FIEL DO DEUS ALTÍSSIMO.

13 de Dezembro

"O Senhor, pois, é aquele que vai adiante de ti; ele será contigo, não te deixará, nem te desamparará; não temas, nem te espantes." (Dt 31:8)

Amado Deus, Emanuel, Deus conosco, aquele que está em nossa companhia em todo o tempo, louvado sejas, Senhor. Esta certeza de que estás conosco é o que move a minha vida e me inspira a perseverar o meu caminhar em fidelidade a Ti. Tu és o Deus Todo-Poderoso, fonte inesgotável de poder para o teu povo, o poder que nos libertou, que nos reconciliou com o Pai e nos trouxe a salvação. Te adoro, Senhor! És o grande Deus do Universo. Tudo o que vemos revela a tua grandeza e nos faz reconhecer a nossa pequenez e insignificância. A tua glória excede, muitíssimo, qualquer coisa que possamos imaginar. És o amor que nos molda, que nos forma e nos transforma para viver os teus propósitos e a plenitude de vida que tens para nós. Ó Deus magnífico, não há outro como Tu. O Senhor me direciona por meio da tua palavra; nos momentos mais difíceis, o teu amor e a tua fidelidade se manifestam de maneira única para mim. És o meu socorro, o Guarda de Israel cujos braços estão prontos para me defender. Minha confiança está em Ti, Deus onipotente, onisciente, onipresente. Por toda a minha vida, renderei louvores a Ti e anunciarei quem Tu és. Te amo eternamente, meu Senhor! Meu louvor será para Ti, continuamente.

Em nome de Jesus,

Amém!

"SABER QUE DEUS ESTÁ CONOSCO É O SUFICIENTE PARA AGRADECER ANTES DE RECEBER, LOUVAR ANTES DE VER, BENDIZER ANTES DE ENTENDER OS PORQUÊS." (FLÁVIA LETÍCIA)

14 de Dezembro

"Rogo-vos pois, irmãos, pela compaixão de Deus, que apresenteis os vossos corpos como um sacrifício vivo, santo e agradável a Deus, que é o vosso culto racional." (Rm 12:1)

Deus amado, Senhor da minha vida, recebe, neste dia, todo o meu ser como prova viva do meu amor a Ti. Recebe, em teu altar, o meu coração cheio de gratidão pela tua fidelidade, pela tua misericórdia, tua bondade, teu amor, por tudo o que és. Tu nos resgataste com o sangue do teu filho e nos selaste com o teu Santo Espírito. Somos o teu povo, Senhor, a tua família, a tua habitação. A tua presença está em mim, aleluia! Em Ti, Deus meu, tenho todo o meu deleite. Estou guardada em tuas mãos, protegida em teus braços, assentada com Cristo nas regiões celestiais, acima de todo principado e potestade. Cada dia mais Te quero, cada dia mais Te busco e Te adoro, meu Senhor; a tua graça me basta. O Senhor sonda o nosso coração, ouve a oração do injustiçado e age com retidão. Faz-me reconhecer os meus pecados e me arrepender deles, Pai, para estar continuamente na tua presença e, na eternidade, poder contemplar a glória do teu rosto, me assentando Contigo em tua mesa, para provar dos manjares celestiais. Cearei Contigo e o verei face a face, meu Senhor. Glórias para sempre Te darei!

Em nome de Jesus,

Amém!

"A ADORAÇÃO GENUÍNA É A RESPOSTA DE UM CORAÇÃO QUE REFLETE UMA MENTE QUE COMPREENDE QUEM É DEUS E RECONHECE O SEU VALOR." (JOHN PIPER)

15 de Dezembro

"Bendito é o homem que confia no Senhor, cuja esperança é o Senhor." (Jr 17:17)

Ó Deus eterno, maravilhoso, soberano, a Ti rendo a minha adoração nesta manhã. Que privilégio imenso é nos aproximarmos do Deus vivo e verdadeiro, sentir a sua presença, ouvir a sua voz, encher-nos da sua unção logo ao acordar. Como um artesão perfeito, Senhor, criaste todas as coisas. Em todo o Universo podemos contemplar a manifestação da tua glória. És fonte de luz, em Ti não há escuridão. A tua palavra também é luz, a luz que guia os nossos passos, que nos ensina a andar de forma a agradar o teu coração, a buscar a santidade e a viver de vitória em vitória. Ela nos leva à sala do trono para ter comunhão Contigo, para contemplar a tua face. Ela nos leva a passar pelas mãos do oleiro e ser restaurados. Ó Senhor, Tu tens o controle de todas as coisas, das estrelas do Céu, das areias da praia, dos peixes do mar, das folhas das árvores… da minha vida, de tudo o que existe. O Senhor sabe o que é bom para nós, o Senhor tem o melhor para nos dar. Somos imperfeitos e cheios de falhas, mas aqueles que confiam em Ti sempre são recompensados com a tua fidelidade. Aleluia ! Eu confio em Ti, Senhor, serás sempre o meu Deus.

Em nome de Jesus,

Amém!

ESPERE EM DEUS COM PACIÊNCIA, CONFIE NELE, POIS DELE É A SOLUÇÃO QUE VIRÁ NO TEMPO CERTO, NO TEMPO DELE, PARA VOCÊ.

16 de Dezembro

"Nós, porém, não recebemos o espírito do mundo, mas o Espírito procedente de Deus, para que entendamos as coisas que Deus nos tem dado gratuitamente." (1 Co 2:12)

Deus de bondade, de amor e de poder, és magnífico, Senhor! Maravilhoso é começar mais um dia na tua presença, estar diante de Ti, Deus excelso que nos ouve e que está ao nosso lado sempre. Por maior que seja a adversidade que eu possa encontrar, a minha força está em Ti, Senhor; és a minha proteção, guardas a minha entrada e a minha saída e me livras dos meus inimigos. A força da tua graça nos liberta e nos cura. Ela une o nosso coração ao teu e nos enche de alegria, ainda que em meio à tribulação. A alegria do Senhor é o nosso lugar de proteção, ela nos renova, ela nos ergue, nos dá esperança. Pai, ajuda-me a não desistir nunca e a viver uma vida pela fé. Quero caminhar não pelo que vejo, mas envolvida intimamente pela tua palavra, crendo nas tuas promessas; ser fortalecida pelo teu amor dia após dia, permanecendo na tua graça. Ó Espírito Santo, vem os meus passos conduzir, os meus erros redimir, para a tua glória em mim refletir. Vem na palavra me instruir e os teus propósitos para mim cumprir. Grandes coisas estão por vir, guarda-me deste mundo para eu viver o que Deus tem para mim.

Em nome de Jesus,

Amém!

O ESPÍRITO SANTO É UMA PESSOA QUE QUER INTERAGIR COM VOCÊ, TE REVELANDO AS COISAS DE DEUS.

17 de Dezembro

"Chegai-vos a Deus, e ele se chegará a vós." (Tg 4:8)

Pai Santo, Deus do meu coração, aqui estou, prostrada aos teus pés, para Te agradecer pela tua mão que nunca nos desampara, que nos guarda e nos conduz pelo caminho da verdade. Dá-me um coração ensinável para que eu possa conhecer mais de Ti, Pai, e guardar os teus mandamentos. A falta de entendimento de quem Tu és tem feito este mundo tornar-se cada vez mais caótico. Quantas pessoas não têm temor a Ti, perdendo a experiência de uma vida de comunhão Contigo! O que eu mais quero é estar próxima de Ti, é aprender mais de Ti, é viver em intimidade Contigo, sendo ensinada pelo teu Espírito Santo. O que mais desejo é ter a minha natureza transformada à semelhança de Cristo até a perfeita imagem do Senhor, o que mais desejo é refletir a tua glória. Tu és tudo para mim, Senhor, não há outro além de Ti. Não há outro Deus na minha vida. Tu és o meu Senhor, o único e verdadeiro Deus, o meu bem maior. Recebe a minha adoração e toda a minha gratidão por tudo o que Tu és, por tudo o que tens feito. Com os meus lábios manifestarei a tua justiça e a tua salvação todos os dias. De todo o meu ser, para sempre Te amarei.

Em nome de Jesus,

Amém!

NÃO TROQUE SUA INTIMIDADE COM DEUS POR NENHUM PRAZER DESTE MUNDO. TUDO É MUITO MENOR DO QUE O QUE ELE PODE FAZER POR VOCÊ.

18 de Dezembro

"No dia seguinte João viu a Jesus, que vinha para ele, e disse: Eis o Cordeiro de Deus, que tira o pecado do mundo." (Jo 1:29)

Graças eu Te dou, Senhor, neste dia. O meu coração está firmado em tuas promessas e Te exalta pelo preço que pagaste naquela cruz em favor da minha vida. Te entregaste como sacrifício de amor por mim, Senhor, derramaste teu sangue para me salvar. Me deste o teu perdão, refizeste o meu viver. Não vivo mais sem a tua presença, a minha alma deseja Te adorar. És o Cordeiro Santo, digno de todo louvor. Graças eu Te rendo com todo o meu amor. Precioso Jesus, és o Cordeiro de Deus, foste imolado em meu lugar. És o sacrifício perfeito que me libertou de todo pecado. Com o coração arrependido eu clamo pelo teu perdão. Perdoa-me, Jesus, apaga todas as minhas transgressões; purifica-me pela honra de teu nome. Santifica-me, limpa meu coração de toda impureza, converte-me de todo mau caminho para que eu viva uma vida digna diante de Ti e dos homens e que corresponda ao chamado que tens para mim; quero viver uma vida que Te agrade e Te glorifique. Quero, cada dia mais, ser parecida Contigo, Senhor, resplandecer a tua glória, andar na luz, ser a tua luz, e resgatar para Ti aqueles que estão em trevas. Usa-me, Senhor, para proclamar o teu reino.

Em nome de Jesus,

Amém!

O VERDADEIRO AMOR SE EXPRESSA EM AÇÕES. HONRE A DEUS ATRAVÉS DA SUA VIDA.

19 de Dezembro

"Estas coisas vos escrevi a vós, os que credes no nome do Filho de Deus, para que saibais que tendes a vida eterna, e para que creiais no nome do Filho de Deus." (1 Jo 5:13)

Deus santo e poderoso, eu me prostro diante do teu trono e me esvazio diante da presença do teu amor. Diante da tua formosura e da tua grandeza eu me rendo, declarando todo o meu amor a Ti. Tu és santo, santo, santo, santo. De mim mesma, nada tenho a oferecer-Te, Senhor, mas o meu coração eu quero Te entregar. Não sei como expressar o meu amor, palavras não conseguem exprimir a minha gratidão. Quero Te dar o meu melhor como forma de agradecimento por tudo o que tens feito na minha vida. A tua misericórdia me proporcionou a oportunidade de ser redimida e de receber a vida eterna. Na nova vida que recebi de Ti não haverá mais morte. Aleluia! Já não sei viver mais sem o teu abraço, Senhor. Agora quero ser os teus braços para alcançar os perdidos, instrumento nas tuas mãos para levar a tua palavra àqueles que estão sem direção, canal do teu amor para os aflitos. Faz brilhar a tua luz em mim, derrama da tua glória e me capacita a ser semelhante a Ti e a cumprir a tua vontade. Que teu Espírito Santo venha me guiar, me ungir, para que eu faça as obras do teu coração, pregue as boas novas e proclame ao mundo a libertação em Jesus Cristo.

Em nome de Jesus,

Amém!

TODO AQUELE QUE ACEITA O SACRIFÍCIO DE JESUS NA CRUZ TEM UMA VIDA DE COMUNHÃO COM DEUS E RECEBE A VIDA ETERNA.

20 de Dezembro

" Desde então começou Jesus a pregar, e a dizer: Arrependei-vos, porque é chegado o Reino dos Céus. (Mateus 4:17)

Ó Deus meu e Senhor, a Ti toda honra e toda glória. Quero ir além de mim mesma nesta manhã, ir para um nível mais alto de onde tenho estado; subir ao monte do Senhor, estar mais perto de Ti. O Senhor é bom o tempo todo. Os teus feitos em nossa vida são incontáveis. És absoluto e soberano, estás acima de toda força e poder, Deus, magnífico em toda a Terra. És o Rei dos reis, pleno em poder e glória, um Rei que se esvaziou de sua majestade, se fez servo e anunciou a chegada de seu Reino àqueles que não eram seu povo. Nos resgataste do império das trevas com o teu sangue, Jesus, venceste a morte e ressuscitaste ao terceiro dia; subiste ao Céu, onde estás sentado no trono da mais alta honra, à direita de Deus. Sê exaltado em meu viver agora e por toda a eternidade, ó Deus amado. Todos os dias eu quero louvar a tua verdade, as maravilhas do teu amor, tudo o que Tu és; quero propagar o teu Reino até que o Senhor volte. Faz-me enxergar os meus erros, me arrepender deles, pois o teu Reino está próximo e Contigo eu quero reinar por toda a eternidade.

DESFRUTE UM TEMPO A SÓS COM DEUS, ARREPENDA-SE DOS SEUS PECADOS E RECONHEÇA TUDO O QUE ELE TEM PROPORCIONADO À SUA VIDA.

21 de Dezembro

"Portanto, irmãos, temos plena confiança para entrar no Lugar Santíssimo pelo sangue de Jesus, por um novo e vivo caminho que ele nos abriu por meio do véu, isto é, do seu corpo." (Hb 10:19-20)

Santo Deus, indescritível é a tua presença, Jesus. Nela encontramos a paz serena; ela traz descanso à nossa alma, refrigério ao nosso coração. Obrigada por mais um dia acordar e sentir a tua presença. Eu me prostro diante de Ti, ó Rei dos reis. Tu és Deus de Paz, o Príncipe da Paz, o desejado das nações; outro igual não há. As tuas misericórdias são eternas, não têm fim; todos os dias se estendem sobre nós. Os teus rios de misericórdias sempre correm cheios e transbordantes, Senhor, e nunca estão secos. Aleluia! Hoje posso mergulhar neste rio, me aproximar de Ti sem nenhum temor. O véu foi rasgado. Tu abriste o caminho, Senhor, todas as barreiras foram quebradas e, mesmo sendo pecadora, posso entrar na presença do Pai e sentir o teu amor por mim. Por causa da tua morte, Senhor, podemos fazer parte do Reino de Deus. Perdoa meus pecados, Deus amado, ensina-me a viver em santidade. Que a minha vida possa comunicar que o teu sacrifício não foi em vão e refletir a bondade e o teu amor por onde quer que eu vá. Quero honrar o teu nome e o teu imensurável amor.

Em nome de Jesus,
Amém!

POR CAUSA DO SEU AMOR, MISERICÓRDIA E GRAÇA, DEUS NOS PERMITE, A MIM E A VOCÊ, ESCOLHER ESTAR NA SUA PRESENÇA E VIVER ESTA ALEGRIA. O VÉU FOI RASGADO, MAS A ESCOLHA É NOSSA.

22 de Dezembro

"Deus não é injusto; ele não se esquecerá do trabalho de vocês e do amor que demonstraram por ele, pois ajudaram os santos e continuam a ajudá-los." (Hb 6:10)

Pai Amado, Deus de amor e de bondade, a Ti pertencem o meu louvor e o meu coração. A minha alegria é estar diante de Ti e ser abraçada pela tua presença. Fui encontrada pelo teu perdão, Senhor. Teu sangue me fez vencedora. Ele me lavou, me purificou e me salvou. Graças Te dou pelo teu sacrifício de amor. Fortalece a minha fé, Senhor, leva-me ao arrependimento dos meus erros todos os dias, quando pecar contra Ti, e ensina-me a Te honrar com os meus atos. Que minha vida Te glorifique, seja um contínuo louvor a Ti. Ensina-me, Paizinho, a amar com o teu amor, a perdoar com o teu perdão, a sentir compaixão com o teu coração. Quero ser transformada para o louvor da tua glória. Vem, Espírito Santo, endireita minhas veredas, vem me restaurar; indica-me o caminho da vida que está em Jesus. Meu coração anela por viver na presença do Altíssimo, por seguir as tuas leis e praticar a tua vontade, sendo luz, agente de restauração daqueles que estão perdidos e sem esperança. Só vivendo o teu amor, Pai, a vida tem significado e propósito. Usa-me, Senhor, faz-me resposta de oração na vida das pessoas, daqueles que não Te conhecem e precisam ver a tua luz.

Em nome de Jesus,

Amém!

"EXISTEM PÉS A SER FIRMADOS, MÃOS A SEGURAR, MENTES A INCENTIVAR, CORAÇÕES PARA INSPIRAR E ALMAS PARA SALVAR." (THOMAS S. MONSON)

23 de Dezembro

"Ó Senhor, quem é como Tu entre os deuses? Quem é como Tu glorificado em santidade, admirável em louvores, realizando maravilhas?" (Ex 15:11)

Deus Todo-Poderoso, Criador supremo do Universo, prostrada aos teus pés, Te dou graças nesta manhã. Te louvo por tudo o que és, Deus santo e glorioso. O Senhor é um Deus perfeito e nos chama, como filhos, a sermos perfeitos, a estar ligados à videira, como ramos limpos, cheios de amor e misericórdia. Não há nada que se compare a Ti, Deus meu. Tua grandeza, excelência e perfeição são infinitas. Por mais que tentemos Te descrever, tudo será muito menor do que de fato és. Não há outro igual na Terra ou nos Céus, não há nada visível e tão poderoso que se possa comparar a Ti. Teus feitos são grandiosos, tuas qualidades, infinitas. És supremo, todo-poderoso, e ainda assim se importa conosco. Como pode nos amar tanto assim, pecadores que somos, tão pequenos e miseráveis?! Nada do que fizermos poderá retribuir este amor tão sublime. O Senhor não desiste de nós. Sempre se coloca fiel a nós, mesmo diante da nossa infidelidade. Perdoa-me, Senhor, por pecar contra Ti. Conserva-me pura e fiel, meu Deus, para que se agrade de mim, e me tenha como uma verdadeira adoradora, que Te ama de todo o coração.

Em nome de Jesus,

Amém!

O SENHOR SE IMPORTA COM CADA UM DE NÓS E NOS AMA COM AMOR ETERNO. A FORMA COMO VOCÊ AGE REFLETE SEU AMOR A DEUS?

24 de Dezembro

"Ela dará à luz um filho, e você deverá dar-Lhe o nome de Jesus, porque Ele salvará o seu povo dos seus pecados." (Mt 1:21)

Santo, santo, santo, santo, Deus de amor e de poder, Tu és santo. Anjos estão diante de Ti proclamando em uma só voz: santo, santo, santo. Maravilha é proclamar que o nosso Deus é santo. Minh'alma, hoje, canta louvores a Ti. É Natal, celebramos a Ti, Senhor, o nosso Rei, nosso presente de amor, fidelidade e graça. Celebramos a Ti, Jesus, o Sim de Deus a todos os homens. Celebramos a Ti, Senhor, prova do amor de Deus por nós. Como não Te adorar, meu Senhor?! Nasceste para nos trazer luz, paz, esperança e vida. És a nossa redenção, és aquele que perdoa os nossos pecados e salva aquele que aceita o seu sacrifício na cruz do calvário. Que neste dia de Natal, quando comemoramos o teu nascimento, possamos celebrar a nova vida que temos em Ti. Que a fé seja renovada em nosso coração e o teu Espírito derrame em nós a tua unção, preenchendo-nos com a tua paz, com o teu amor e a tua luz. Que as bênçãos do Senhor transbordem, neste dia e em todos os dias do ano que está por vir, sobre as nossas vidas. És o maior presente para toda a humanidade, Jesus. Para sempre celebrar-Te-ei em todos os dias do meu viver.

Em nome de Jesus,

Amém!

O VERDADEIRO SENTIDO DE NATAL ESTÁ EM JESUS. ELE É O MAIOR PRESENTE QUE VOCÊ E EU PODERÍAMOS RECEBER. SEM JESUS NÃO EXISTE VIDA.

25 de Dezembro

*"Os dias do homem estão determinados; Tu decretaste
o número de seus meses e estabeleceste limites
que ele não pode ultrapassar." (Jó 14:5)*

Grandioso Deus, Pai Santo, eu Te glorifico, neste dia, rendendo louvores a Ti com cânticos de adoração que fluem do interior do meu coração. Quão grande és Tu, Senhor, és a indispensável fonte de vida para todo o Universo. És incomparavelmente maior que tudo o que existe. Por mais que tentemos descrevê-Lo, tudo sempre será muito menor do que de fato Tu és e podes fazer. És o Deus de toda a criação. Nos formaste, minuciosamente, e já tens nossos dias planejados até o fim, desde o começo sabes a nossa história. Somos tua obra, feitura das tuas mãos, criados com uma identidade própria para cumprir um propósito aqui na Terra. Aleluia! Obrigada, Pai, porque nos adotaste como filhos e agora fazemos parte de tua família. Quero retribuir este amor obedecendo a tua voz e servindo-o com toda a minha dedicação. A minha alma tem sede de Ti, do Deus vivo. Une o meu coração ao temor do teu nome, Senhor, faz-me andar em Espírito e buscar o Reino celestial. Que eu possa encontrar graça aos teus olhos, ó Rei Jesus, Deus forte e poderoso. A Ti toda honra, toda glória, todo louvor!

Em nome de Jesus,

Amém!

AGRADEÇA A DEUS POR MAIS UM DIA
DE VIDA E VIVA INTENSAMENTE TUDO O
QUE ELE PREPAROU PARA VOCÊ.

26 de Dezembro

"Ordena os meus passos na tua palavra, e não se apodere de mim iniquidade alguma." (Sl 119:133)

Pai querido, me consagro a Ti, neste dia, para viver as maravilhas do teu amor. Me reclina em teu peito, quero sentir teu amor perfeito. Conduz os meus passos, cerca-me com teus braços, supre-me com teu abraço. Direciona meu caminho, Senhor, leva-me aos teus átrios, a mergulhar nas fontes de águas vivas do teu altar. Que maravilha é esta sensação de estar junto de Ti, de sentir a tua presença gloriosa. Não quero ser como Jonas, que, na liberdade de escolher o seu caminho, decidiu ir para outra direção, na qual o Senhor não estaria. Que momentos terríveis ele enfrentou! Abra meus olhos, Senhor, para seguir o teu comando e estar sempre ao teu lado. Só Tu tens palavras de vida eterna, sabes o que é melhor para mim. Nada quero se o Senhor não estiver comigo. Quero ouvir a tua voz e Te obedecer. Te seguir traz alegria ao meu coração e dá sentido à minha vida. A tua palavra é farol para os meus passos e luz para o meu caminho. É o teu amor que me guia nos teus propósitos. Não me permitas fugir desta direção, Senhor. Leva-me para onde queres que eu esteja. Minha vida está em Ti, meus dias sempre estarão em tuas mãos.

Em nome de Jesus,

Amém!

A MAIOR HONRA QUE RENDEMOS AO SENHOR ESTÁ EM VIVER DE FORMA CORRETA E JUSTA, DE ACORDO COM OS SEUS PRECEITOS E A SUA VONTADE.

27 de Dezembro

"Cantarei ao Senhor enquanto eu viver; cantarei louvores ao meu Deus enquanto existir." (Sl 104:33)

Deus santo e bendito, Senhor Todo-Poderoso, Fortaleza eterna, sustentador de todo o Universo, Céus e Terra proclamam a tua glória. Elevo o meu coração a Ti, neste dia, para adorar quem Tu és. És o grande Eu Sou, o Deus de Israel, Fogo consumidor que purifica toda a impureza do nosso coração. És escudo para os que em Ti confiam, és a Rocha que nos sustenta, és o nosso Pastor e nada nos faltará. És aquele que era, que é e há de vir. Não tens início nem fim, já eras desde sempre e serás eternamente. Ó Senhor, és o único digno de receber a glória, a honra e o poder. És um Deus supremo, perfeito e santo. Redimiste o mundo do pecado e da morte com a Nova e Eterna Aliança que fizeste com o teu povo, selada com o teu próprio sangue. És o caminho para o Céu. Enquanto viver, louvar-te será o meu maior prazer, teu nome irei bendizer, meu compromisso será com o teu querer, o teu coração buscarei satisfazer. Em todo o meu caminho, me atentarei à tua voz, os teus grandes feitos proclamarei, o teu amor anunciarei. Que no meu coração, na minha mente e nas minhas atitudes encontres a verdadeira expressão de louvor a Ti.

Em nome de Jesus,

Amém!

"SABER QUE DEUS ESTÁ CONOSCO É O SUFICIENTE PARA AGRADECER ANTES DE RECEBER, LOUVAR ANTES DE VER, BENDIZER ANTES DE ENTENDER OS PORQUÊS." (FLÁVIA LETÍCIA)

28 de Dezembro

"Assim diz o Senhor, o teu Redentor, o Santo de Israel: Eu sou o Senhor, o teu Deus, que te ensina o que é útil, e te guia pelo caminho em que deves andar." (Is 48:17)

Eu Te adoro, Deus meu, no teu santo altar; eu Te amo acima de todas as coisas. Inclina para mim os teus ouvidos, pois cantarei louvores ao teu nome nesta manhã. Nome santo e poderoso, nome bem-aventurado. És a minha força, Senhor, a força do teu povo, tens o poder de mover o impossível. Segundo o salmista Davi, a tua voz é tão majestosa, tão forte, que faz tremer o deserto. Eu exalto a tua voz, Pai, ela é grandiosa e produz vida. És a fonte de força da qual precisamos. Temos o privilégio de lançar sobre Ti todas as nossas ansiedades, de nos achegarmos humildemente a Ti para contar tudo o que nos aflige. Não temerei o que possa me fazer o homem, Senhor, porque confio em Ti, porque estás comigo, és o meu refúgio, suficientemente poderoso para me preservar de todo mal. Ó Deus maravilhoso, és eterno em teus princípios. Quando temos a nossa vida sustentada neles, o nosso eu é forjado, o nosso caráter transformado; tornamo-nos tuas testemunhas, verdadeiros cidadãos do Céu, porque passamos a entender os fundamentos do Reino. Aleluia! Cumpra em mim o teu propósito, como cidadã do teu Reino, amado Deus.

Em nome de Jesus,

Amém!

COMO CIDADÃOS DO CÉU, TEMOS QUE ANDAR COM TEMOR E TREMOR AO NOSSO DEUS, FUNDAMENTADOS NOS PRINCÍPIOS DO TEU REINO, GLORIFICANDO O NOSSO PAI QUE ESTÁ NOS CÉUS.

29 de Dezembro

*"Mas eu, com um cântico de gratidão, oferecerei
sacrifício a ti. O que eu prometi cumprirei totalmente.
A salvação vem do Senhor." (Jn 2:9)*

Jesus, Tu és um Deus santo, poderoso em toda a Terra, soberano em todo o Universo. Receba, neste dia, o que de mais valioso eu posso Te oferecer, o meu coração. Entrego a minha vida como oferta viva em teu altar, me prostrando em reverência à tua grandeza, à tua santidade, à tua divindade. Grandioso és Tu, Senhor! És aquele que sonda mentes e corações, que tudo vê e tem a história no próprio controle. Nada se encontra encoberto diante de Ti, nada Te está oculto. O Senhor é o Deus de toda a Criação e provê o seu sustento. O Senhor cobre o Céu de nuvens, concede chuvas à Terra e faz crescer a relva nas colinas. Teu governo é supremo sobre todas as coisas. És ressurreição e vida. Mesmo conhecendo quem somos, pagaste um alto preço para a nossa salvação, o preço do teu precioso sangue vertido na cruz do calvário. Sangue que é oferecido de graça a todo aquele que crê em Ti, sangue que é vida e que nos levou de volta ao Pai. Como não me render a Ti, Senhor? Meu coração está unido ao teu. Como não Te adorar? Só o Senhor é Deus. Só a Ti darei glória, só a Ti renderei louvores eternamente. Que a minha vida seja uma exaltação diária do teu nome.

Em nome de Jesus,

Amém!

O NOSSO LOUVOR DIARIO A DEUS, REPLETO
DE GRATIDÃO PELA MARAVILHOSA GRAÇA
DO SEU AMOR, QUE NOS CONCEDEU A
SALVAÇÃO, PARA DESFRUTARMOS DAS
BENÇÃOS ETERNAS DO SEU REINO.

30 de Dezembro

"Eu sou do meu amado e o meu amado é meu" (Ct 6:3)

Deus meu, eu Te adoro, Senhor, Deus triúno, amado da minh'alma. Eu me curvo ante a majestade de teu ser, glorificando-Te pelos teus atributos perfeitos e inescrutáveis. És o Deus Altíssimo e Eterno, Jesus, o Todo-Poderoso, o nosso Salvador, aquele que nos oferece a oportunidade de uma eternidade em glória. Quão bom Tu és, Senhor! Neste último dia do ano, Te agradeço pelos teus grandes feitos que me alcançaram, pela tua graça, pela tua misericórdia que se fez presente, se renovando na minha vida todos os dias. Em todo o tempo, Tu estiveste comigo, Senhor, me fortalecendo, me dirigindo, me guiando, me confortando, me protegendo e cobrindo-me com o teu amor. És a brilhante Estrela da Manhã que iluminou todos os meus dias e não me deixou cair. És a minha Habitação, na qual me refugiei nos momentos de grandes tempestades e aflições, o Escudo que me guardou e protegeu. És o meu Advogado, meu Juiz e Legislador, que cuidou das minhas causas mais difíceis e me deu a vitória. És o Deus da minha Paz, da minha Provisão, és o meu bom Pastor. És o meu Amado, és a minha Vida, és a minha Salvação, és o meu Tudo. Sem Ti nada sou, meu Senhor; sem Ti já não vivo. Eu sou tua e Tu és meu. Te amo com todo o meu ser, de todo o meu coração.

Em nome de Jesus,

Amém!

JESUS NOS AMA COM UM AMOR INFINITO. E NÓS, TEMOS MANIFESTADO NOSSO AMOR POR JESUS E PARA COM OS OUTROS? NESTE ÚLTIMO DIA DO ANO, VOCÊ PODE DECLARAR QUE SUA VIDA FOI UMA EXALTAÇÃO DIÁRIA A ELE?

31 de Dezembro

Encerramento

Caro(a) leitor(a),

A verdadeira adoração é o modo de vida no qual nos apresentamos como sacrifícios vivos, santos e agradáveis ao Senhor. Vai além dos cânticos, das orações e da expressão de palavras, é a nossa postura de gratidão em reconhecimento ao que Ele é, o Deus que nos redimiu do pecado, ressuscitando-nos para uma nova vida e santificando-nos pelo poder do Espírito Santo. É o nosso culto racional, entendendo que tudo vem de Deus e devolvendo a Ele a glória devida, vivendo a vida que Ele nos chamou para viver; adorando-o em espírito e em verdade.

Espero que o livro *365 Dias adorando e louvando* tenha levado você a se deleitar na abundante graça da presença do Senhor, através das orações diárias de louvor e adoração e da unção do Espírito Santo. Que a sua comunhão com o Pai te conduza a entregar a Ele o seu melhor e faça você viver experiências únicas que te levarão ao Santuário Celestial, diante do trono de Deus, onde descobrirá uma alegria indescritível, independente das circunstâncias à sua volta.

Que haja um desejo inexprimível em seu coração de honrar o nosso Deus.

> "O SENHOR TE ABENÇOE E TE GUARDE; O SENHOR FAÇA RESPLANDECER O SEU ROSTO SOBRE TI E TENHA MISERICÓRDIA DE TI; O SENHOR SOBRE TI LEVANTE O SEU ROSTO E TE DÊ A PAZ." (NM 6:24-26)

"Por que dele e por ele, e para ele, são todas as coisas; glória, pois, a ele eternamente."

Rm 11:36

CRIVO EDITORIAL
r. Fernandes Tourinho // n. 602 // sl. 502
30.112-000 // Funcionários // BH // MG

- crivoeditorial.com.br
- contato@crivoeditorial.com.br
- facebook.com/crivoeditorial
- instagram.com/crivoeditorial
- crivo-editorial.lojaintegrada.com.br